KB129129

한국 상담전문가 7인의 좌절 극복 이야기

오현수 · 한재희 공저

학지사

프롤로그

누구에게나 좌절의 경험이 있겠지만, 내게 있어선 유독 깊고 어두운 기억으로 남아 있는 좌절의 순간이 있다. 그러나 그 좌절의 순간에 들을 수 있었던 한 마디 희망의 말은 나를 소생시켜 지금 이 자리에 이르게 하였다. 대학원을 중도 포기한 채, 20대의 병상에서 인생의 절망을 경험하던 나는 저녁 밥상 앞에서 아빠에게 물었다. "아빠, 난 이제 앞으로 뭘 하면서 살아야 할까?" 너무도 힘없이, 맥없이 질문하는 딸에게 아빠는 조금의 주저함도 없이 말씀하셨다. "현수야! 너는 사람의 마음을 헤아리는 재주가 있잖니?"

재주? 그 말이 가슴을 때리고 지나갔다. 마음을 헤아리는 것도 재주라니……. 그렇게 표현해 주는 아빠가 한없이 고맙기도, 신기하기도 하였다. 곧이어 아빠는 내가 사람의 마음을 잘 헤아린다는 것을 어떻게 알았을까? 그리고 그게 정말 나의 재주일까? 약간의 의문이 스쳤다. 그러나 의문을 능가할 만큼 너무도 마음이 들뜨고 기뻐서 지금까지의 걱정과 불안은 미래의 꿈과 희망으로 탈바꿈하고 있었다. 아마도 나를 칭찬했다는 것보다는 있는 그대로의 나를 강점으로 알아준다는 게 더 기쁘고 감사한 게 아니었을까 싶다.

그렇게 많은 시간이 흘러갔다. 아빠의 거울에 '사람의 마음을 헤아리는 재주'를 가진 사람으로 비추어진 나는 나이 40에 과감하게 상담자로서의 삶을 살기 위한 길로 돌입한다. 20대 이후 간절히 바라던 미래였을지 모르겠다. 그러나 이후 함께 따라오는 좌절들……. 인생을 맛깔스럽게 하는 천연 양념이라고 하기엔 너무 맵고 짜고 씁쓸하고 아릴 정도로 달았다. 초보 상담자로서 훌륭하고 싶었던 스스로에 대한 기대를 냉정하게 무너뜨려 버리곤 했던 이해할 수도 미워할 수도 없던 내담자들, 나의 상담자로서의 자질을 의심케 하고 상담자의 길을 후회하게 했던 슈퍼바이저의 화려하고도 따뜻한 채찍의 슈퍼비전들, 인생을 포기하고 싶을 정도로 곤란했던 내 삶의 현장에서의 사람들과 벌어지는 사건들…….

첫 공개 사례발표회를 경험한 후 나는 '상담자를 그만두어야 하나' 하는 생각을 했다. '나는 교육학을 전공했는데 왜 상담으로 전공을 바꾸었을까…… 나에겐 역시 교육학이 더 어울리는 게 아닐까…… 이 길을 잘못 온 것은 아닐까…….' 역시 난 상담자의 자질이 없다는 것을 슈퍼바이저로부터 확실히 피드백 받은 것 같은 기분이었다. 왜 상담을 그렇게밖에 못한 것인지 자책하면서 깊은 우울 속에 하루를 보냈다. 그러나 나보다 몇 달 앞서 상담을 시작한 동료 상담자에게 나의 공허한 마음을 털어놓는 순간, 그녀로부터 놀라운 위안을 받았다. 자신도 그런 과정을 거쳐 지금에 이르렀노라고……. 아! 그렇다면 이게 상담자가 되어 가는 자연스러운 과정이라는 것일까……. 왠지 모를 희망이 보였고, 다시 한번 일어나면 잘할 수 있을 것 같은 스스로에 대한 가냘픈 기대도 생겨났다.

그런 마음가짐에도 불구하고 몇 년이 지난 공개 사례발표회에서 또다시 무너졌다. 나의 상담 의도에는 관심도 없다는 듯이 자신의 접근방식에 기준하여 '왜 가족탐색을 하지 않았느냐'는 슈퍼바이저의 질책을 받고는 나는 순간적으로 방어했다. 그러나 점점 나는 내가 방어하고 있다는 사실을 청중의 눈빛을 보고 알아챘다. 그래서 나는 괜찮은 슈퍼바이지가 되기 위해 할 말을 머금고 "예, 예." 말만 되풀이하게 되었다. 속에서는 왠지 모를 화가 났다. 그러나 다시 나는 '역시 난 상담자의 자격이 없구나. 상담을 그만두어야 하나 보다' 하며 깊은 좌절에 이르게 되었다.

그 좌절의 고통은 나로 하여금 개인상담을 받을 수밖에 없게 만들었다. 도대체 상담을 계속할 수가 없었던 것이다. 상담자 선생님에게 나는 너무도 절박하게 타들어가는 목소리로 말했다. "선생님, 저는 전문성이 부족한가 봐요. 상담자를 못할 것 같아요." 상담자 선생님은 물으셨다. "전문성이라는 게 무엇이라고 생각하세요?" 나는 할 말을 잃고 침묵하였다. 그동안 나는 전문성이 없다는 생각만 했지 전문성이 무엇인지 그리 깊게 생각해 본 적이 없었기 때문이었다. "전문성이 부족하다는 것은 기술의 부족이라기보다는 타인의 말에 쉽게 흔들리는 것이에요." 상담자 선생님의 말씀에 나는 깜짝 놀라 숙였던 고개를 갑자기 들고 말았다. 자신의 분명한 의도를 가지고 상담을 진행하는 힘, 그 의도가 어떤 것이었는지 질문받았을 때 논리적으로 표현해 낼 수 있는 힘, 또한 나의 의도가 타인에 의해 받아들여지지 않을지라도 그럴 수 있다고 상대 의견을 수용해 내는 힘, 그리고 너와 나는 다르다고 인정하는 힘……. 그것이 전문성이라는 것을 선생님은 말씀해 주셨다. 마치 눈에서 비늘이 벗겨져 나간 듯, 새로운 뇌의 시냅스가 연결되어 사고의 점프가 일어난 듯 신비스러운 느낌으로 나는 희망을 보았다.

"그리고 상담자 못하겠다는 말 하지 마세요. 안 할 것 아니잖아요."

순간 나는 정말 상담을 잘하고 싶은데 안 되어서, 내가 포기하지 않도록 붙잡아 달라는 의미로, 그리고 상담을 못하는 것으로 규정되어 버린 수치스러운 나를 가리고 싶은 방어로 그렇게 표현하였음을 알아차리고 말았다. 이후 나는 새로운 관점으로 한결 단단해지고 있었다. 상담자로서의 재탄생이 이루어지던 날이라고나 할까. 상담자로서의 자질이 없다거나 전문성이 부족하다는 자기비난 대신에 앞으로 기회가 주어진다면 내가 상담을 왜 그렇게 진행했는지에 대해 이론적으로, 임상적으로 타당한 이유를 가지고 설명할 수 있게 되기를 바라게 되었다. 단 한 번의 상담으로 다시 일어서는 나를 바라보면서 깨달았다. 좌절은 좌절 이면의 희망을 보아 주는 대상 앞에서 사람을 성숙하게 만드는 반전의 기회가 되는 것임을…….

그렇게 난 상담자의 오르막 내리막길을 걸어오면서 생각했다. 상담을 오랜 시간 해 온 분들 역시 나와 같이 이런 굴곡을 겪으면서 성장하고 발달해 온 것은 아닐까? 분명 대가가 되기까지의 길은 평탄치만은 않았을 것이고, 그럼에도 불구하고 다시 일어서서 이 길을 꾸준히 걸어온 힘은 무엇일까 궁금해졌다. 상담자 발달이라는 것이 반드시 일직선으로 상향할 수 없는 것이며, 굴곡을 그리는 과정에서 일어난 마음속 생각을 상담 대가들과의 인터뷰를 통해 확인하고 싶어졌다. 나도 그들처럼 되고 싶다는 단순한 소망과 어떻게 어려움을 헤치고 그 자리에 이르렀는지에 대한 궁금함은 나로 하여금 무작정 상담전문가들을 찾아가는 무모한 용기를 발휘하게 하였다.

그들과의 면담 내용을 정리한 것이 나의 2008년도 박사학위 논문이다. Strauss와 Corbin(1990)의 근거이론 접근으로 면담 내용을 질적 분석하여 「상담자 발달 과정에 있어서의 좌절 극복경험 분석」이라는 제목으로 논문을 써 냈다. 상담전문가 여덟 분을 인터뷰하였으나 출판 동의를 해 주신 일곱 분의 이야기를 이 책에 담았다. 이 분들의 좌절 극복 이야기는 너무나 깊고 아름다워 논문으로만 기억하고 간직하기엔 아깝고 아쉬운 것이었기 때문이다. 상담전문가 일곱 분은 모두 한결같이 자신의 마음을 깊이 열고 진솔하게 내면의 아픔과 그 속에서 깨달은 지혜들을 선물해 주셨다. 마치 절망에 빠진 자를 다독이듯이, 그리고 피할 수 있는 길이라면 피하고, 피할 수 없는 것이거든 견디라고 격려해 주면서 말이다.

논문을 책으로 써 내고자 마음먹은 지 벌써 15년이 넘어간다. 오늘에서야 한국 상담전문가 7인의 상담자의 길을 선택하는 순간부터 겪게 되는 상담자만의 독특한 어려움과 좌절, 그리고 좌절을 극복하고 대가에 이르기까지의 삶의 여정을 고스란히 드러내게 되었다. 그동안 논문을 책으로 펴낸다는 것이 너무도 어려워 포기하고 싶었던 순간이 여러 번 있었다. 그럼에도 나의 지도교수님, 공저자이신 한재희 교수님께서 책의 방향을 잘 알려 주셨기에 오늘에 이를 수 있어 감사하다. 오랜 기간 묵묵히 기다려 주신 학지사에 감사드리며, 특히 포기하려는 순간 "책 준비가 어떻게 되어 가세요?"라며 문자 주셨던 한승희 부장님께도 감사를 전한다. 그 문자 덕분에 정신이 번쩍 들어 그날 저녁부터 일사천리로 써 나아가는 초능력이 생겨났다. 편집부 이수연 선생님의 섬세한 배려도 감사하다. 또한 상담전문가 7인의 인물 캐리커처를 그려 준 사랑하는 동료 허미연 교수님께도 진심 어린 감사를 드린다. 자신들의 이야기가 책으로 나오는 것을 허락해 주신 이 책의 주인공 일곱 분에게도 진심 어린 감사와 책을 내는 기쁨을 전하고 싶다. 언제나 함께하는 나의 아들딸에게 고마움과 사랑을 전한다. 무엇보다 영원하신 나의 아버지, 나의 하나님에게 첫 출간이 이루어질 수 있도록 나의 마음을 인도해 주심을 감사

드린다.

이제 세월은 많이 흘렀고, 인터뷰에 참여하셨던 상담전문가 분들의 현실도 많이 달라졌을 것이다. 그러나 변함없는 것은 오늘도 상담 현장에서 상담자들은 좌절을 경험하게 된다는 것이다. 간절히 바란다. 이 책에 나오는 상담전문가 7인의 좌절 극복 이야기를 읽으면서 지금도 어느 상담실에선가 눈물을 흘리고 있는 상담자들이 혹은 상담자의 길 어느 모퉁이에선가 좌절의 돌부리에 걸려 고통을 겪고 있는 모든 상담자가 그 자리에 머물지 않고 일어설 수 있는 용기와 지혜를 얻을 수 있게 되기를…….

2024년 5월

대표저자 오현수

차례

제2부

한국 상담전문가 7인의 좌절 극복 이야기

제3부 한국 상담전문가 7인의 좌절 극복 유형과 단계

제**1**부

상담자와 좌절 극복

제1장

상담자의 좌절

좌절하고 포기했다가도 49 대 51로
좀 더 희망이 있는 쪽으로 한 걸음 더 나아갈 수 있는 것.
그래서 좌절을 좌절로 끝내지 않고 극복할 수 있는 것이죠.

-이봄-

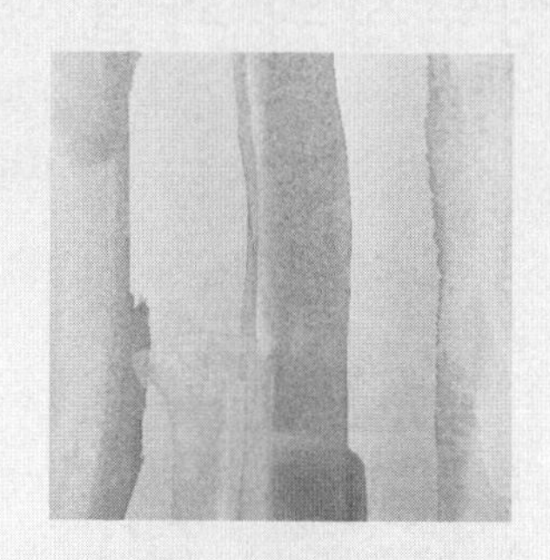

장벽이 있는 이유가 있음을 기억하세요.
장벽은 우리를 가로막기 위해서
거기에 서 있는 것이 아닙니다.
장벽은 우리가 무엇을 얼마나 절실하게 원하는지
보여 줄 기회를 주기 위해 거기에 있는 것입니다.

-랜디 포시 교수의 『마지막 강의』 중-

상담자의 좌절은 상담자의 발달 과정에 있어서 한 번쯤은 경험하게 되는 현상이다. 그러나 실제 장면과는 달리 상담 연구나 문헌에서는 상담자의 좌절이라는 용어를 자주 발견하기 어렵다. 좌절보다는 상담자의 어려움이나 스트레스나 소진 등의 개념이 더 많이 사용되고 있다. 상담자의 좌절과 상담자의 어려움이나 스트레스, 소진 등은 상호 원인이 되기도 하고 또는 그 결과로 나타나는 등 밀접한 관련성이 있다. 따라서 상담자 좌절에 대한 개념을 보다 명확히 이해하기 위해서 상담자의 어려움이나 스트레스, 소진 등의 개념을 우선 알아보도록 하겠다.

1. 좌절의 개념적 이해

좌절(frustration)은 사전적 의미로 '목표의 성취나 욕구의 충족이 이루어지지 못하고 뜻이나 기운 따위가 꺾이는 것 혹은 어떤 계획이나 일이 이루어지지 못하고 헛되이 끝나는 것'을 말한다. 인간은 자신의 욕구와 소망으로 인해 어떤 목적이나 바람직한 결과의 성취를 지향하게 된다. 그러나 이러한 목적 지향적인 행동(goal-directed behavior)이 간혹 외부적인 장벽이나 내적인 방해를 받을 때 달성하지 못하는 경우가 생긴다. 사람들은 이러한 상황에서 좌절을 경험하게 되는 것이다(Shorkey & Crocker, 1981).

좌절은 짜증이나 실망감과 같이 비교적 가볍고 일시적인 현상으로 일어나기도 하지만, 이 현상이 반복되고 누적되면 '좌절감'이라는 폭넓은 범위의 부정적 상태로 나타난다. 그래서 결국에는 동기

(motivation)나 목표를 상실하게 되고, 성공적인 결과를 달성하는 데 저해가 되는 상태가 초래된다. 이러한 모든 범위의 상태를 좌절이라는 개념으로 명명할 수 있다(엽지연, 2006).

Rosenzweig(1938)는 좌절을 총 여섯 가지의 유형으로 구분하였다. 그는 좌절을 결핍(privation)과 상실(deprivation) 그리고 갈등(conflict)이라는 세 가지 요인 및 그 좌절 요인이 외부에 존재하는지 내부에 존재하는지에 따라 구분하였다.

첫 번째 좌절 유형은 외부적 결핍에 의한 좌절이다. 개인이 어떤 필요나 욕구가 있을 때, 이를 해소하기 위해 일상적인 외부의 공급이 주어져야 하는데 그것이 주어지지 않을 때 일어나는 좌절이다. 예를 들면, 현재 배가 고픈데 음식은 없는 경우 같은 것이다.

두 번째 좌절 유형은 내부적 결핍에 의한 좌절이다. 이는 개인 내부에 부족함이 있을 때 일어나는 좌절을 말한다. 예컨대, 이성교제를 하고 싶은데 자신은 '매력이 없다'라고 느낄 때 일어나는 좌절 같은 것이다.

세 번째 좌절 유형은 외부적 상실에 의한 좌절이다. 이 좌절은 과거에 특수한 애착관계를 강하게 형성하고 있던 어떤 외부 대상을 잃어버렸을 때 일어나는 좌절이다. 즉, 사랑하는 사람의 죽음이나 오래 살던 집에 화재가 난 경우 외부적 상실에 의한 좌절이 일어난다.

네 번째 좌절 유형은 내부적 상실에 의한 좌절이다. 이 좌절은 개인이 기존에 가지고 있던 어떤 특성을 상실했을 때 일어나는 좌절이다. 예를 들어, 성경에 나오는 삼손이 잠든 사이에 사랑하던 데릴라에 의해 힘의 근원이었던 긴 머리카락을 잘림으로써 힘을 상실하고 좌절한 경우이다.

다섯 번째 좌절 유형은 외부적 갈등에 의한 좌절이다. 이 좌절 유형은 외부 세계에 욕구 만족을 위한 어떤 대상이 존재하긴 하지만, 오히려 그 존재가 개인의 내면을 방해하여 갈등하는 경우에 생기는 좌절이다. 예컨대, 성적인 불만족으로 고통스러운 남자가 결혼을 하면서 생활의 안정감과 만족감은 느끼게 되지만, 여전히 성적인 욕구에 있어서는 대상이 있음에도 불구하고 갈등하게 되는 경우 생기는 좌절이다.

여섯 번째 좌절 유형은 내부적 갈등에 의한 좌절이다. 이는 욕구 만족에 이를 수 없게 만드는 방해물이 개인의 내적인 특성에 존재할 때 일어나는 것이다. 즉, 어떤 결혼한 남자가 내적으로 자신의 아내를 어머니와 동일시하고 있다면, 결혼의 안정감은 느끼면서도 성적인 만족에 이를 수 없게 되고, 이로 인해 좌절이 발생하는 경우이다.

2. 좌절 관련 개념

상담자의 좌절과 관련이 있는 상담자의 어려움, 스트레스, 소진 같은 개념에 대해 알아보기로 한다. 좌절과 관련된 이러한 근접 개념들을 살펴볼 때 좌절에 대한 이해가 보다 확장될 수 있을 것이다.

1) 상담자의 어려움

상담자의 어려움은 학문적으로 명확하게 정의되지 않지만, 선행 연구에서는 '상담 장면에서의 어려움' '초보 상담자의 어려움' 등의 용어로 자주 사용되고 있다. 상담자의 어려움은 "상담자들이 실제적이고 주관적으로 경험하는 다소 모호하고 막연한 개념으로서, 상담 회기 내 내담자 반응에 대한 부정적인 감정이나 사고로 인해 힘들었던 경험"(김길문, 2003: 51)이라고 정의된다. 선행 연구들은 초보 상담자들이 대부분 상담 1~5회기 초반 회기에 상담자로서의 어려움을 많이 경험하고 있다고 밝힌다. 그리고 상담자들이 상담에서의 어려움을 경험할 때 느끼는 감정은 자기 능력에 대한 회의나 분노, 당황스러움, 걱정과 부담 등과 같은 부정적 정서이다. 상담자들이 주로 어려움을 겪게 되는 경우는 내담자들이 비협조적인 반응과 태도를 보일 때, 상담에 대한 불만을 이야기하거나 종결 의지 등을 표현할 때 가장 크게 경험하게 된다고 한다. 또한 초보 상담자로서의 수행불안과 불안정감을 느끼거나 자기에 대한 부적합감과 불확실감을 느낄 때에도 어려움을 경험하는 것으로 나타난다. 이들은 치료적인 역할이나 치료적 기법을 어떻게 수행해야 할지 모를 때 어려움을 겪게 되며, 치료적 관계에서 갈등이 일어나거나 특수한 내담자들의 반응으로도 어려움을 겪게 된다(Williams, Judge, Hill, & Mary, 1997).

상담자의 어려움은 난국(Hill, Nutt-Williams, Heaton, Thompson, & Rhdes, 1996: 4)이라는 말로 표현되기도 한다. 이 연구에서의 난국(impasse)은 "치료에 있어서 너무 어렵거나 복잡해서 더 이상 진전이 불가능하거나 종결이 일어나도록 만드는 막다른 골목(deadlock) 또는 궁지(stalemate)의 상태"를 말한다. 이 연구에서는 숙련된 치료자들이 다음 네 가지 경우에 난국을 경험하는 것으로 나타났다. 치료자가 실수하는 경우, 내담자와 치료자 간에 어떤 개인(남편, 여자친구 등)이 끼어 삼각구도(triangulation)가 발생하는 경우, 전이 주제와 관련되는 경우, 치료자의 개인적인 주제가 내담자로부터 나타나는 경우였다. 상담자들은 이러한 치료적 난국을 경험하게 되면, 분노와 실망, 지루함, 방어, 실패의 감정을 경험하게 된다.

결국 상담자의 어려움은 초보 상담자나 숙련된 상담자나 모두 상담 장면에서 경험하게 되는 것을 알 수 있다. 다만 초보 시기에는 주로 상담 경험의 부족과 상담 기법 수행의 미숙으로 인해 수행불안이나 내담자와의 치료 관계 갈등으로 경험하는 것이라면, 숙련된 상담자들은 보다 더 다양하고 복잡 미묘한 상황에서 상담자의 어려움을 겪게 되는 것으로 구분해 볼 수 있겠다.

2) 상담자의 스트레스

스트레스(stress)라는 말의 어원은 라틴어의 'stringer'로서 '팽팽하게 죄다'라는 뜻에서 유래되었는데, 이미 14세기에 고난, 곤경, 역경 또는 고통 등의 의미로 사용되었다(Lazarus & Folkman, 1984). 스트레스에 대한 정의는 스트레스를 자극으로 보는 입장과 외적인 자극에 대한 개인의 반응으로 보는 입장, 환경과 인간과의 상호작용으로 보는 입장 등으로 나눌 수 있다.

상담자의 스트레스는 크게 작업적 요인(work factors)과 개인적 요인(personal factors)으로 구분된다. 작업적 요인에 의한 상담자 스트레스는 다시 세 가지 스트레스로 구분되는데, 작업 환경으로 인한 직무 스트레스, 상담자 특성으로 인한 스트레스 그리고 내담자에 의해 유발되는 스트레스이다. 개인적 요인에 의한 상담자 스트레스는 상담자의 사적인 삶에서 발생하는 스트레스이지만 상담자의 작업에 영향을 미치기도 한다.

상담자의 스트레스는 상담자의 어려움과 유사하게 주로 초보 상담자들이 많이 경험하는 것으로 알려져 있다. Skovholt와 Rønnestad (2003)는 초보 상담자들이 경험할 수 있는 스트레스 요인을 일곱 가지로 정리하였다. 초보자들이 경험하는 스트레스 중 가장 결정적인 스트레스는 전문적 영역에서의 모호성이다. 초보 상담자들에게 있어 인간 정서에 대한 탐색과 인간 이해 증진은 상상 이상으로 어려운 일이다. 초보 상담자들은 전문적이고 복잡한 개념들을 체계화하여 가지고 있지 못하기 때문에 내담자와 상호작용할 때 내담자를 효과적으로 돕는 것에 대해 전문적인 혼란을 경험할 수 있다.

초보 상담자들이 경험할 수 있는 일곱 가지 스트레스 요인은 다음과 같다.

첫 번째 스트레스 요인은 심각한 수행불안이다. 수행불안은 초보 상담자들이 전문적 자신감의 부족으로 인해 상담에서 어려움을 겪을 때 자기 자신에게로 초점이 향하게 되어 상담 작업이나 내담자에게 최적의 집중을 할 수 없게 만든다.

두 번째 스트레스 요인은 전문적 감시를 받는다는 것이다. 그들은 자신의 상담 기법의 적절성과 윤리성을 증대시키기 위해 슈퍼바이저와 같은 전문가로부터 세밀하게 감시를 받고 평가도 받아야 한다는 부담감과 어려움을 갖게 된다.

세 번째 스트레스 요인은 초보 상담자들이 내담자와의 관계에서 정서적으로 너무 느슨한 경계를 갖거나 너무 긴장된 경계를 가짐으로써 발생하는 것이다. 상담자로서 최적으로 기능하기 위해서는 상담 과정을 촉진할 수 있는 수준의 정서를 경험하고 이해하고 조절하며 표현하는 능력이 필요한데, 아직 그 정서적 경계의 적절성에 있어서 어려움을 겪게 되는 것이다.

네 번째 스트레스 요인은 연약하고 불완전한 수행자로서 자기를 인식하는 것이다. 초보 상담자들은 새로운 전문적 역할에 익숙하지 않기 때문에 자신에 대한 열정과 불안정을 동시에 느끼게 되며, 부

정적인 피드백을 받는다면 큰 반응을 보이거나 역전이 반응이 발생하기도 한다.

다섯 번째 스트레스 요인은 초보 상담자들이 가지고 있는 부적절한 개념 지도(map) 때문에 경험하게 되는 상담 장면에서의 스트레스이다. 이들은 상담 장면에서 어려움에 직면할 때 무엇을 어떻게 해야 할지 모르는 혼란에 빠지는데, 이런 경우 초보 상담자들은 인습적 수준의 개념 지도를 가지고 내담자에게 직접적인 충고를 하거나 강한 정서적 지지나 동정을 하게 된다. 전문가로서의 인지적 지도에 접근하여 이를 자연스럽게 사용할 수 있어야 하는데, 초보 상담자들에게 있어 인습적 지도를 전문적인 지도로 대치하는 것은 매우 어려운 과제이다.

여섯 번째 스트레스 요인은 초보 상담자들의 자신의 비현실적인 기대로 인한 것이다. 이들은 '자신이 내담자를 도와줌으로써 삶의 엄청난 변화를 가져올 것'이라고 생각하거나, 만일 '내가 잘 도와주면 내담자들은 더 좋아질 것'이라고 비현실적으로 기대한다. 그러나 이러한 기대는 초보 상담자들에게는 압력이고 스트레스가 된다. 인간의 변화는 복잡하고 느린 과정이어서 타인을 그렇게 빨리 쉽게 치료할 수는 없으며, 상담자는 단지 내담자의 어떤 한 부분에서만 역할을 할 수 있기 때문이다.

일곱 번째 스트레스 요인은 초보 상담자들이 긍정적인 멘토의 필요성에도 불구하고 멘토가 없을 때 경험하는 심각한 스트레스이다. 많은 초보자는 자신에게 도움이 되는 지지적이고 긍정적인 전문성 있는 멘토를 적극적으로 찾고 있다. 그러나 이러한 멘토가 없을 때 초보 상담자들은 '길 잃은 아이가 나 홀로 길을 찾고 있는 것 같은 고통(orphan distress)'을 자주 겪게 된다.

Deutsch(1984)에 의하면, 상담자의 스트레스는 세 가지 신념으로부터 비롯된다고 한다. 상담자의 스트레스를 일으키는 첫 번째 비합리적 신념은 '상담자들은 항상 최고 수준의 열정과 유능성을 가지고 상담해야만 한다'는 것이다. 두 번째는 '어떤 위기상황의 내담자라도 다 다룰 수 있어야만 한다'는 것이다. 마지막 세 번째 신념은 '모든 내담자를 도와줄 수 있어야만 한다'는 것이다.

앞에서 언급한 '상담자의 어려움'이 주로 상담 장면에서 경험하는 스트레스라고 한다면, '상담자의 스트레스'는 상담자의 전문적 역할에서뿐 아니라 상담자로서의 개인적인 삶이 상담에 영향을 미치는 스트레스를 포괄한다고 할 수 있다.

3) 상담자의 소진

심리적 소진(burnout)이라는 개념은 약물중독자들을 상담하는 전문가들에게 나타나는 무력감을 설명하기 위해서 Freudenberger(1974)가 사용하면서부터 학문적인 의미로 사용되기 시작했다(최혜윤, 2015). Freudenberger(1974: 159-160)는 직장 내에서의 직원들의 소진(staff burn-out)에 대해 신체적 · 행동적 증상 측면에서 정의하였다. 그에 의하면 직원들의 소진은 "제도권 내의 직원이 어떤 이유로 인해서든지 탈진되고, 모든 의도나 목적에 대해 작동되지 않는(inoperative) 상태"를 말한다. 소진은 고갈된 느낌과 피로감, 잦은 두통, 위장장애, 불면, 가쁜 호흡과 같은 신체적 증상과 분노, 짜증, 좌절과 같은 행동적인 반응들을 나타내고, 이런 감정 상태를 못 이겨 쉽게 울고, 압박감에 고함치고 소리 지르는 반응을 나타낸다.

이와 같은 소진에 대한 정의는 이후 여러 학자에 의해 체계화되어

왔다. Maslach(1982: 3)은 소진을 "대인 간의 작업(people work)에서 정서적 고갈(emotional exhaustion), 비인간화(depersonalization), 개인적 성취감의 감소(reduced personal accomplishment)의 증후가 나타나는 것으로서, 특히 문제 상황에서 다른 사람에 대해 널리 나타나는 만성적인 정서적 긴장"이라고 정의하였다. 여기서 정서적 고갈은 자신이 일로 인해 정신적으로 과부하되어 지쳤다는 느낌을 갖게 되는 것을 말한다. 비인간화는 상대를 비인격적으로 대하고 냉담해지는 현상을 의미하며, 개인적인 성취감의 감소는 자신의 일에 대해 부정적으로 평가하고 부적절하다고 느끼는 것을 의미한다. 이와 같은 증상이 지속될 때 소진되었다고 하는 것이다.

소진은 네 단계로 진행되는 것으로 나타난다(Edelwich & Brodsky, 1980). 1단계는 열성(enthusiasm)의 단계, 2단계는 침체(stagnation)의 단계, 3단계는 좌절(frustration)의 단계, 4단계는 무관심(apathy)의 단계이다. 우선, 소진의 1단계인 열성 단계는 업무 관련 활동에 희망과 열정을 가지고 많은 시간과 노력을 투자하는 단계이다. 2단계인 침체 단계는 근무를 계속하긴 하나 자신이 열정적으로 일하는 것에 비해 성과가 적다고 생각하면서 업무에 흥미를 잃게 되는 단계이다. 이 침체 단계에서는 업무보다 개인적 욕구를 충족하는 것이 더 중요하다고 여기게 된다. 3단계인 좌절 단계는 자신의 직무수행 능력과 일 자체에 대한 가치에 의문을 갖는 단계이다. 이 때는 내담자를 회피하거나 여러 가지 신체적 증상을 경험하게 된다. 마지막 4단계인 무관심의 단계는 스트레스가 극에 달하게 된 상태로서, 좌절에 대한 방어로 냉담해지는 단계이다. 이 단계에서는 업무 상황에서 계속 좌절을 겪으면서 최소한의 에너지와 시간만을 소모하게 되고, 상황 개선을 위해 어떤 노력도 하지 않으며 정신적 · 신체적 포기 상태가 된다. 그러면서도 단지 생활 수단으로서 업무에 머무르거나 직장을 옮기거나 아주 떠나버리게 되는 단계이다. 이러한 소진 과정을 보면, 상담자들의 소진은 좌절에 이르게 하는 이유가 될 수 있음을 알 수 있다. 또한 좌절을 극복하지 못한다면, 소진의 마지막 단계인 무관심의 단계로까지 이어지게 되고, 상담을 하나의 생활 수단으로만 여기면서 지탱하거나 결국 상담자를 포기할 수도 있게 됨을 알 수 있다.

3. 상담자의 좌절

상담자의 좌절은 상담 연구에서 용어조차 낯설지만 주로 상담자 발달에 관한 몇몇 연구에서 언급되어 왔다. 상담자의 좌절은 한국의 집단상담 대가들의 발달 과정 연구(권경인, 2007)에서 처음으로 분석되었고, 이 책의 근거자료가 되는 저자의 박사논문인 상담전문가 발달 과정에서의 좌절 극복을 분석한 연구(오현수, 2009)에서 보다 구체화되었다. 이후 아동상담전문가의 좌절에 관한 연구(강민지, 2012), 초보미술치료사의 좌절 연구(임유선, 2011), 성폭력상담소 활동가의 좌절과 대처과정 연구(안은주, 2015), 15년 미만의 경력을 가진 숙련 상담자의 좌절 경험의 구조 연구(김혜미, 오인수, 2016), 아동상담자의 좌절 경험 성찰에 대한 자문화기술지 연구(한정아, 선우현, 2019) 등으로 이어져 왔다. 이러한 연구들은 상담자의 좌절이란 상담자의 유형이나 발달 단계에 무관하게 상담자라면 전문가로 발달하는 과정 속에서 경험할 수 있는 자연스러운 현상임을 말해 주고 있다.

우선 권경인(2007)의 연구는 전문성이 최고도로 발달한 지점인 상담 대가의 위치에 있는 상담자들도 좌절을 경험하게 된다는 것을 알려 주었다. 대가가 된 집단상담자들도 좌절을 경험하였는데, 이는 발달 초기와는 질적으로 다른 것이었다. 즉, 집단상담 대가들은 발달 초기에 외부로부터의 평가나 집단원들로 인한 좌절을 경험하였지만, 발달 후기로 갈수록 점차 자신이 전문가로서의 역할을 제대로 감당하고 있는지에 대한 내적 좌절로 이동하는 모습을 보여 주었다.

아동상담자들 또한 탁월한 전문성을 획득한 경우에도 개인적인 삶에서의 좌절과 상담 현장에서의 좌절을 경험하고 있었다. 그러나 개인적인 삶에서 경험한 좌절로 인해 더욱 소외되고 힘든 사람들의 고통을 이해할 수 있는 자원을 얻게 되었다. 또한 상담 현장에서 경험하는 좌절은 주로 치료가 잘 안 될 때, 즉 힘들고 어려운 사례에서 내담자 문제해결을 위해 노력했지만 치료적 성과가 나타나지 않을 때였다. 이들은 상담자로서 정체성을 고민하거나 상담에서 겪는 다양한 내적 갈등에도 좌절을 경험하기도 하였지만, 좌절 상황에서 내적 성찰과 자기점검을 통해 결과적으로 다른 차원의 전문성 발달을 이루는 하나의 터닝 포인트를 경험하게 되었다(강민지, 2012).

미술치료 영역에서도 초보 미술치료사들은 치료 장면에서 치료에 대한 기대와 환상이 깨어지고 치료사로서 기능하지 못하는 자신에 대한 실망으로 좌절하였다. 이들은 치료 효과에 대해 과도한 기대를 했지만, 내담자들이 변화가 없다고 느끼는 경우에 좌절하였고, 내담자들이 적대적인 태도나 불만을 표시하거나 치료를 거부하는 경우에 그 말과 행동에 대해 좌절을 경험하였다. 그러나 가장 크게 좌절하는 경우는 내담자와 갑작스러운 종결을 맞을 때이다. 대부분의 초보 미술치료사는 치료 성과가 없을 때 무엇을 해야 할지 몰라

갈팡질팡하면서 스스로가 잘못하고 있다는 죄책감을 느끼기도 했다. 또한 치료를 실패라고 생각하면서 내담자에게 아무런 도움을 줄 수 없는 자신에 대해 '내가 과연 치료사로서 자질이 있는가' 의구심을 가지며 좌절하였다(임유선, 2011).

이러한 초보 상담자들의 좌절 경험과는 달리 15년 미만의 경력을 가진 숙련 상담자의 좌절은 조금 다르게 나타난다. 즉, 숙련 상담자가 경험하는 좌절은 상담이 전문영역으로 인정받지 못하는 분위기와 근무 환경 속에서 비롯되는 것으로 나타난다. 숙련 상담자들은 이러한 좌절로 인해 상담 장면에서 내담자에게 집중하지 못하는 결과를 경험한다. 그리고 내담자와 상담 관계가 단절되는 경우, 일정 기간의 훈련이 있었기에 자신의 전문성에 대해 어느 정도 기대감이 높아 더 큰 좌절감을 경험하는 것으로 나타났다. 초보 시기와는 달리 숙련된 상담자는 상담 실제에서의 불안이 감소하는 대신, 기관의 중책을 맡는 역할로 인해 상담자 역할에 집중할 수 없는 어려움과 지속적인 전문성 성장 욕구의 좌절을 경험하게 됨을 알 수 있다. 이들은 상담자의 가장 중요한 본연의 상담 활동에 집중할 수 없는 상황으로 인해 상담자로서 성장하지 못하고 있다는 자책감과 어려움 등을 경험하면서 좌절하였다. 또한 숙련 상담자의 경우, 자신의 생각과 의견을 표현하는 과정에서 동료와의 갈등이 심화되고, 지지자로서 역할을 기대하였지만 오히려 그 동료와 관계가 단절될 때에는 극도의 무력감과 혼란을 겪는 것으로 나타났다. 초심 상담자가 불확실한 미래와 끊임없는 수련 과정에서의 스트레스와 상담 수행에 대한 불안으로 인한 것이라면, 숙련 상담자의 좌절 경험은 내·외부적인 요인에 의한 좌절 경험의 스펙트럼이 훨씬 넓은 것으로 확인되었다. 기관에 소속된 숙련 상담자들은 상담 이외의 업무가 많아

지는 시기이며, 업무에 따른 책무성이 증가하는 상황에 놓여 있음에도 이들을 보호해 줄 수 있는 체계가 부족한 상태에서 또 다른 좌절을 경험하는 것이라고 볼 수 있다(김혜미, 오인수, 2016). 이러한 연구들을 통해, 좌절의 양상은 상담자의 발달 수준에 따라 다르게 나타나긴 하지만, 좌절이란 자신의 전문성을 발달시키려는 노력과 기대가 어긋나거나 무너질 것 같은 두려움에 공통적으로 경험하게 되는 현상임을 알 수 있다. 그러나 또 다른 의미에서 본다면, 좌절은 성장과 발달의 욕구가 충족이 안 될 때, 그럼에도 불구하고 더 성장하고 싶은 마음으로 일어나는 적극적이고 긍정적인 현상으로 해석할 수 있을 것이다.

제2장

상담자의 좌절 극복

"그런 게 있어요. 힘들어도 뭔가를 하고 있으니까,
어떤 목표를 향해서 가고 있으니까 그게 결코 절망이나 좌절이 아니에요.
그냥 스트레스죠. 이겨 나아가는 스트레스죠. 견뎌 나아가는 스트레스지요."

-심연-

그대들의 고통은 거의 모두
그대들 자신이 선택한 것입니다.
고통은 쓰지만 고통은 그대들 내면의 의사가
그대들의 병든 자아를 치료하기 위해 처방한 약입니다.
그러므로 그 의사를 신뢰하십시오.

-칼릴 지브란의 예언자 중-

극복(overcoming)이란 사전적 의미로 '고생 따위를 이겨 내는 것'을 말한다. 상담자의 좌절 극복은 '상담자로 발달하는 과정 속에서 목표 달성을 위한 동기나 욕구가 저지, 방해된 좌절 상황에서 어떤 대처(coping)를 통해 정적 방향으로 상담자 발달을 지속하게 되는 것'을 의미한다. '극복'이라는 상태에 도달하기 위해서는 구체적이고 현실적인 행동을 의미하는 대처방식이 활용된다. 여기서는 상담자의 좌절 극복을 위한 다양한 대처전략을 알아보도록 하겠다.

1. 대처와 대처방식

대처(coping)는 스트레스를 준다고 평가되는 상황에서 내적 · 외적 요구들을 다루기 위해 사용하는 사고와 행동들이다. 이는 단순한 반사나 자동화된 적응행동과는 달리 의도적이고 노력을 기하는 행동을 의미한다(Folkman & Moskowitz, 2004; Lazarus & Folkman, 1984). Lazarus와 Folkman(1984)은 크게 문제중심적(problem-focused) 대처와 정서중심적(emotion-focused) 대처로 구분하였다. 문제중심적 대처는 개인이 문제되는 행동을 변화시키든지 또는 환경적 조건을 변화시켜 스트레스의 근원을 제거하려는 것이다. 즉, 고통스러운 개인-환경 간의 관계를 변경시키는 것이며, 문제의 원인이 되는 고통을 다루기 위해 행동을 계획한다든지 다음 단계에 집중하는 것을 의미한다. 정보 수집하기, 계획 세우기, 문제해결에 도움이 되는 지식이나 기술을 획득하기 등 도구적이며 과제 지향적인 행위를 포함하는 대처방식을 의미한다. 정서중심적 대처는 스트레스와 관련되거나 스트레스로부터 초래되는 정서 상태를 통제하려고 노력하는 과정으로서, 정서적 고통을 감소시키려는 목적을 지닌다. 스트레스 원인을 회피하거나 스트레스 상황을 인지적으로 재구성하거나 자아와 상황의 긍정적인 측면에만 선별적으로 주의를 기울이는 행동 등이 포함되며, 소망적인 사고, 부정하기, 최소화, 거리두기, 회피, 선택적 주의, 긍정적 비교, 부정적 사건에 긍정적 가치를 찾아내기 등과 같은 전략들을 사용한다. 문제중심적 대처는 상황적 요인(contextual factor)에 반응을 하고, 정서중심적 대처는 주로 사람 요인(person factor)에 의해 영향을 받는다.

사람들은 문제중심적 대처와 정서중심적 대처 두 가지 대처방식을 모두 사용하며, 그 대처방식에 우위가 있는 것은 아니다(Lazarus & Folkman, 1984). 문제해결 대처방식은 어려움을 제거하고자 하는 적극적인 노력으로서의 가치가 있지만, 정서조절적 대처방식은 단기적인 전략으로서의 가치를 가지고 있기 때문이다. 감정에 압도당하는 경우, 그 고통스러운 상황을 직접 바꾸는 것은 불가능할 수 있기에, 상황을 변경하기 위한 생각의 시간을 줄 수 있다는 면에서 정서조절 대처도 유효하다고 할 수 있다. 따라서 사람들이 사용하는 대처방식에는 더 좋고 나쁜 전략이 있는 것이 아니라 맥락(context)에 따라 다르게 사용되는 것이 중요하다. 변화 가능하다고 평가되는 상황에서는 문제해결 중심의 대처가 주로 사용되고, 수용(acceptance)이 필요하다고 평가되는 상황에서는 주로 정서중심의 대처가 효과적이라고 한다.

위협의 정도에 따라서도 대처방식을 다르게 사용하는데, 자존감이 위협받는 상황에서는 직면적인 대처와 도피-회피의 대처를 더 많이 사용하고, 계획적인 문제해결이나 사회적 지지 추구는 덜 사용한다. 사람이 위협을 극복하기 위해 아무것도 할 수 없는 상황이나 위기의 초기 단계에서는 부인(denial)이나 이와 유사한 형태의 대처 방식이 개인에게 손상을 덜 주고 고통을 경감시키는 잠재력을 갖는다고 한다.

연령에 따라서도 대처가 달라지는데, 젊은 집단은 나이 든 집단보다 직면적 대처, 계획적 문제해결, 사회적 지지 추구와 같은 보다 행동적이고 문제중심의 대처를 활용하는 데 비해, 나이 든 집단은 젊은 집단보다 거리두기, 책임 수용, 긍정적 재평가와 같은 보다 수동적이고 정서중심의 대처를 하는 것으로 나타났다. 나이 든 집단이 젊은 집단보다 긍정적 재평가를 더 많이 사용하는 것은 변화 불가능한 것들을 다루는 방식을 습득하였다는 것을 의미하며, 나이에 따른 조망 능력이 변화하였음을 의미하는 것이다(Folkman & Lazarus, 1987).

2. 상담자의 대처

상담자들은 자신의 전문적인 작업에서 많은 도전과 스트레스를 경험한다. 상담자들은 개인적인 삶에서뿐 아니라, 작업 환경이나 직무에서의 스트레스를 경험하며, 이러한 상담자의 스트레스는 좌절을 가져오기도 한다. 따라서 상담자들은 좌절을 일으킬 만한 스트레스에 미리 효과적으로 대처하는 것이 매우 필요하다고 할 수 있겠다.

상담자의 스트레스 대처는 자기관리 방략으로서 중요하다고 평가된다. 스트레스를 대처하고 관리하는 상담자의 능력은 내담자와의 작업에 영향을 미치는 잠재 요인이 되며(Briggs, 2005), 상담자의 자기돌봄 능력은 타인 돌봄 능력으로도 이어질 수 있을 것이라 가정하기 때문이다(Britt, 1997).

대부분의 선행 연구에 의하면, 상담심리치료 대가들은 스트레스를 피하기보다 직접 관여(engagement)하며, 희망적으로 접근하는 경향성을 보인다고 한다. 이들은 스트레스에 대해 적절한 자원을 찾고 반응함으로써 적응 능력을 발휘하는 모습을 나타낸다. 상담치료 대가들은 현실적인 자기를 조망하고, 정서적 안정을 돕는 가족이나 친구, 사회 집단과 같은 지속적이고 일관된 지지 체계를 가지고 있었다. 자기성찰과 같은 내적인 과정에 가치를 두면서 이러한 자기성찰의 강화를 위해 개인상담을 활용하기도 하였다. 이들이 주로 사용하는 자기관리 방략은 여가를 이용한 독서나 신체적인 운동, 휴가, 취미활동, 동료 슈퍼비전, 기도, 명상, 자원봉사 등 다양하게 나타났다(Mullenbach, 2000).

특히 상담자가 어려움을 경험할 때, 효과적인 대처를 돕는 것은 지도교수나 슈퍼바이저, 동료와 가족의 적극적인 지지로 나타났다. 이러한 사회적 지지는 상담자의 안녕감과 만족감을 가져오고, 신체적·정신적 건강에 긍정적 영향을 끼침으로써 상담자의 스트레스나 불안을 예방하거나 감소시키고 심리적 소진을 완충해 주는 역할을 한다(박성호, 2001; 최혜윤, 2002).

요약해 보면, 상담자들은 상담자로서 전문적 과정에서 어려움이나 스트레스를 경험할 때, 회피보다는 적극적으로 관여하는 방식을 취하는 것으로 나타난다. 이들이 찾는 효과적인 대처방식은 주로 전문적인 지지를 구하거나 인간관계 속에서 정서적 지지를 추구하는 방식, 자기만의 시간 속에서 여유를 가지면서 깊이 성찰하는 방식 등이었다.

3. 상담자의 좌절 극복

상담자들은 상담자로서 경험하게 되는 다양한 어려움이나 스트레스를 통해 좌절을 경험하기도 하며, 이러한 좌절에 적절한 대처방식으로 극복하여 더 나은 상담자 발달에 이르기도 한다. 이러한 좌절 극복을 위한 대처과정은 상담자 좌절에 관한 연구를 살펴봄으로써 더욱 잘 이해할 수 있다.

우선 상담자의 좌절에 대한 대처방식을 최초로 언급한 연구는 한국의 집단상담 대가의 발달 과정 연구에서였다. 한국의 집단상담 대가 다섯 명을 대상으로 심층면담한 자료를 근거이론으로 분석한 권경인(2007)은 집단상담 대가들이 발달 과정에서 경험한 좌절에 대한 대처방식에 대해 부분적으로 분석 · 논의하였다. 집단상담 대가들은 좌절을 경험할 때 다양한 대처방식을 사용하고 있었는데, 이를 다섯 가지로 분류하고 있다. 첫째, 좌절에 대해 정면으로 도전하는 방식이다. 집단상담 대가들은 자신을 장기집단상담에 더 밀어 넣는 방식을 취하기도 하면서 어려움에 직면하고 도전하는 모습을 보여 주었다. 둘째, 집단상담에 대한 기대를 적절히 조절하는 방식이다. 이는 그동안 가졌던 집단원과 집단상담성과에 대한 과도한 책임을 내려놓는 것으로 나타났다. 셋째, 좌절을 수용하며 견디는 방식이다. 이는 집단상담자로서 자신이 할 수 있는 것과 할 수 없는 것을 구분하고, 집단상담자들 간의 차이를 인정하면서 자신의 한계를 수용하는 방식이었다. 넷째, 일시적 일탈의 대처방식이다. 즉, 집단상담 대가들은 집단상담으로 인해 힘들 때는 잠시 다른 영역으로 관심을 돌리기도 하였으며, 이러한 일탈 방식이 오히려 자기성장에 도움이 되는 것을 경험하기도 하였다. 다섯째, 전문성을 제고하는 대처 방식이다. 좌절 상황에서 집단상담 대가들은 지속적인 자기성찰을 하고, 전문적인 책을 통해 학습하면서 전문성을 함양하는 방식을 취하기도 하였다. 이들은 비록 좌절로 인해 지치고 힘들었지만 그 좌절에 함몰되거나 비관하지는 않는 모습을 보여 주었다. 좌절로 인해 너무 힘들어 혼자 울거나 집단상담에 대한 회의와 의문을 갖기도 했지만, 압도당할 만한 좌절임에도 불구하고 압도당하지 않고 그 과정을 적극적으로 견디어 나아가려는 태도를 견지하고 있었다. 무엇보다 중요한 것은 집단상담 대가들에게는 좌절 상황에서 '하지 않으면 안 된다'는 절박함과 치열함, 그리고 좌절을 극복해야 하는 분명한 이유나 프로의식이 있었다는 것이다.

또한, 탁월한 전문성을 획득한 아동상담자의 전문성 발달 특성에 관한 강민지(2012)의 연구에서도 좌절에 대처하는 아동상담 전문가들의 대처방식은 유사하게 나타났다. 아동상담자들은 개인적 삶과 전문적 영역에서 좌절을 경험했지만, 그 좌절 경험에 함몰되거나 비관하지 않으면서, 좌절 앞에서 쉽게 꺾이지 않는 모습을 보여 주었다. 분명 보이는 상황은 좌절할 만한 것이었지만, 이들은 최선을 다하였고, 그러한 자신의 노력을 스스로 부끄럽지 않게 여겼다. 그리고 자신의 한계를 받아들이지만 좌절감에 빠져들지는 않는 '주저앉지 않는' 모습을 보여 주었다. 아동상담자들은 좌절 상황에서 문제를 객관적으로 조망하고자 하였으며, 그러한 좌절 경험을 통해 자기 자신을 되돌아보려고 노력하는 모습을 보여 주었다. 이들은 좌절감에 빠져 있기보다는 어떤 방식으로든 그 감정을 해결하려고 노력하였고, 어려운 상황이나 좌절을 도움이 되는 긍정적 방향으로 만들어 가고자 노력하였다.

초보 미술치료사의 좌절 경험에 관한 연구(임유선, 2011)에서도 초보 미술치료사들의 좌절과 대처에 대해 잘 분석하고 있다. 초보 미술치료사들은 치료 장면에서 치료사로서 존재하지 못하고 있는 자신을 발견하게 될 때 절망과 무력감을 느끼면서 좌절하게 되지만, 자기돌봄과 반성을 통해 다시 길을 찾기 위한 노력을 한다고 하였다. 이들은 심각한 좌절의 순간에 마음의 갈피를 잡을 수 없는 혼돈 속에서 나름대로 정리하며 길을 찾아 나가기 위해 고군분투하는 모습을 보여 주었다. 잠시 치료를 떠나 휴식을 취하거나, 책을 보거나 취미 활동에 몰두하기도 하면서 자신을 찬찬히 들여다보면서 다시 생각을 정리하기도 하였다. 또한 적극적으로 슈퍼바이저의 조언을 구하기도 하고 개인분석이 필요함을 인식하기도 하며, 동료 치료사들에게 괴로움을 토로하면서 좌절로 인한 스트레스를 해소하기도 하였다. 때로는 내담자 아동의 보호자로부터 지지와 격려를 받기도 하면서 차츰 해결방법을 찾아 나아가기도 하는 모습을 보였다. 초보 미술치료사들은 일반 상담자와는 달리 스스로 자신의 좌절의 고통을 표현해 내는 미술작업을 통해 자기치유의 과정을 경험하는 것이 특징으로 나타났다. 그 결과, 초보 미술치료사들은 좌절 극복 경험을 통해 겪지 않으면 결코 알 수 없는 몸에 새겨지는 배움의 기회를 얻게 되었다고 했다. 이러한 좌절 극복의 경험은 내담자의 좌절을 이해하고 치료사로서, 또 한 인간으로서 자신의 부족한 점을 깨닫게 되는 과정이었다. 초보 미술치료사들에게 있어서 좌절 경험은 마치 뜻밖의 보물을 발견하듯이 알지 못했던 자신을 발견하는 성장과 성숙의 계기가 되고 있었다.

숙련 상담자들의 좌절 경험의 구조를 분석한 김혜미와 오인수(2016)의 연구에서도 역시 숙련 상담자들의 좌절 상황에서 능동적으로 대처해 나아가는 방식을 보여 주었다. 숙련 상담자들은 좌절 상황에서 수동적으로 타인의 도움을 기다리기보다는 자신을 능동적인 존재로 인식하면서 동료나 슈퍼바이저와 상의하여 어려움을 극복하는 전략을 사용하고 있었다. 이는 좌절 상황에서 대부분의 초보 상담자가 외부로부터 역량을 흡수하여 전문성을 향상시키는 데 반하여, 숙련 상담자들은 문제 상황에서 초점을 내부에 두고 자신의 내부에 이미 형성된 역량을 재활성화시키는 전략을 사용하는 것으로 해석된다. 숙련 상담자들은 초심 상담자들처럼 슈퍼바이저에게 도움을 받는다는 점에서 유사하지만, 숙련 상담자들은 초심 상담자들보다 슈퍼바이지와 동료적인 관계 또는 수평적인 관계로서 유연하게 필요에 따라 도움을 받는 것으로 나타났다. 숙련 상담자들은 고통스러운 좌절 경험과 상담자의 성장과 발달이라는 양극단 사이에서 균형을 맞추면서 서서히 접점을 찾아가고 있었으며, 그 과정에서 긍정적인 힘을 유지하는 것이 특징인 것으로 나타났다. 즉, 이들은 외부와 내부로부터 좌절 극복에 도움이 되는 요인들을 적절하게 찾아내면서 선택적으로 전략을 사용하는 모습을 보여 주었다. 그러나 숙련 상담자들에게도 역시 좌절을 직면하는 것은 견디기 힘든 경험이었다. 그럼에도 불구하고 이들에게 좌절 극복 경험은 자신감과 인내심의 증가 및 조망능력의 확장 등 보다 넓고 깊은 상담의 차원에 들어서면서 상담자로서 성장할 수 있는 또 다른 시작과 기회가 되는 것으로 나타났다.

이와 같이 상담자의 좌절 연구에서 나타난 상담자들의 좌절 극복을 위한 대처의 공통된 특징 중 하나는 '좌절이 분명 현실적으로는 고통스러움에도 불구하고 그 좌절에 압도되거나 매몰되지 않고 굴복당하지 않으려는 마음의 자세를 가지고 있었다'는 것이다. 이러한 자세로 이루어지는 상담자들의 좌절에 대한 대처방식은 크게 네 가지로 요약할 수 있다. 첫째는 슈퍼비전이나 상담, 학업 강화 등 지금까지의 자기역량을 강화함으로써 현실적으로 문제를 해결하는 대처방식이다. 둘째는 좌절 상황을 음미하는 깊은 성찰을 통해 자신의 한계를 깨닫고 좌절을 견디며 수용하는 방식이다. 셋째는 좌절 상황을 떠나 취미생활을 하거나 다른 영역에 관심을 보이면서 자신에게 온전한 휴식을 주는 등 좌절로 인해 복잡하고 고통스러운 마음을 달래는 대처방식이다. 넷째, 주변의 지지를 구하는 방식으로서 동료나 가족에게 좌절의 고통을 이야기하면서 마음을 위로와 지지를 받는 방식이다.

상담자들은 이러한 고통스러운 좌절을 극복하는 데 시간이 필요하다는 것을 알게 되고, 숙련 상담자가 되어 갈수록 좌절 상황에 빠지지 않고 자신에게 도움이 될 만한 외적 · 내적 자원을 활용하여 좌절에 대처하는 유연성을 나타내고 있었다. 이들은 좌절할 만한 상황이지만 좌절과 발달 사이의 균형을 잃지 않고 긍정의 힘을 유지하는 것이 특징적인 것으로 나타났다. 좌절 극복을 경험한 상담자들은 한결같이 이전과는 다른 상담자로서 그리고 한 인간으로서 질적인 성장과 성숙을 나타냈다. 이들은 좌절로 인하여 일시적으로 휘는 현상을 보일 수는 있으나 근본적으로는 꺾이지 않으며, 전진과 후퇴를 반복하면서 나선형의 발달을 이루어 가고 있었다고 할 수 있다.

제3장

좌절 극복, 상담자 발달의 촉진제

" 힘들다고 포기하는 게 아니라 그 과정 자체를 신뢰하는 것…….
업다운이 있을 때도 그 과정 자체를 신뢰하라는 것이지요.
좋을 때만 그러는 게 아니고, 안 좋은 건 안 좋은 것대로
배울 게 있다는 거예요. 과정을 믿으면 어떤 결과가 온다는 거죠. "

-하빛-

‘그건 할 수 없어’라는 말을 들을 때마다
나는 성공이 가까이 왔음을 안다.

-마이클 조던-

상담자는 일생에 걸쳐 개인적으로 전문적인 발달을 한다. 상담자 발달 과정은 매우 느리고 일정치 않은 과정이지만, 점진적이고 단계적인 변화와 성장을 통해 '전문적인 개별화를 이루어 가는 과정'이다(Skovholt & Rønnestad, 1992). 이러한 상담자 발달 과정에서 상담자들은 수많은 스트레스와 어려움, 좌절의 순간들을 경험할 수밖에 없을 것이다. 상담자의 발달 과정은 성장지향적인 상향곡선을 그리기도 하지만, 때로는 상담자의 전문적인 삶과 개인적인 삶에서 어려움이나 좌절을 겪으면서 하향곡선을 그리기도 한다. 상담자의 결정적 사건에 관련된 연구들은 상담에서의 결정적 사건을 통해 상담자 발달이 이루어진다고 보고 있다. 이러한 연구에 의하면, 상담자들이 겪게 되는 좌절 경험도 하나의 결정적 사건이 되어 상담자 발달을 촉진할 것이라 예상해 볼 수 있다. 따라서 이 장에서는 상담자 발달이란 무엇인지 그 개념과 특징 및 발달 단계를 먼저 알아보고, 상담자들이 경험하는 결정적 사건과 상담자 발달이 어떠한 관련성이 있는지 선행 연구를 통해 알아보겠다.

1. 상담자 발달의 개념과 특징

상담자는 일생에 걸쳐 개인적으로 전문적인 발달을 하지만, 이러한 전문성을 가진 한 명의 상담자로 발달하기까지는 오랜 시간과 노력을 필요로 한다. 상담자 발달을 연구한 Skovholt와 Rønnestad (1995)는 상담자의 전문성이란 공식적인 많은 훈련과 경험, 그리고 상담 현장에서의 실무 경험과 성찰 과정을 통해 점진적이고 단계적으로 느리게 발달한다고 보았다. 이들은 상담자 발달 과정을 상담자의 가치와 이론적 입장과 상담자가 사용하는 방법 및 기법의 일치가 이루어지는 '전문적 개별화를 이루어 가는 과정'이라고 개념화하였다. 또한 상담자 발달 과정은 이상적으로는 '최적의 치료적인 자기(optimal therapeutic self)'가 되어 가는 과정이라 했다. 최적의 치료적 도구로서의 자기로 발달해 가는 과정이라는 의미이다.

그동안 상담자 발달에 관한 연구들은 세 가지 경향을 띠고 발전해 왔다(Elam, 2001). 1960년경부터 이루어져 온 연구들은 상담자의 특성을 확인하고 이러한 상담자 특성과 상담 효과 및 상담 기술 발달의 연관성에 관한 것이었다. 1970년대 중반부터는 상담자의 특성 연구를 통해 상담자 발달 모델을 구성하는 노력이 이어졌다. 그러나 이 시기는 대부분 슈퍼바이저 입장에서 상담자의 인지적 · 기술적인 발달에 관해 탐색한 연구들이었다. 마지막으로, 1980년대 후반경부터는 주로 상담자의 경력에 따른 발달적 변화에 관한 연구들이 이루어졌다. 이 시기의 상담자 발달 연구는 상담자의 수준이나 경력에 따른 차이를 알아보려는 것을 넘어서서, 상담자의 전반적인 성장과 발달 과정에 관심을 가지는 전 생애적 발달에 관한 경험적인 연구라 할 수 있다(Skovholt & Rønnestad, 1992). 이 시기의 연구들은 상담 대가들의 특성과 발달 과정에 관한 관심을 가지고 상담자로서 최종적으로 도달해야 할 목표들을 제시하고자 하였다.

상담자 발달 연구에 따르면, 상담자 발달 수준에 따라 상담자 특성에 차이가 일어나는 것을 알 수 있다. 상담자는 전문성 수준이 발달할수록 경험의 구조가 변화하며, 그에 따른 상담 기술과 능력의 변화도 일어나게 되는 것이다. 예를 들어, 초보 상담자들은 외적으로 인수된 전문지식에 의존하지만, 숙련된 상담자들은 자신의 내적 기반에 근거한 구성된 지식을 갖게 된다(Skovholt, 2001). 전문성이 발달할수록 상담자들은 정보를 보다 '큰 묶음으로 묶는(chunking)' 능력이 증가하며, 전문 분야에서 초심자보다 신속한 수행 능력을 나타낸다. 또한 우수한 기억력을 가지고 자동적인 기능수행을 할 뿐 아니라 초심자보다 더 깊고 더 중요한 수준에서 문제를 이해하고 질적인 분석을 하며, 강한 자기점검 기술을 나타낸다(Skovholt & Jennings, 2004).

초보 상담자들은 전문성이 발달해 갈수록 인지구조가 분화되고 정교하고 복잡한 인지구조를 가지게 되고, 숙련된 상담자들은 초보 상담자들에 비해 사례개념화 능력에 있어서 추론하는 특징도 보이게 된다(손은정, 2001). 상담자의 상담 경력이 높을수록 보다 많은 사례개념화 요소를 사용하며, 각 사례개념화 요소에 대한 진술의 수준도 높아질 뿐 아니라, 상담 사례개념화의 핵심 정의에 부합하는 개념화 능력을 갖추게 된다(이윤주, 김계현, 2002). 또한, 상담자의 경력이 많아질수록 초심 상담자들보다 총 언어 반응 수에 비해 높은 비율의 공감반응을 보이게 된다. 초심 상담자들의 공감반응은 과도하거나 형식적이거나 자신의 틀에서 내담자의 생각이나 감정을 넘겨짚고 특정 방향으로 유도하는 등의 표현으로 나타난 반면, 경력상담자의 공감반응은 깊고 진정성 있는 태도로 내담자의 말에 대한 인지적 공감, 정서적 공감, 표현적 공감 등을 골고루 사용하면서 내담자로 하여금 다양한 반응을 자유롭게 할 수 있도록 안내하는 것으로 나타났다(송재영, 이윤주, 2014). 상담자들은 발달 수준이 높을수록 자기대화의 양이 많고, 그중에서도 상담 계획이나 의도와 관련된 내용의 자기대화가 많은 것으로 확인되었다(심혜원, 2005). 또한 전문성 발달이 높아질수록 자아분화 수준도 높아지고, 역전이 행동이 덜 일어나는 것으로 나타난다(양경연, 2005).

상담자의 발달은 인지적 영역에서만 일어나는 것이 아니라 정서적 · 관계적 영역에서도 일어나는 것으로서, 통합적 발달이 강조되고 있다(Jennings & Skovholt, 1999). 초보 상담자가 전문 상담자로 성장하면서 정서적 부분에 있어서 가장 크게 변화하는 것은 초보자 시기의 만연했던 수행불안이 감소되는 것이다. 이는 돕는 역할에 있어서 적절한 한계와 경계에 대한 이해가 생겼기 때문이다. 초보 상담자들은 '불안정한 과장'이 줄어들고, '확실한 겸손'이 증가하게 된다. 결국 상담자들은 발달 수준이 높아지면서 개인적이고 전문적인 통합의 수준이 증가되며, 이는 개인적인 자기와 전문적인 자기(selves) 간의 분화가 증가되었음을 의미한다(Langman, 2000).

상담 대가의 발달 과정에 관심을 둔 연구들은 상담 대가들의 인지적 · 정서적 · 관계적 특징을 분석하고 있다. Jennings와 Skovholt (1999)는 눈덩이 표집방법(snowball sampling)으로 동료들에 의해 대가로 지명된 전문 심리치료자들(심리학자, 사회복지학자, 정신과의사) 10명을 심층 면접하여 그 특성을 분석하였다. 이 연구에서 전문 심리치료자들은 인지적 영역에 있어서 열정적인 학습자였던 것으로 나타났으며, 작업에 활용할 수 있는 풍부한 경험이 축적되어 있고, 인지적 복잡성과 인간에 대한 모호함에 가치를 두는 특징을 보였다. 정서적 영역에 있어서는 자기 자각을 하며, 반영적이었고, 개방적인 정서적 수용성을 가지고 있었으며, 자신의 정서적 안녕을 돌보는 정서적으로 건강한 사람들인 것으로 나타났다. 또한 전문 심리치료자들의 관계적 영역의 특징은 강력한 관계 기술을 가지고 있었고, 강한 치료동맹 형성에 대한 믿음을 가지고 있을 뿐 아니라, 자신의 특별한 관계 기술을 사용함에 있어서 전문가였다는 것이다.

상담자 발달은 대학원과 같은 공식적인 훈련 과정에서뿐 아니라 이후 전문적 상담 활동 시기에 더욱 심화되는 것으로 나타난다. 그리고 상담자 발달은 내담자나 교수, 슈퍼바이저, 동료 상담자, 선배 상담자와 같은 사람과의 만남으로부터 많은 영향을 받는다(Skovholt & Rønnestad, 1995).

이러한 상담자 발달 과정에는 상담자의 전문적인 훈련과 경험, 개인적인 삶의 경험 그리고 이에 대한 지속적인 자기성찰의 자세가 필수적이다. 상담자의 자기성찰은 일종의 자기감시(self-monitoring)로서 자기관리(self-management)를 하는 것이라고 볼 수 있다(김미경, 2008). 상담자의 자기성찰은 상담의 실제에서 이론과 기법의 기술적 지식을 통합할 수 있는 주요한 기제가 되며, 이를 통해 상담자 발달을 도모할 수 있다(손은정, 유성경, 심혜원, 2003; 이미정, 박승민, 2015; 최한나, 2005). 상담자들의 전문적 발달은 집중적이고 지속적인 재음미 과정을 거칠 때 이루지기 때문이다(Skovholt, 2001).

2. 상담자의 발달 단계

상담자 발달 단계는 상담자 발달 이론에서 자주 논의된다. 상담자 발달 이론은 Erikson(1963)의 심리사회적 발달 이론으로부터 영향을 받아 상담자의 전문성 역시 일반 심리 발달과 유사하게 일련의 과정을 통해 점진적이고 단계적인 변화와 성장을 이루어 가는 것으로 보는 이론이다. 상담자가 개인적 · 전문적으로 발달되어 가는 과정을 발달적 관점으로 보고자 하는 이론이 바로 상담자 발달 이론인 것이다. 따라서 상담자 발달 이론에서는 상담자의 성장 과정에서 나타나는 특징들에 따라 상담자의 발달 과정을 몇 단계나 몇 수준으로 나누고 있다(심홍섭, 1998). 여기서는 학자마다 다르게 제시하고 있는 몇 가지 상담자 발달 모형을 알아보고자 한다.

처음으로 상담자를 발달적 관점에서 본 것은 Fleming(1953)이며 슈퍼비전 영역에서 이루어졌다. 그는 상담자의 경험 수준에 따라 모방학습, 교정학습, 창의적인 학습을 한다고 보았다. Fleming 이후 Hogan(1964)은 수준(level)이라는 용어를 처음 사용하여 상담자 발달 단계를 네 수준으로 구분하였다. 그리고 그는 각 수준별 상담자의 특징과 그에 적합한 슈퍼바이저 개입 방법을 제시하였다. Hogan(1964)에 의하면, 제1수준의 상담자의 특징은 심리적으로 불안정하고 의존적이며 모방을 통해 학습하는 것이다. 이들을 대상으로 하는 슈퍼비전은 가르침, 해석, 지지, 알아차림 훈련, 모델링 등의 방법을 사용하는 것이 적절하다고 하였다. 제2수준의 상담자는 의존성과 자율성 사이에서의 갈등이 있고 적절한 균형을 찾아가려 노력하는 상담자들이다. 따라서 이들에 대한 슈퍼비전은 개인상담을 받을 것을 권유하고, 지지, 예시, 양가감정을 명료화하는 것이 도움이 된다고 한다. 제3수준의 상담자는 조건적인 의존을 보이고 전문가로서의 자신감과 상담에 대한 동기도 더 통찰력 있게 되며, 이전보다 안정적인 특징을 보인다. 이들을 슈퍼비전함에 있어서는 슈퍼바이저와 동료적인 관계가 되어 경험을 공유하고 예시하고 직면하는 것이 좋다고 하였다. 제4수준은 대가 수준으로서 상담자들은 개인적인 자율성과 자신의 동기에 대한 더 높은 수준의 통찰력, 개인적인 안정감을 보인다. 슈퍼비전 역시 자문 형식을 띠게 되며, 상호 간의 경험 공유와 직면이 있게 된다(Skovholt & Rønnestad, 1995).

Hogan 이후 Stoltenberg(1981)는 상담자 복합모형(Counselor

Complexity Model: CCM)을 제시하였고, Loganbill, Hardy와 Delworth(1982)는 슈퍼비전 주제를 여덟 가지로 제시한 3단계 모형을 제시하였다. Loganbill, Hardy와 Delworth(1982)의 모형에서는 상담자 발달을 정체기, 혼란기, 통합기의 3단계로 가정하면서 각 단계별로 상담자가 세상을 대하는 태도와 자신을 대하는 태도, 슈퍼바이저를 대하는 태도가 달라진다고 보았다. 또한 발달이란 단순한 선형적 발달이 아니라 순환적이고 반복되면서 점차 더 깊은 수준으로 발달해 가는 특성을 띤다고 하였다.

Stoltenberg와 Delworth(1987)는 상담자 통합 발달 모형(Integrated-Development Model: IDM)을 제시하였으며, 이 모형은 상담자 발달 단계를 의존 단계, 의존 자율 갈등 단계, 조건적인 의존 단계, 대선배 상담가의 4수준으로 구분하였다. 또한 이 4수준에는 세 가지 구조(structure)와 여덟 가지 영역(domain)이 포함된 것으로 설명하였다. 즉, 상담자의 심리적 속성인 자각(awareness) 수준, 상담에 대한 동기, 슈퍼바이저에 대한 의존이라는 세 가지 구조가 변화하게 되면, 상담자의 행동이나 태도를 나타내는 여덟 가지 영역인 개입기술, 대인평가, 개인차 이해, 치료목표, 평가기술, 내담자 개념화, 이론적 접근, 전문가 윤리에서의 변화가 일어난다는 것이다.

이러한 상담자 발달 모형은 이론적으로 연구되어 온 것인 반면, Skovholt와 Rønnestad(1995)는 경험적 연구를 근거로 상담자 발달의 8단계 모형을 제시하였다. 이 연구에서는 상담자와 치료자 100명을 대상으로 하여 질적 분석을 수행한 후 상담자의 전 생애적 발달 과정을 8단계로 구분하였다. 그것은 인습적 단계 → 전문적 훈련으로의 이행 단계 → 전문가 모방 단계 → 조건적 자율성 단계 → 탐구 단계 → 통합 단계 → 개별화 단계 → 개별성 보전 단계의 8단계이다. 각 수준의 발달 단계에 있는 상담자의 특성은 다음과 같이 설명된다. 1단계는 인습적 단계(conventional stage)로서 전문적인 훈련 없이 자신의 삶의 경험을 통해 타인을 돕는 능력과 기술을 사용하는 단계이다. 2단계는 전문적 훈련으로의 이행 단계(transition to professional training stage)이다. 대학원의 첫 1년 기간을 말하며, 시행착오의 학습 과정을 거치면서 열정과 함께 상당한 불안이 주된 정서로 나타나는 시기이다. 3단계는 전문가 모방 단계(imitation of expert stage)로서 대학원 2~3년차에 해당하며, 새로운 정보와 이론에 대해 폭넓은 개방성을 유지하면서 전문가를 모방하는 단계이다. 4단계는 조건적 자율성 단계(conditional autonomy stage)로서 상담관련 기관에서 인턴십을 하는 시기이다. 가장 강도 높은 훈련이 일어나는 단계로서, 슈퍼바이저의 도움으로 전문가처럼 보고 느끼고 수행하는 훈련이 이루어진다. 높은 자신감과 자신감 부족 사이에서 가변적인 확신감을 나타낼 수 있으며, 따라서 강한 확인(conformation)이나 타당화(validation)를 필요로 하는 단계라고 할 수 있다. 5단계는 탐구 단계(exploration stage)로서 대학원을 졸업한 후 막 형식적인 훈련에서 벗어난 시기이다. 자신감과 불안이 두드러진 정서로 나타나지만, 지도교수나 슈퍼바이저의 영향력보다 자기 스스로 작업해야 하는 외로움과 불확실성이 있다. 점차 상담 작업에 대한 복잡성이 증가하며, 성공과 실패에 대한 개인적인 책임감과 전문적인 책임감이 분화하게 된다. 6단계는 통합 단계(integration stage)로서 대학원 졸업 후 전문가로서 몇 년간 실무해 오고 있는 시기이다. 이 시기에는 개인적인 성숙과 삶의 경험을 바탕으로 점차 전문적 자아로 개별화됨에 따라 더 높은 수준의 독창성을 갖게 된다. 상담에 대한 현실적인 기대를 통해 만족감을 느끼게 되며, 전

문적인 진정성을 개발하는 것을 주요 과제로 하는 단계이다. 7단계는 개별화 단계(individuation stage)로서 상담 현장에서 전문가로 수년간 실무해 오는 시기이다. 이 때는 현재의 경험과 축적된 지혜를 기초로 하여 일반화와 개별화의 과업이 계속 이루어진다. 개인적인 삶의 경험들을 과학적이고 전문적인 방법으로 통합하려는 의지와 능력이 증가하는 시기이다. 8단계는 개별성 보전 단계(integrity stage)로서 대학원 졸업 후 25~35년의 상담 실무를 해 오고 있는 시기이다. 은퇴를 준비하면서 자신의 개별성을 충분히 유지하는 것이 이 시기의 과제이다. 이 시기의 가장 중요한 정서적 특징은 수용이며, 이는 한 명의 상담자로서 자신에 대해 깊이 수용하고 인정(endorsement)하는 것을 의미한다. 상담자 초기의 수행불안은 크게 감소하는 반면 일과 통제에 대한 자신감은 강하게 느끼게 된다. 더 이상 외부적인 의무나 이상적인 상담자상에 의한 역할을 하지 않게 되며, 자신의 성격과 일치하는 개념적 체제를 사용하게 됨으로써 자신의 성격은 이론적 접근의 주요한 요인이 된다.

3. 상담자 발달과 결정적 사건

상담자의 '결정적 사건(critical incidents)'은 상담자 발달에 있어서 유의미한 영향을 주는 경험을 말한다. '결정적 사건'이라는 용어는 John Flanagan이 1954년 『심리학 회보(Psychological Bulletin)』의 한 논고에서 '결정적 사건 기법(critical incidents technique)'이라는 말로 처음 사용하던 것을 Skovholt와 McCarthy가 1988년 상담자 발달에서의 '결정적 사건(critical incidents)'이라는 용어로 의미를 확장한 것이다(Scott, 2004: 23-24). '결정적 사건'은 "상담자의 개인적 전문성 발달 과정에서의 유의미한 사건들이며, 발달의 촉진제이자 전환점을 이루는 것"이라 개념화할 수 있다.

Skovholt와 McCarthy(1988)은 미국 내 모든 다양한 상담 영역에 근무하는 성별과 나이, 인종을 망라한 58명의 상담 실무자를 대상으로 그들의 '결정적 사건'에 관한 질적 연구를 수행하였다. 그들은 연구 참여 대상에게 상담자 발달에 있어서의 결정적 사건과 그에 대한 대처방식, 그 결정적 사건이 개인에게 미친 영향력 등을 기술하도록 하였다. 연구 결과, 총 11개 범주의 결정적 사건이 도출되었고, 그 상담자들이 경험한 '결정적 사건'의 예는 다음과 같다. 즉, 슈퍼바이저나 교수와 같은 멘토나 모델과 긍정적 경험을 한 것, 내담자의 공격을 받게 된 최악의 사례 경험, 질병을 가진 아동 내담자의 죽음을 경험한 사건, 상담자 자신의 질병이나 상실, 고통 경험 등과 같은 것이었다. 그러나 이러한 사건들은 모두 상담자 발달에 중요한 결정적 사건이 되었다고 했다. 이 연구는 상담자들은 모두 자신의 개인적 삶과 전문적 삶에서 의미 있는 '결정적 사건'을 경험하게 되며, 상담자가 경험한 긍정적 사건이나 부정적 사건 등 모두 상담자 발달에 중요한 '결정적 사건'이 될 수 있다고 말하고 있다. 이는 상담자들이 경험한 '결정적 사건'은 성장의 기회를 제공하는 도전과 같아서 학습과 발달에 필수적인 촉진제가 된다고 시사하고 있는 것이다.

Cormier(1988)도 그의 연구를 통해 상담자 발달에 있어서의 실수의 유용성을 밝혀냈다. 초보 상담자들은 실수에 대해 불안해하지만, 이들이 자신의 한계, 부족, 무능력을 수용하게 될 때 결국 한 인간으로서의 상담자가 될 수 있다는 것이다. 상담자의 개인적 위기는 상담자 발달에 매우 큰 영향을 줄 수 있으며, 궁극적으로 상담자에게 치료적인 자원이 된다는 의미이다.

이와 같이 상담자가 경험하는 '결정적 사건'이나 실수 등은 단순한 사건으로 끝나지 않고 상담자 발달을 촉진하는 결과를 가져오는 것을 볼 수 있다. 따라서 상담자의 어려움이나 좌절 같은 부정적 경험도 상담자 발달의 전환점으로 작용할 수 있을 것이라 예측해 볼 수 있다. 한 명의 상담전문가로 발달해 나아가기 위해서는 상담자로서의 어려움이나 좌절은 불가피할 것이다. 그러나 그 좌절과 같은 부정적 경험이 오히려 성장의 촉진제가 되는 결정적 사건이 된다면 매우 값진 경험이 될 것이라 생각된다.

제2부

한국 상담전문가 7인의 좌절 극복 이야기

제4장

한국 상담전문가 7인의 선정 과정

“나에 대해 지칠 정도로 관심이 많았어요.
나는 어떻게 살까부터 시작해서 무엇이 될까, 나는 왜 이 모양일까,
이 모양에서 달라지려면 어떻게 할까 이런 거 생각 많이 했어요…….
조금 더 나은 삶의 방식, 좀 더 가치 있는 삶에 대해 고민을 한 거지요.
궁극적으로는 내가 어떻게 사는 게 가치가 있을까 생각하다가
나온 말이 서비스예요.”

-강숲-

파도는 해안에 부딪혀 사라지지만,
바다는 사라지지 않습니다.
인류의 삶이 계속되는 한
우리는 파도가 아니라 바다의 일부입니다.

-랜디 포시 교수의 『마지막 강의』 중-

상담 현장에서는 많은 좌절이 일어나곤 한다. '상담을 그만두어야 하나' '나는 상담자가 안 어울리는 사람인가' '상담자 길을 잘못 선택한 것은 아닐까' 등등. 이는 상담전문가로 발달하는 과정에서 한 번쯤은 경험하게 되는 현상인 듯하다. 그러나 이미 상담자가 되기로 결심하고 상담자의 길을 포기하지 않는 이상, 그 좌절에 어떻게 대처하여 극복할 것인가가 큰 고민 중 하나가 될 것이다. 좌절과 같은 고통을 겪는 자체가 문제가 아니라, 좌절을 어떻게 받아들이고 대처하여 극복하느냐 하는 것이 상담자로 성장하는 데 중요한 관건이 될 것이기 때문이다.

따라서 상담자 발달 과정에서의 좌절을 극복하고 현재 대가의 위치에 있는 상담자들은 어떻게 좌절을 극복해 온 것일까, 그 과정이 매우 궁금했다. 이미 집단상담 대가들의 좌절에 대면하는 태도와 자세는 권경인(2007)의 연구를 통해 보았고, 상담 대가들의 특성도 외국의 상담자 발달 관련 연구를 통해서 많은 지식을 얻었다. 그러나 개인상담을 주로 수행하고 있는 한국의 대가급 상담전문가들은 과연 어떤 좌절을 경험하였으며, 어떻게 대처하여 그 좌절을 극복하고 그 자리에 이른 것일까? 너무 궁금했다. 이들에게도 분명 초보 상담자 시기의 불안과 좌절이 있었을 텐데 어떤 과정을 어떻게 통과한 것일까? 그래서 난 이들의 좌절 극복 과정을 알아보기 위해 용기 있게 한국 상담계의 상담 대가라 일컬을 만한 분들을 찾아 나섰다. 심층 인터뷰를 통해 이들의 생생한 목소리를 전해 듣는다면, 지금까지 배워 온 좌절과 상담자 발달 이론 및 개념들이 보다 더 경험적 지식으로 가슴에 새겨질 것이라 기대하면서 말이다.

1. 인터뷰 절차

인터뷰 대상 선정은 Skovholt(2001)의 견해에 따랐다. 그는 상담자가 자신의 내적 기반에 근거하여 상담을 하는 전문성을 갖추기까지는 약 15년 정도의 경험이 필요한 것으로 보았다. 그래서 이 책에서의 인터뷰 대상은 상담 경력 15년 이상, 슈퍼비전 경력 10년 이상, 현재도 현장에서 상담을 지속하고 있는 분들로 한정되어 있다. 인터뷰 당시, 나는 한 분 한 분에게 설레는 마음으로 전화를 드렸다. 어떤 분은 흔쾌히 인터뷰에 응해 주셨고, 어떤 분은 조심스럽게 거절 의사를 표하셨다. 전화 너머로 들려오는 수락의 목소리는 하늘을 날 듯한 기쁨과 자신감을 주었다. 비록 개인적인 사정으로 도울 수 없다는 메시지를 주시는 경우에도 아쉬운 것은 사실이었지만 이상하게 염려는 되지 않았다. 그 분들의 진심으로 미안해하시고 아쉬워하는 마음을 들을 수 있었기 때문이기도 하고, 앞으로도 계속 연락 드리다 보면 분명히 또 도와주시는 분들이 나올 것이라는 믿음이 생겼기 때문이다.

최종 인터뷰 명단이 정해졌다. 이 분들의 연구실이나 상담센터로 직접 찾아뵙기로 약속을 정하고 미리 인터뷰 질문지를 보내드렸다. 한국의 대가급 상담전문가들을 만난다는 것은 마치 미지의 세계를 탐험하는 사람처럼 무척 마음 들뜨는 일이었고, 인터뷰에서 어떤 이야기들이 전개될지 기대감으로 가슴이 부풀어 올랐다.

인터뷰에 응해 주신 일곱 분의 상담전문가들은 남자 상담자 다섯 분, 여자 상담자 두 분이었다. 인터뷰 당시 이 분들의 평균 나이는 49.5세였고, 45세에서 55세까지 고르게 분포되어 있었다. 상담 경력

은 평균 20.63년, 최소 16년에서 최대 25년까지의 경력을 지니고 있는 분들이었다. 이들의 슈퍼비전 경력도 평균 13.38년으로서, 10년에서 17년 사이에 분포되어 있었다. 이들의 직업은 상담 전공 교수가 네 분, 상담센터를 운영하고 계신 분이 두 분, 상담기관에서 일하고 계신 분이 한 분이었다.

2. 한국 상담전문가 7인 소개

이제 좌절 극복 이야기를 들려 준 한국 상담전문가 일곱 분을 소개하겠다. 우선, 이 책에서는 그들의 이름을 예쁜 한 글자 이름으로 만들어 가명으로 사용하였음을 밝힌다. 이름의 의미는 저자가 인터뷰를 하면서 특징적으로 느꼈던 주관적 생각에 따른 것이며, 이름에 어울리는 성을 붙여 호칭하기로 하였다.

• 상담전문가 1. **마음을 연결하는 깊은 연못 '심연' 님**

남성, 47세, 상담 경력 21년, 슈퍼비전 경력 11년, 교수

심연 님은 매우 섬세하고 따스한 성품이 인터뷰하는 내내 느껴졌다. 성실하게 인터뷰에 임하여 도움을 주려는 마음이 눈빛과 태도에서 진실하게 전달되어 왔다. 상담 공부를 하면서 겪었던 좌절 경험이나 그 좌절의 늪에서 구원을 주었던 신실한 동료의 피드백 한 마디를 회상하면서 마치 당시의 고통과 감사가 현장에서 살아나는 듯했다. 정말

그 누군가의 진정성 있는 말 한 마디가 좌절이라는 고통의 늪에서 사람을 살리는 힘이 있구나 하는 것을 절실하게 느끼게 해 준 인터뷰였다. 심연 님을 상담자의 길로 이끈 것은 책 속의 빅터 프랭클이었다. 실제 인물이 아닌 사람이 그렇게 큰 영향을 준다는 사실에 뭔가 특별하고 새롭게 느껴졌다. 만일 우리가 상담자의 좌절을 경험하거든 그렇게 두려워하지 말라고 위로하는 듯, 그의 말은 인터뷰 내내 마음속 깊은 연못 그 곳에서 퐁퐁 솟아오르고 있었다.

• 상담전문가 2. **반짝이는 물결 '윤결' 님**

남성, 51세, 상담 경력 24년, 슈퍼비전 경력 13년, 교수

윤결 님과의 만남은 현재의 노련한 상담전문가로서의 대외적 인식이나 화려한 명성은 잠시 내려놓고 예전 기억을 떠올리면서 아련한 향수에 젖을 수 있었던 인터뷰였다. 마치 잔잔한 바다의 물결이 아침 햇빛에 비쳐 찰랑거리듯 그의 말에 나의 마음이 반짝 반짝이던 시간이었다. 상담에 대한 사회적 인식이 보편적이지 않았을 당시 남성으로서 상담자의 길을 선택하기 위해 고민하고 또 고민하던 이야기가 매우 인상적이었다. 국내에서는 공감을 협소한 의미로 정의하지만, 외국 유학을 통해 공감의 폭넓은 정의를 새롭게 배우게 되면서 상담자로서의 안정감과 자유로움을 얻게 되었다고 하실 때는 듣는 마음도 편안해졌다. 마치 친구에게 이야기하듯 편안하게 자신의 마음을 나누어 주시던 모습에 진정 좌절을 극복한 상담자라는 느낌을 가질 수 있었다. 탁자 위에 놓여 있던 허브 사탕의 맛만큼이나 시원하고 상

쾌한 느낌의 인터뷰였다.

• 상담전문가 3. **영혼의 치유 향기 '소향' 님**

자리에 앉자마자 소향 님은 손수 끓이신 향기 그윽한 차를 내 오셨다. 처음 보는 사람 같지 않게 친절한 말과 태도를 보여 주심에 고마움이 느껴졌다. 어린 시절부터 꿈과 가치를 소중히 여기고 그것을 이루기 위해 애쓰시던 모습은 온몸의 비언어로 역력히 전달되었다. 그에게 좌절 경험은 하나의 삶의 과정이었을 뿐 그를 사로잡거나 압도하게 만들 만큼 위력적인 것이 못 되었던 것 같다. '그럼에도 불구하고 일어서려는 의지와 버티는 힘'을 오롯이 느낄 수 있게 만들어 주었던 감명 깊은 인터뷰였다. 좌절 극복 경험을 매우 솔직하게 이야기해 주실 때 영혼의 깊숙한 곳까지 전달되는 치유적 감성이 느껴졌다고나 할까……. 그건 좌절을 극복하고 그 자리에 있게 만든 그 분만의 무기가 아닐까 싶었다. 그래서 그의 이름은 나에게는 영혼의 치유 향기 '소향'이다.

여성, 55세, 상담 경력 25년,
슈퍼비전 경력 17년,
개인상담연구소 소장

• 상담전문가 4. **산소 품은 숲 '강숲' 님**

인터뷰를 시작하기 전 인터뷰 참여 동의서를 쓰는 손길부터 강숲 님은 진지함이 묻어 나왔다. 녹음을 하는 순간부터 이전 시간을 회상하는 깊고 진실한 그의 이야기에 몰입할 수밖에 없었다. 그의 말

남성, 46세, 상담 경력 20년, 슈퍼비전 경력 14년, 교수

과 생각은 피톤치드를 머금고 깊은 호흡을 주는 푸른 숲과 같았다. 지나간 어려움과 아픔을 좌절로만 기억하지 않고 그 속에서도 자신을 지지해 주었던 대상들에 대한 고마움과 지나온 삶의 여정에 대한 감사를 고스란히 느끼는 모습 속에서 그의 깊은 내면을 함께 여행하는 느낌이었다. 한 마디 한 마디에 배어 있는 깊은 고뇌와 철학은 습관적으로 생각해 오던 나의 관념이나 틀을 깨도록 만드는 배움과 존경을 선물해 주었다. '아! 이런 남다른 고뇌의 과정이 있었기에 남다를 수밖에 없구나'를 느끼게 해 주었던 인터뷰, 깊은 숨을 들이마실 수 있게 해 주었던 산소 같은 대상과의 인터뷰, 상담자로서 성장해야겠다는 강한 도전감을 자극해 주던 인터뷰였다.

• 상담전문가 5. **따스한 하늘의 빛줄기 '하빛' 님**

남성, 48세, 상담 경력 20년, 슈퍼비전 경력 16년, 교수

하빛 님의 신실한 모습과 겸허한 태도를 각인시켜 주는 인터뷰였다. 기독교 신학에서 기독교 상담으로 진로 방향을 트는 과정 속에 담겨 있던 고뇌와 갈등을 들으면서 로저스의 실현경향성을 떠올렸다. 마치 양파는 그늘에서도 그의 생명력인 연둣빛 싹을 틔워 내는 것처럼, 그 어떤 것도 그 사람의 흐르는 인생 물길을 막지는 못한다는 생각을 하게 되었다. 상담자로서의 삶을 선택하고 나서도 전문가로

서의 궤도에 오르기까지 사람 사이에서 좌절했지만 또 다시 사람으로 인해 극복할 때, 하빛 님은 그 과정에 신의 손길이 들어 있었음을 고백하셨다. 상담은 신의 사랑을 베푸는 손길이 됨을 알려 주셨고, 마치 하나님을 뵈옵는 듯 신선한 경험을 하게 된 인터뷰였다. 내담자들에게서 자주 듣는다는 피드백처럼, 겉모습과 달리 하빛 님을 가까운 곳에서 뵈니 따스함이 하늘에서 내려오는 빛줄기처럼 나의 가슴에 가득 내려쬐고 있었다. 특별히 기도해 주시던 그 나지막한 음성이 아직도 귀에 그리고 마음에 남아 있는 고마움으로 기억되고 있다.

• 상담전문가 6. **넉넉히 품는 가슴 '성품' 님**

남성, 52세, 상담 경력 16년,
슈퍼비전 경력 12년,
개인상담연구소 소장

푸근한 인상이 마치 모든 집단원을 한 품에 안으실 수 있을 만큼 넉넉한 느낌을 주던 상담전문가 6의 이름은 모두 다 품어내리 '성품' 님이다. 그의 목소리는 울림이 있는 중저음으로 신뢰감을 주었기에 내담자가 되어 상담을 받아 보고 싶다는 느낌을 주기도 했다. 성품 님은 원래 교사였던 직업을 내려놓고 전공 아닌 상담을 직업으로 선택하게 되었다고 한다. 집단상담으로 처음 상담을 접하게 되었다는 그는 전문가가 되기까지 겪었던 좌절 극복 경험을 이야기해 주셨다. 비록 힘들고 고통스러웠을 경험이지만, 편안하고 안정된 목소리로 이야기해 주실 때 얼굴 표정에 차오르던 밝은 빛을 잊을 수 없다. 마치 자신을 포함한 모든 사람에 대한 온전한 애정을 나타내는 듯……. 진정 좌절을 극복해 냈다는 사인으로 보였다. 상담을 통해 얻을 수 있는 변화와 성장에 대해 확신하고 있는 기쁨이 아닐까 싶었다. 새로운 것이 두렵지 않다는 그 도전력과 진취성을 보면서 앞으로 계속 이어질 미래 행보에 대한 관심과 기대가 생겨났던 인터뷰였다.

• 상담전문가 7. **봄 같은 희망 '이봄' 님**

여성, 52세, 상담 경력 20년,
슈퍼비전 경력 10년,
지역 기관 상담센터 책임자

이봄 님과의 인터뷰는 화사한 웃음과 산뜻한 차림이 왠지 전문가의 격을 높여주는 느낌이었다. 이런 전문가에게도 이렇게 힘든 시절이 있을 수 있구나 하면서 인간 본연의 연약함과 상처받기 쉬운 마음을 느낄 수 있던 시간이기도 했다. 그러나 깊은 내면에 자리 잡고 있는 그의 인간을 향한 애정과 끝까지 포기하지 않고 어려움을 이겨 내려는 의지에 감탄하기도 하였다. 그의 상담실에 걸려 있던 미술작품만큼이나 그의 예술적인 섬세한 감수성도 느낄 수 있었던 시간이었다. 특히 좌절에 대처할 때 1%라도 더 희망적인 쪽으로 결정한다는 이야기는 1이라는 아주 작은 수치의 위대성을 다시 한번 깨닫게 해 주었다. 집에 오는 내내 그 1%의 의미를 계속 감동적으로 음미하게 된 인터뷰였다. 나는 아무리 힘들고 어렵더라도 1%의 희망을 선택하고 있는 것일까? 추운 겨울날 봄을 기대하듯 절망 속에서도 희망을 선택하며 기다리는 그에게 '이봄'이라는 이름을 지어 드리고 싶었다.

일곱 분의 상담전문가를 찾아뵈었을 때 그들은 고유한 성격과 성

품에 따라 서로 다른 색깔의 환영과 인사를 해 주셨다. 그리고 인터뷰를 마치고 헤어질 때도 너무도 다른 마무리의 모습을 보여 주셨다. 그러나 모든 분에게서 공통으로 드러나는 특성이 있음을 발견하게 되었다. 그것은 따스함과 수용 그리고 겸손이었다. 어쩌면 상담자로서 오랜 세월 몸에 익어 인격으로 자리 잡은 인간에 대한 존중과 배려가 아닐까 싶었다. 차 한 잔 대접하는 손길이나 미소로 웃으며 마주쳐 주시는 한 번의 눈길 속에 이런 특성들이 배어 있었다.

일곱 분의 상담전문가들은 인터뷰를 통해 학교 교과서로는 결코 배울 수 없는 소중한 경험과 교훈을 남겨 주셨다. 아마도 지금 상담자의 길을 걷고 있는 상담후배들에게 위로와 격려를 아끼지 않고 싶은 사랑의 마음이 아니었을까 싶다. 이제 그들과 함께 나누었던 보석 같은 이야기들을 그들의 생생한 목소리로 풀어 보도록 하겠다. 상담자의 삶을 시작하게 된 이야기로부터 상담자로서 어려움을 겪으면서 좌절했던 이야기, 그 좌절을 극복하여 성장에 이르기까지의 과정을 함께 들어 보도록 하자. 예상했던 대로 이야기가 펼쳐지면서 안심이 될 수도 있고, 전혀 생각지도 못했던 이야기로 감동이 될 수도 있다. 앞으로 상담전문가 일곱 분의 말들을 인용할 때는 보다 쉽고 친근하게 다가오도록 상담전문가 분들의 가명을 사용하도록 하겠다. 상담전문가 1은 심연 님으로, 상담전문가 2는 윤결 님, 상담전문가 3은 소향 님, 상담전문가 4는 강숲 님, 상담전문가 5는 하빛 님, 상담전문가 6은 성품 님, 상담전문가 7은 이봄 님으로 표기하도록 하겠다.

제5장

상담자 삶의 선택 동기

" 내가 처음부터 남들을 도와주려고 상담한 게 아니에요.
그게 기본적 동기는 아니에요.
나에게는 '행복하게 살고 싶다'는 주제가 있었어요.
당시 마음이 썩 만족스럽거나 그러지 않았거든요.
우울함 같은 것도 좀 있었고…….
그래서 내 마음속에 '사람들이 행복하게 살았으면 좋겠다'
하는 그런 마음이 있었던 거죠. "

–윤결–

새로운 깨달음을 통해 답을 얻을 때,
그 답으로 말미암아 새롭고도 많은
어려운 질문들이 내게 던져졌습니다. 마치
'내게 하나의 문이 열렸습니다. 그래서 나는 그 안으로 들어갔습니다.
그런데 거기에서 백 개의 닫힌 문을 만나게 되었습니다'
라는 안토니오 포키아(Antonio Porchia)의 말처럼 말입니다.
그러나 나는 그 닫힌 문들에 대한 두려움 때문에
아예 어떤 문이든 열어 볼 엄두도 내지 않는
어리석은 짓을 하고 싶지 않았습니다.

-헨리 나우웬의 『상처입은 치유자』 서문 중-

상담전문가 7인은 어떻게 해서 상담자의 삶을 살게 되었을까? 상담자의 좌절 극복 과정에 대한 관심 이전에 이들의 상담자 동기가 궁금해졌다. 이들이 상담자의 길을 선택하게 된 여러 가지 이유나 계기가 있었겠지만, 인터뷰를 통해 두 가지 공통적인 특징을 발견할 수 있었다. 첫째, 이들은 참 오랫동안 가치 있는 존재와 의미 있는 삶을 살고자 깊은 고뇌를 해 왔다는 사실이다. 둘째, 이런 고뇌와 갈등 속에서 이들은 자신이 추구해 왔던 가치와 욕구에 부합되는 의미 있는 사건을 만나게 되었다는 것이다. 이 의미 있는 사건은 바로 '의미 있는 사람과의 결정적 만남'이었으며, 이러한 만남을 계기로 상담전문가들은 상담자로서의 삶에 대해 깊이 생각하게 되었고, 결국 그 길을 가기로 결정하게 된다.

1. 가치 있는 존재와 의미 있는 삶의 추구

상담전문가 7인은 오랜 기간 동안 가치 있는 존재가 되고 싶다는 소망을 가지고 있었다. 또한 의미 있는 삶을 살고 싶다는 강렬한 욕구를 가지고 있었다. 이들은 '어떻게 하면 가치 있는 삶을 살 것인가?' '의미 있는 삶이란 무엇인가?'에 대한 깊은 고뇌를 오랫동안 지속하고 있었다. 이들의 특징은 외적인 가치보다는 주로 인간 내면에 대한 관심과 가치를 두고 있는 것이었다고 할 수 있다.

가장 먼저 인터뷰해 주셨던 심연 님은 인간 내면의 가치, 인간 존중에 대한 관심으로 삶의 의미에 대해 많은 고민을 해 왔다고 했다. 기독교 신앙을 가지고 있던 그는 진정한 의미의 기독교적 돌봄을 상담에서 찾고 있었다.

> 내가 무엇 때문에 상담을 했을까…… 나는 문학을 했어요. 그래서 독일로 유학을 가려고 준비를 많이 했었고 정치 철학에 대해 많이 생각했었어요. 그런데 뭔가 사회를 이끌어 갈 수 있는 기본적인 인간의 가치관 이런 것들을 제시해 주면 좋겠다 하는 생각이 있었지요. 인간 내면의 가치, 인간 존중 이런 것들을 그동안 많이 고민해 왔거든요. 어떻게 삶을 살 것인가, 삶의 의미가 무엇인가 이런 거 말이죠. 그러다가 저는 대학교 4학년 때 삶에서 가장 의미 있는 것은 어떻게 보면 신앙적으로 하나님 말씀을 따라서 다른 사람들을 소중하게 돌보는 것, 그게 더 좋은 일이 아닌가 그렇게 생각했었어요. (심연)

소향 님도 한 여성으로서 사회에 기여하는 존재로서의 삶을 살고 싶었으나 여러 직장생활에서도 만족하지 못했다고 한다. 그러나 상담대학원에 들어가 상담자들을 보면서 의미 있는 삶의 모습을 발견하게 되어 상담자의 길을 걷게 되었다고 했다.

> 내가 하고 싶은 걸 안 하고 살면 안 될 것 같은 느낌이 있었어요. 그냥 주부로 사는 삶은 만족이 안 될 것 같더라고요. 직장생활을 여러 군데에서 해 왔지만 그렇게 사는 삶은 아닌 것 같다는 느낌이 들었어요. 그래서 대학원에 들어가게 되었지요. 그런데 대학원 사람들을 보니까 굉장히 의미 있는 일을 하고 있는 것 같았어요. 그래서 '내가 이 길을 가야겠구나' 그런 생각을 했지요. (소향)

상담전문가들은 확실히 다른 직업군보다 내면에 대한 관심, 자기에 대한 관심이 많고 그에 대한 가치를 두면서 고민해 왔던 것을

알 수 있다. 이봄 님도 '나는 누구인가?' '나는 어떻게 살아야 할 것인가?' '진정 내가 원하는 삶은 어떤 것인가?' 하는 근원적 고민을 청소년기부터 했다고 한다.

> 삶에 대한 고민들이 청소년기부터 많았어요. 청소년기의 덫에 갇힌 느낌, 부모의 기대에 미치지 못하는 자녀가 될까봐 하는 걱정, 그런 것들로 인해 나는 누구인가에 대한 고민이 많았죠. 그때 지속적인 외로움, 소외감, 무력감이 근본적인 나의 정서였는데, 이런 개인 내적인 갈등, 방황 속에서 내가 어떻게 살아야 될 것인가에 대해 관심을 갖게 되었던 것 같아요. (이봄)

상담자라는 길을 선택하게 되는 이유 중 하나가 이와 같이 '나'라는 존재를 이해하고 싶어서이기도 했다. 성품 님은 가끔 자신에게 나타나는 신체적 · 심리적인 증상에 대해 이해할 수가 없었다고 한다. 그래서 그는 상담자가 되어야겠다는 생각으로 상담자가 되었다기보다는 내가 누구인지, 나라는 존재에 대해 더 이해하고 싶어서 상담자의 길을 선택했다고 하였다.

> 저희 선친이 항상 저한테 특별히 강조했던 게 뭐냐면 "사람은 세 가지 종류가 있다. 있으나마나한 사람과 있어선 안 될 사람과 꼭 필요한 사람이 있다. 너는 꼭 필요한 사람이 되어라."라고 하신 거예요. 그래서 저는 필요한 사람이 되기 위해서 매순간 선택을 하고 행동을 하는데, 늘 저 자신이 왜 그럴까 하는 의문이 있었어요. 정말 묘하게 일 년에 한 번 정도씩 저한테 신체적 · 심리적으로 나타나는 증상이 있었어요. 아내 얘기로는 상처 난 맹수가 우리 안에서 왔다 갔다 하면서 울부짖는 것 같은, 그런데 표현을 못하는 그런 모습처럼 보였다는 거예요. 그런데 저도 왜 그런지 모르겠는 거죠. 그냥 벌떡 일어나

> 서 안절부절못하면서 왔다 갔다 하고 막 화는 나고 그러는데 어떻게 추슬러야 될지는 모르는 거예요. 그래서 처음에는 상담자가 될 생각보다는 이런 증상이 뭔지, 나라는 사람이란 어떤 존재인지, 나를 좀 더 이해하고 싶어서 또 더 알고 싶어서 상담이라는 영역을 시작한 거죠. (성품)

상담전문가들은 이렇게 자신에 대한 관심으로 깊은 고뇌를 하면서 상담자의 길에 입문하게 되지만, 우리가 일반적으로 생각하듯이 누군가를 돕기 위해서 상담을 시작하는 것만은 아니었다. 윤결 님은 우선 자신이 행복한 존재가 되고 싶은 소망과 사람들이 행복했으면 좋겠다는 바람으로 상담 공부를 시작하게 되었다고 한다. 그는 행복이라는 인간의 내적 가치를 실현하기 위한 도구로서 상담을 택한 것이었다.

> 아…… 내가 처음부터 남들을 도와주려고 상담한 게 아니에요. 그게 기본적 동기는 아니에요. 나에게는 '행복하게 살고 싶다' 하는 주제가 있었어요. 당시 마음이 썩 만족스럽거나 그러지 않았거든요. 우울함 같은 것도 좀 있었고요. 그래서 내 마음속에는 '사람들이 행복하게 살았으면 좋겠다' 하는 그런 마음이 있었어요. 그래서 상담을 시작하게 된 거죠. (윤결)

심지어는 타인 돌봄을 위해 상담을 시작했다기보다는 이기적인 동기에 의해서 시작했다고 말하는 상담전문가도 있었다. 하빛 님은 남을 돌보는 것을 생각해 본 적이 없으며, 오히려 이기적인 동기에 의해 공부했다고 한다. 그러나 그는 그러한 과정까지도 자신이 믿는 하나님이 인도하신 것이라 믿는 신앙적 고백을 하고 있었다.

남을 돌보고 싶다는 생각을 가져 본 적이 없었어요. 공부를 하면서도 이기적인 동기에 의해서 공부했어요. 사람들과 부딪히는 걸 별로 좋아하지 않았기 때문에 다른 사람들에게 많이 노출되는 걸 싫어하는 역작용이 오히려 저에겐 있었어요. 상담에 들어온 것은 무의식적 동기에 의해서 하나님이 이끄신 거죠. (하빛)

강숲 님 역시 타인보다는 자신에 대한 관심이 너무도 많았기에, 다른 사람에 대한 관심으로 남을 돕기 위해 상담을 시작한 것이 아니라고 했다. 나라는 존재가 어떻게 하면 가치 있는 삶을 살 것인가에 몰두했으며, 이러한 나에 대한 관심으로 시작한 상담이 재밌었고 이제는 결국 타인을 돕는 결과를 만들어 낸 것이라 했다.

나에 대해 지칠 정도로 관심이 많았어요. 나는 어떻게 살까부터 시작해서 무엇이 될까, 나는 왜 이 모양일까, 이 모양에서 달라지려면 어떻게 해야 할까……. 조금 더 나은 삶의 방식, 좀 더 가치 있는 삶에 대해 고민을 한 거지요. 내가 어떻게 사는 게 가치가 있을까 생각하다가 궁극적으로 나온 말이 서비스예요. 다른 사람에 대한 관심으로 남을 도와준다고 하면 굉장히 불편해져요. 저는 저에 대해서 관심이 많았을 뿐이었는데 그 결과가 다른 사람한테도 나쁘지 않더라고요. 내가 다른 사람을 도와주려고 했냐? 그건 아니에요. 재밌으니까 했죠. 사람과 만나서 얘기하고, 그 사람이 달라지고 그런 게 재밌었어요. 제가 재미있어서 하는데 그게 다른 사람에게 결과적으로 도움이 되었죠. (강숲)

이와 같이 상담전문가들은 자신 내면에 대한 관심, 자기 존재 가치에 대해 관심이 많았던 것을 알 수 있다. 그리고 이러한 자기에 대한 관심, 의미 있는 존재 가치에 대한 추구는 결국 타인에 대한 관심과 도움으로 연결되고 있었다. 어쩌면 나를 도우려는 건강한 이기성이 타인을 돕는 건강한 이타성으로 이어지는 것이 아닐까 생각된다. 이렇게 상담전문가 7인이 오랫동안 추구해 오던 가치 있는 존재와 의미 있는 삶에 대한 열망은 의미 있는 사람과의 결정적 만남을 통해 실제 삶으로 구현되기 시작한다. 이제 이들의 이야기를 더 들어보자.

2. 의미 있는 결정적 사람과의 만남

의미와 가치를 추구하던 상담전문가 7인이 상담자의 길로 들어서게 되는 결정적 계기는 바로 어떤 의미 있는 사람과의 만남이었다. 대학에서 상담과목을 가르치시던 '교수님', 나의 '상담자'나 옆에서 보던 '상담자 동료' 그리고 내가 만난 '내담자'가 바로 그 의미 있는 사람이었다. 또 '봉사하면서 만난 사람들'이나 '책 속의 상담심리학자'도 상담자의 길로 들어서게 만든 의미 있는 사람이 되었다.

강숲 님은 자신의 삶의 모델이 되어 주신 선생님이 계셨기에 상담자의 길을 선택할 수 있었다고 했다. 그의 선생님은 자신의 어두운 마음을 밝혀 주시던 좋은 분이었고, 그동안 생각해 왔던 의미 있는 삶을 살 수 있을 것 같다는 꿈을 꾸게 해 주신 분이었다고 한다.

> 내가 상담자가 된 가장 가깝고 직접적인 동기는 ○○○ 선생님을 만난 것이었어요. 강의를 듣다 보니 '아, 저거 내가 하면 좋겠다'는 생각을 하지 않았나 싶어요. 선생님이 참 잘해 주셨어요. 선생님을 만나면서 어두웠던 마음이

> 계속 밝아지는 게 있잖아요? 상담 선생님들이 그런 걸 좀 해 주시잖아요. 격려도 해 주시고, 자기 스스로를 보게도 해 주시고……. 그런 의미에서 좋으셨고 제자들을 성심성의껏 굉장히 아끼셨어요. 그런 마음 같은 게 전달이 되는 거죠. 그래서 대학교 3학년 때였던 것 같은데 '나도 저렇게 살아야지' 하는 게 마음속에 생겼어요. '아, 나도 학생들한테 저렇게 해 줄 수 있는 그런 선생이 되면 참 좋겠다. 저 선생님처럼 살면 나중에 별로 후회 없을 것 같다' 하는 생각이 들었던 거죠. 제가 서비스에 관심이 있어요. 그런데 동시에 학문에 관심도 있어요. 이 둘 다 하고 싶어 했는데, 선생님이 사시는 모습을 보니까 서비스도 하시고 공부도 하시고 그 두 가지를 다 할 수 있겠구나 싶어서 제가 상담자가 되면 좋겠다 생각했지요. (강숲)

윤결 님이 만난 상담 교수님도 자신의 전공을 바꾸게 할 정도로 위력 있는 말 한 마디를 던져 준 구원자 같은 분이셨다. '마음'이라는 것에 처음으로 눈이 뜨였던 대학생 시기에 상담 교수님으로부터 들었던 한 마디 말은 마치 그의 삶에 비추는 한 줄기 빛과도 같았다.

> 제가 대학교 때 경험한 게 뭐냐 하면 사람들끼리 막 서로 좋아하기도 하고, 서로 글을 쓰면 댓글도 달아 주고 그런 상호작용이 너무 재미있더라는 거예요. 그런데 그때 깨달은 게 '사람이 사람을 좋아하다가 그만두면 마음이 아프다' 하는 거였어요. 그 전에는 몰랐어요. 누군가를 좋아하다가 그만두는 경험, 그것은 나한테는 굉장히 새로운 경험이었어요. 그러니까 뭐라 그럴까, 경험을 통해 '마음'이라는 것에 대해 눈이 뜨인 거죠. 그런데다가 ○○○ 교수님 강의를 듣는데, 딱 한 문장이 나에게 들어왔어요. "상담은 도 닦는 활동이다." 그때가 막 한참 진로를 변경하려고 하는 와중이었는데 그 '구도(求道)'라고 하는 말이 굉장히 인상적이었어요. 그래서 아…… 상담으로 전공을 바

꾸어도 괜찮겠다 하는 결심을 하게 됐죠. (윤결)

상담 교수님 외에도 상담을 해 주시던 상담자와의 만남이 자신의 상담자 진로에 결정적 사건이 된 경우도 있었다. 성품 님은 집단상담에 참여하였다가 '집단상담 리더'의 한 마디 말로 인해 자신의 존재 가치가 일깨워졌다. 그래서 그는 자신도 누군가에게 필요한 존재가 되어 보고 싶은 마음에 상담자의 삶을 선택했다고 한다.

상담을 공부하면서 가장 먼저 공부한 게 집단상담이에요. 그때만 해도 상담자가 되겠다는 생각은 별로 없었는데……. 그래도 아주 재밌었어요. ○○ 선생님…… 우리나라에서는 거의 최초로 T그룹이란 걸 경험하신 분인데, 아주 독특한 분이셨어요. 그 분이 하는 집단이라는 데를 처음 들어가서 경험을 하는데, 4박 5일 내로 이 분이 말씀하신 건 한 대여섯 마디였죠. 저는 아~ 저러고도 돈을 버는구나 하는 생각이 들었죠. (웃음) 그런데 정말 묘한 게 뭐냐면 아무 말씀도 안 하시는데 기운이 느껴지는 거예요. 그 기운이 좌중에게 영향을 미치는 게 느껴졌어요. 저만 느껴진 게 아니라 모든 참여자가 느꼈는데 정말 신기한 경험이었어요. 이게 저의 첫 집단상담 경험이었고, 그 분의 사상에 굉장히 많은 영향을 받았어요. 처음 이 선생님에게 T그룹을 경험할 때, 이 선생님이 집단 끝날 때쯤 피드백이라는 걸 주셨거든요. "○○는 이런 걸 하면 잘할 것 같아." 하시는 거예요. 그래서 제가 "잘한다는 게 뭔데요?" 그랬더니 "글쎄, 사람들한테 필요한 존재가 되겠지?" 이런 얘기를 해 주시는 거죠. 처음 집단 갔을 때는 '뭐 이런 영감님이 다 있나' 그랬는데 그 말을 듣고서는 '내가 잘 할 수 있다면 한 번 해 봐?' 하는 생각이 들어서 상담 공부를 지속하게 되었던 거예요. (성품)

한편, 상담자 동료에게서 많은 영향을 받고 상담자의 길을 들어선 경우도 있었다. 이봄 님은 자신과 스터디 그룹을 함께하던 상담자 동료의 모습을 보면서 진정한 여성으로서의 삶의 모델을 발견하게 되었다고 한다. 그는 심리학을 전공했기에 그 영향으로 '상담이란 주로 앉아서 하는 것'이라는 기존 인식을 가지고 있었다. 그런데 그 상담자 동료가 실제 현장에서 발로 뛰면서 사람들에게 도움을 주는 모습을 보면서 자극을 받게 되었다는 것이다. 그래서 그러한 상담자의 역동성에 영향을 받아 '나도 저렇게 살고 싶다'는 생각을 하게 되었다고 한다.

> 상담 공부를 본격적으로 한 것은 제가 지방에 내려가 사회복지와 상담을 하는 친구들과 만남을 통해서였어요. 이 친구들과 같이 스터디 그룹을 했는데, 그들은 진짜 여성으로서의 삶을 극복한 실천가들이에요. 무에서 유를 만들어 내는 도전을 하기도 하고, 후원자를 모으기도 하는 모습을 보았지요. 저는 예전에 심리학 전공을 하면서 주로 앉아서 하는 상담만 알고 있었는데. 저렇게 발로 뛰고 가서 만나 일구어 내는 모습을 보면서 '저렇게 살면 정말 도움이 되겠다' 하는 마음이 생겼던 거지요. (이봄)

상담 교수나 상담자가 아닌 '뜻밖에 만난 내담자와의 만남'이 상담자의 길을 걸어야겠다고 결심을 하게 만든 경우도 있었다. 하빛 님이 그러했다. 그는 신학을 전공하면서 교회에서 사역을 하고 있었는데, 어느 여선생님과 '상담 아닌 상담'을 하게 되었다고 한다. 그런데 목회자로서 상담자 역할의 한계를 느끼게 되면서 상담 공부에 대한 도전을 받게 되었다는 것이다. 그것은 목회상담자로서의 전문성이 있어야 진정한 도움을 줄 수 있다는 것을 알게 되었기 때문이었다.

> 난 상담에 대한 관심은 가진 적이 없어요. 신학대학원에 가서도 이론적으로 공부해서 교수가 되겠다는 생각을 했었지요. 그런데 졸업할 무렵의 어떤 한 사건이 계기가 되었어요. 실제 교회에서 내가 맡고 있던 부서의 한 여선생님을 내가 상담 아닌 상담을 하게 되었는데, 거기서 제가 한계에 부딪힌 거죠. 신학대학원에서 배운 신학적인 지식을 연결하는 데 어려움이 있더라고요. 어떤 의미에서는 신학은 신학이고 삶은 삶이고……. 그 사람의 삶에 대해서 내가 이야기해 준 게 어떤 의미에서는 너무나 상식적이고 소위 전문성이 전혀 없었던 거죠. 그래서 그 사건을 경험하면서 도전이 되었는데……. 글쎄요. 어떻게 보면 그냥 스치고 지나갈 수도 있는데 그 상황을 내 나름대로는 상당히 크게 받아들인 거죠. 삶의 방향을 선회할 만큼이요. 그러나 그건 내가 스스로 선택했다기보다 어떤 의미에서는 나도 의식 못하게 하나님이 이끌어 간 거라 믿어요. (하빛)

소향 님은 상담자의 길을 선택하게 된 계기가 그가 봉사하면서 만난 사람들을 보면서였다고 했다. 가톨릭 신자였던 그는 봉사활동을 하면서 처음으로 힘든 사람이 많다는 것을 알게 되었고, '남을 위해 돕는 삶'이 무엇일까 고민하게 되었다고 한다. 그러던 중 학부에서 상담관련 과목을 듣다가 '상담사'라는 말을 처음 듣게 되었는데, 그 '상담사'가 몸을 보살피는 간호사처럼 마음을 보살피는 의미 있는 일을 하는 사람들이라는 생각을 갖게 되었다는 것이다.

> 고등학교 때 봉사활동을 하면서 시립아동병원을 간다거나 고아원이나 양로원을 간다거나 이러면서 '세상에 참 힘든 사람이 많구나!' 하는 것을 알게 되었어요. 그래서 그때 당시에 여자로서 남을 위해서 봉사할 수 있는 직업이 뭘까 생각하다가 간호사 그런 걸 생각하였어요. 그런데 고등학교 시절에 이래

저래 병치레를 하면서 병원을 왔다 갔다 하다 보니까 간호사가 하는 일이 나한테 너무 벅찬 느낌이 드는 거예요. 그래서 일단 '내가 좋아하는 학문을 하자' 하고 학부에서 교육학 부전공을 하다가 상담과 생활지도라는 과목을 듣게 되었어요. 그런데 그때 상담사라는 말을 처음 접하게 된 거죠. '아, 이런 것도 있구나. 내가 직업을 갖게 된다면 이런 일을 하면 좋겠다' 하는 생각이 들었고, 결국 몸을 보살피는 것이나 마음을 보살피는 것이 같은 맥락이라고 생각했어요. 그런 의미로 상담을 하려고 마음먹었었죠. (소향)

특이한 것은 상담자의 길 선택에 영향을 미친 의미 있는 사람이 실존 인물이 아니라 '책 속에 나오는 상담심리학자'였던 경우도 있었다. 그 오래전 책 속의 인물이 살아 나와 한 사람에게 말을 걸고 영감을 끼친다는 사실은 참 새롭고 기이한 일이다. 심연 님은 실존주의 심리치료자인 빅터 프랭클의 책을 읽으면서 미래 상담자로서의 꿈을 꾸고 밑그림을 그리게 되었다고 한다.

신학대학원에 다닐 때 관심 있었던 게 어떻게 하면 잘 돌볼 수 있는가 하는 것이었는데, 그때 프랭클을 접하게 된 거예요. 빅터 프랭클을 접하면서 심리학에 대한 밑그림이 조금씩 그려지기 시작했고, 그러면서 내가 그 쪽으로 마음이 매료되어 갔죠. '내가 상담 공부를 좀 제대로 해야겠다. 그래야 사람들을 도울 수 있을 것 같다'라는 생각을 그때 하게 된 거예요. 그러면서 '목회적으로 하는 돌봄의 차원을 좀 넓히면 좋겠다……. 이젠 빵을 통해서 사람들한테 의미를 주는 시대는 지났다. 중요한 것은 심리적 차원에서 기독교가 사람들에게 뭘 해 주어야 한다'는 생각이 들었던 거죠. 앞으로 목회와 상담이 상당히 접목되어야 할 것 같기도 했고요. (심연)

이와 같이 한국 상담전문가 7인은 상담자 진로 선택에 있어서 상담과 관련된 사람들이나 일상에서 만난 사람들, 또는 책을 읽으며 만난 사람들로부터 큰 영향을 받고 있었다. 의미 있는 한 사람과의 만남은 또 한 사람의 인생의 방향을 결정하기도 하고 전환하기도 하였다. 이들은 그 '의미 있는 사람'을 통해 자신이 오랫동안 추구해 왔던 삶의 의미와 존재 가치를 상담이라는 영역에서 실현할 수 있을 것이라는 희망과 기대를 가지게 되었다고 볼 수 있다. 그리고 이들은 상담전문가가 된 지금, 또 다른 한 사람에게 그 '의미 있는 한 사람'이 되고 있는 것이다.

3. 가정, 종교, 직업적인 돌봄 환경에의 노출

한국의 상담전문가 7인과의 인터뷰를 통해 좌절 극복 이야기를 들으면서, 상담자의 길을 선택하기 쉽도록 만드는 그 무엇, 촉진적 환경이 있다는 생각이 들었다. 상담전문가 7인 중에는 어린 시절부터 가정적으로나 종교적으로 사람 돌봄의 가치에 이미 노출되어 성장한 경우가 많았기 때문이다. 그렇지 않다면 성인이 되었을 때 사람을 교육하거나 돌보는 환경에 있었던 경우가 대부분이었기 때문이다. 누군가를 돌보는 환경에 노출되어 있던 경험은 사람을 돌보는 상담이라는 영역을 자신의 삶으로 선택하는 것을 그리 거부감 없이 받아들일 수 있게 만든 것으로 보였다. 강숲 님은 어린 시절부터 가정의 분위기나 종교적 분위기를 통해 돌봄이나 서비스 같은 삶의 방식이 몸과 마음에 익혀진 경우였다.

> 아버님도 사람을 돕는 전문직에 계셨으니까, 저는 아버님의 삶을 어렸을 때부터 옆에서 많이 봐 왔고요. '그렇게 살아도 참 좋겠다' 하는 생각은 오래전부터 했었어요. 그런데 형도 사람을 돕는 아버지와 같은 직업인 거예요. 밥 먹을 때 보면 두 분이서 서로 하루 일을 이야기하는데, 주로 사람의 내면세계 이야기 같은 거였지요. 서로 주고받는 대화를 보면서 저에게도 그런 게 흥미롭게 여겨졌던 것 같아요. (강숲)

또한 그에게는 어린 시절부터 종교적 가치관이 크게 영향을 미치고 있었다. 그는 종교로 인해 세상의 가치를 우선하기보다는 타인을 위해 봉사하고 돕는 삶을 가치 있게 여기게 된 것 같다고 했다.

> 종교적인 것도 물론 있어요. 하나님이 이 세상에 보냈을 텐데……. 성경에서는 달란트를 많이 얘기하잖아요. 어릴 때는 하나님이 주변 사람을 돌보라고 했으니까 좀 쓸모 있는 사람이 되어서 돌봐야 되지 않겠나 그렇게 생각했었어요. 그래서 그런 쪽에 관심이 생기긴 했지요. (강숲)

심연 님도 종교적 사건을 통해 유학도 직장도 포기하게 되었고, 그 이후로는 내적 가치에 보다 큰 의미를 두게 되었다고 한다. 그리고 이러한 내적 변화 이후의 삶의 경험들은 돌봄의 가치를 둔 상담자의 길을 선택하는 데 근간이 되고 있었다.

> 종교적 사건이 나한테는 더 컸지요. 그래서 대학교 때 유학도 포기하고 직장 들어가는 것도 포기하고 신학대학원을 갔던 거예요. 신학대학원을 가서 목회자가 되는 것이 가치 있는 일이라고 생각했거든요. 그때는 ○○동이 개발되기 전인데, 제가 가치 있는 일을 해 보겠다고 굉장한 빈민촌에 들어간 거

> 죠. 어떻게 보면 교회 개척인데, 지금처럼 하는 교회 개척이 아니라 야학과 같이 못 사는 아이들, 빈민들 돌보고 그러면서, 거기서 천막치고 교회도 하고 그런 거예요. ……(중략)…… 그런데 현실적으로 계속 지쳐가고 갈등하고 그러는 가운데 상담서적, 실존주의 프랭클이라든가 로저스라든가 이런 사람들을 접하게 된 거죠. 그러면서 점점 그쪽에 매료되어 가고 '내가 상담을 제대로 공부해야 되겠다. 그래야 사람들을 도울 수 있을 것 같다'라는 생각을 하게 된 거예요. (심연)

어린 시절 가정의 분위기나 종교적 영향으로 돌봄의 가치가 내면화된 경우도 있었지만, 성인이 된 이후에 직업적 특성으로 돌봄 가치가 익숙해진 경우도 있었다. 성품 님은 교사로서 20년이라는 오랜 직업적 경험이 있었기에, 교사와 유사한 조력활동을 하는 상담자의 삶으로 이행하는 것이 그리 어렵지 않았다고 했다.

> 제가 학교에서 생활지도를 맡고 있었는데, 그때는 혼내고 야단치고 지적하고 하는 것 외에는 별로 학생과에서 하는 일이 없었어요. 많은 아이 중에 기가 죽고 정말 자기의 뜻을 펴지 못하는 애들, 재능은 있으면서도 발휘하지 못하는 애들, 그런 애들을 보면서 어떻게 하면 도와줄 수 있을까 하는 걸 많이 생각했던 것 같아요. ……(중략)…… 처음에는 가르친다는 것을 내가 잡아 이끌어 어떤 형태로 만든다고 생각을 했거든요. 그런데 나중에 차츰차츰 깨달아 알게 된 거지만 '가르친다'는 것은 그 아이의 본성이 제대로 살아날 수 있도록 성장할 수 있게 옆에서 돕는 거죠. 그런 조력행위가 '교육'이라는 것을 깨닫고 나서는 '돕는다'고 하는 의미가 새롭게 들렸어요. '그가 정말 그가 되게 필요한 활동'이 '돕는 것'이라는 생각을 하게 되었지요. 사실 교사 활동이 돕는 활동이라는 것을 알고 있었기 때문에 상담자로서 돕는 활동을 선

택하는 게 어렵지 않았어요. (성품)

4. 기존 삶에 대한 한계와 회의

상담전문가 7인이 상담자의 삶을 선택하도록 촉진한 또 하나의 배경은 기존 삶에 대한 한계와 회의가 있었다는 것이었다. 상담전문가들 중에는 자신이 공부하고 있던 분야나 직업의 한계로 인해 회의를 느끼다가 상담으로 진로를 변경한 경우도 꽤 있었다. 이들은 자신의 내적 가치와 욕구에 맞지 않는 현실 속에서 끊임없이 고민하고 갈등하다가 결국엔 진로 전환을 하게 되었다.

윤결 님은 자신이 공부하던 전공에서의 이론과 실제 삶이 분리되는 느낌으로 고민하다가 상담으로 전공을 변경하였다고 한다. 그는 전공 공부에 대한 어려움과 실망을 함께 경험하면서 상담으로의 진로 변경을 시도하였다.

> 대학교 때 경험을 통해 '마음'이라는 것에 대해 눈이 뜨였어요. 그런데 제가 했던 전공 공부는 ○○ 개념 공부를 하잖아요. 수업에 들어가면 개념이 막~ 따로 놀아요. 수업에서 나오면 마음이고 들어가면 개념이고……. 나의 삶과 머리가 안 맞았던 거죠. 너무 따로 노는 데다가 또 하나는 전공 공부가 어렵더라고요. 뭐 공부를 쭉 한다면 교수야 되겠는데, 그렇게까지 해서 내가 흥미로울 것 같지도 않고, 그렇게 전공에 대한 어려움과 실망 이런 게 있었어요. (윤결)

하빛 님도 신학대학원에서의 공부가 실제 삶의 현장에서는 적용하기 어려운 이론 중심적이라는 한계를 느끼게 되었다고 한다. 결국 그는 사람들에게 실제적인 도움을 주고 싶은 마음에 목회상담을 전공하려고 진로를 변경하였다고 했다.

> 나는 나름대로 신학대학원에서 신학 공부를 열심히 한다고 생각했는데도 불구하고, 실제로는 내가 맡은 기관의 한 여선생님을 상담 아닌 상담을 하다가 한계를 느낀 거죠. 공부는 했지만 실제 삶의 현장에 대한 이야기에 있어서는 전혀 준비가 안 된 그런 나를 본 거예요. 그때 뭔가 한계점을 분명하게 느꼈어요. 이런 게 그동안의 신학 교육의 한계이기도 했지요. 주로 이론 중심적이고, 어떤 의미에서는 실제 인간에 대한 이해가 거의 없는 교육을 해 온 게 사실이고요. 실제 삶의 현장 속에서 경험한 신학생들을 배출해야 이론과 삶이 제대로 연결이 되는데 말이지요. (하빛)

심리학을 전공했던 이봄 님 역시 처음 심리학 전공을 할 때는 인간 이해에 도움이 될 것이라는 기대를 하면서 시작했다고 한다. 그러나 실제 심리학을 공부하면서 기대와는 달리 너무 이론적·철학적이고, 실험실 접근이었던 것에 한계를 느끼게 되었다고 한다.

> 심리학 공부가 그렇죠. 저는 청소년기부터 나에 대한 고민이 많았기 때문에 심리학을 공부할 때는 자신에 대한 미해결 과제, 인간에 대한 관심 이런 것들을 조명하는 데 상당히 도움이 될 거다 하는 기대를 가지고 시작했어요. 그런데 어떻게 보면 상당히 철학적이고 또 이론적이고 실험실 중심의 접근이었어요. 물론 그런 것들에 관심은 있지만 또 한계도 느꼈었지요. (이봄)

이와 같이 자신이 공부하던 전공에 대한 한계를 느끼면서 상담을

공부하게 된 상담전문가들도 있었지만, 그동안 몸담고 있었던 직장 생활이나 삶의 현장에 대한 회의와 무의미함, 지루함, 보람 없음으로 인해 상담 공부를 선택한 경우도 있었다. 심연 님은 신학을 하면서 목회자로서 사람들을 돌보던 삶의 현장에서 회의를 느끼면서 상담 공부를 시작하게 되었다고 했다. 외적인 가치로 인해 경직되는 것의 한계를 느끼면서 진정한 돌봄의 가치를 실현할 수 있는 삶을 선택한 것이다.

> 내가 실제로 사람 돌봄의 현장에 있었잖아요. 교회 개척하면서 빈민들을 돌보고 야학을 하고……. 그런데 그때 사건이 엄청 많았어요. 감옥에 있는 사람을 쫓아다니기도 하고, 사람의 악에 대한 것도 많이 보게 되고요. 사람을 순수하게만 여겼다가 한도 끝도 없이 요구하는 그 현실 속에서 너무 지치더라고요. 그러면서도 교회는 점점 세워져 나가고, 신앙에 불이 붙었을 때는 기도하면 모든 게 확확 변화되고 분명 하나님의 역사도 일어나긴 하는데, 사람의 변화는 그리 쉽지 않더라고요. 계속 지쳐가고 갈등하고 그러는 가운데 어떻게 하면 내가 잘 도울 수 있을까……. 목회자로서 돕는 것에 대한 굉장한 회의가 들기 시작했어요. 어떻게 보면 신학적 백그라운드에 있는 사람들에 대한 약간의 실망들이 있었던 것 같아요. 융이 이야기한 페르소나죠. 사람을 돌보는 데 있어서 소위 기존 보수적 신앙관으로 종교화되는 모습, 이런 모습을 나도 하게 될 수도 있다는 생각이 들었던 거지요. 어쨌든 내가 있었던 삶의 현장에서는 나 역시도 교회를 키워서 ○○○ 목사님처럼 큰 교회를 하려는 야망도 있었고 기도도 하고 그랬으니까요. 그러나 마음 한쪽에서는 사람을 변화시키거나 돕는 데 있어서 진정 잘 돕는다는 게 뭘까 회의를 갖기 시작했던 거죠. 그런 거에 대한 갈등이 많았던 것 같아요. 그래서 나에 대한 분석을 하기 시작한 거예요. (심연)

사립학교의 교사로 20년간이나 오랫동안 교사로 근무했던 성품 님도 자신의 전공 과목을 가르치는 데 더 이상 재미를 못 느끼고 상담자로의 진로 변경을 시도했다. 그는 학생들의 변화를 위해 교사로서 노력했지만, 진정 학생들을 변화시키기 위해서는 부모를 변화시키는 것이 더 필요하다는 생각을 하게 되었다고 한다. 그래서 교사를 하면서 상담 영역에서 성인을 가르쳐 보기도 했는데, 그때 더 큰 재미를 느끼게 되었다는 것이다. 결국 성품 님은 오랜 직업을 내려놓고 용기 있게 상담자의 길을 선택하였다.

저는 사립에 쭉 있었는데, 사립학교의 한계도 있었지만, 아이들을 변화시키는 데 더 중요한 것은 성인들을 변화시켜야 되겠다는 생각이 있었어요. 아이들을 보살피고 양육하는 성인들에게 뭔가 변화가 가야 아이들의 변화에 더 큰 에너지가 되고 지속적이겠다는 생각이 들어서 상담을 공부하게 되었어요. 무엇보다 제가 갖고 있는 과목의 특수성으로 고3 애들을 가르쳐야 했는데 재미가 없어진 거예요. A, B, C반 애들의 수준의 차이가 너무 커서 가르치는 데 재미가 없어지더라고요. 그러던 중, 어른들에게 상담을 가르칠 수 있는 기회가 있었는데 훨씬 더 재미도 있고 그렇더라고요. 그래서 교사를 그만두었죠. (성품)

소향 님은 여러 직장을 다니면서 그 직장생활의 한계로 인해 직장을 그만두고 상담 공부를 시작한 경우이다. 여러 직장에서의 경험이 재미는 있었지만 의미가 없었기 때문이었다고 했다.

제가 3년 직장생활을 하면서 네 군데 직장을 다녔거든요. 다 좋은 직장들이었어요. 그런데 그 다양한 경험을 하면서도 그 경험 자체가 나에게는 좀 힘

들고 별 의미를 갖지 못하더라고요. 어떤 직장도 별로 나에게 마음으로 만족을 못 주는 거예요. 직장생활을 하는 재미는 있었지만 어떤 보람을 못 느끼고 그런 거였어요. 그래서 그만두고 상담 전공으로 대학원을 가게 되었지요. (소향)

5. 상담이 주는 흥미와 재미에 몰입

상담전문가들은 상담 자체가 주는 재미로 인해 상담자의 길을 선택할 수밖에 없었다고 했다. 이들은 한결같이 상담 공부가 '참 재미있었다' '상담에 매료되었다' '상담에 빠져들었다' '흠뻑 빠졌다' '신비했다' '태어나서 처음으로 미친 듯이 공부했다' '긍정적 중독이었다'는 말로 상담이 주는 재미를 강하게 표현해 주었다.

이들은 학부에서 부전공으로 상담 공부를 하면서 이미 흥미를 느끼고 있었던 경우도 있었지만, 대학원에서 상담 공부를 시작하면서 점차 상담에 대한 재미와 유용성을 느끼기도 하였다. 이들은 상담 공부를 통해 인간관계의 역동과 변화에 대한 신선한 재미를 느꼈고, 상담 지식이 단순한 이론에 그치는 것이 아니라 자신의 삶에 적용 가능성이 높다는 것에 매력을 느끼기도 하였다.

심연 님은 학부 때 부전공으로 교육학을 공부하면서 자기도 모르게 심리 관련 과목을 무의식적으로 많이 들었다는 사실을 나중에 알게 되었다고 한다. 그때 상담 공부가 너무 재미있었고, 대학원에서 본격적으로 상담 공부를 하게 되면서부터는 심리검사 같은 인간 내면을 보는 재미에 푹 빠지게 되었다고 했다.

> 교육학을 부전공으로 했었는데, 그때 행동수정으로 유명하신 ○○○ 교수님, 그분 강의를 많이 들었고 너무 매료되었어요. 지금 생각해 보니까 그때 산업심리라든가 교육심리 심리관련 과목들을 나도 모르게 들었더라고요. 제가 참 재미있어했더라고요. 그러고 나서 ○○대 일반대학원에 진학하면서 일반상담을 접하게 된 거죠. 그때 더 매료된 거죠. 웩슬러 심리검사 아르바이트도 하고 그러면서 소위 빠져버렸지요. 너무 재미있었던 거지요. (심연)

성품 님도 집단상담을 하면서 인간의 역동과 변화를 경험하면서 상담에 대한 재미에 빠지게 되었다. 태어나서 처음으로 미친 듯이 공부할 정도로 집단의 매력에 흠뻑 빠져들게 되었다고 했다.

> T그룹 안에서의 사람의 역동이라는 게 얼마나 재미있던지요. '아! 참 신비하다'라는 생각이 들었고요. 그때부터 집단에 열중하기 시작했지요. 정말 그때는 태어나서 처음으로 미친 듯이 공부란 걸 했던 것 같아요. 집단이라고 하는 것의 매력에 아주 흠뻑 빠졌었죠. 사람이 함께 얘기만 나눠도 뭔가 변화가 있다는 것에 대해 느끼는 기쁨이라든지 보람이라든지 이런 것들이 저한테는 굉장히 컸던 것 같아요. 집단을 통해 나도 변화되지만, 그 안에 참여했던 사람들이 변화되는 것을 보면서 진짜로 만족감을 느끼는 게 굉장히 컸어요. (성품)

심지어 이봄 님은 상담 공부에 중독이 될 정도였다고 극적인 표현을 해 주었다. 그에게는 상담 공부가 남을 돕기 이전에 자신을 돕는 유용한 경험이 되었고, 자신의 삶에 적용할 수 있다는 점이 너무 좋고 재미있었다고 했다.

> 보통 그러잖아요. 한 발 들여놓기는 쉬운데 발 빼기 어렵다고요. 정말 긍정적인 중독이에요. 참 재미있었던 것 같아요. 상담 공부를 하다 보니까 그런 것들이 남을 돕기보다는 스스로 돕는 데 유용한 도구로 활용될 수 있고, 또 하다 보니까 참 이렇게 생각하는 것만 달라져도 살기가 참 편안해지겠구나 하는 생각이 들었어요. 상담 공부를 통해 스스로 삶에 적용하는 부분들에 자신감이 생기고 재미가 있으니까 계속해서 이 길을 걷게 되었죠. (이봄)

상담전문가들이 상담을 배우면서 이토록 재미있었다고 하는 이야기를 들으니 절로 흥이 나고 같이 빠져드는 기분이었다. 이렇게 상담이 주는 재미를 경험하기만 한다면, 아마도 상담 실제에서 겪게 되는 좌절은 아무 것도 아닌 경험이 되지 않을까 싶을 정도로 희망적으로 느껴지기도 했다.

6. '내가 원하는 것'을 해 보고 싶은 욕구

이 책의 한국 상담전문가 7인은 상담자의 길을 선택함에 있어 분명한 기준을 가지고 있었다. 그중 하나가 바로 '내가 좋아하는 것을 하겠다'는 강한 욕구가 있었다는 것이다. 이들은 오랜 시간 자신의 욕구와 적성을 탐색하면서 심사숙고한 끝에 '진정 자신이 원하는 것' '진정 자신에게 맞는 것'을 고려하여 상담자의 삶을 살기로 결정하였다. 어쩌면 이와 같은 선택의 이면에는 그 선택한 결과에 대해 두렵지만, 그 결과를 스스로 책임지겠다는 의지도 동시에 내재되어 있던 게 아니었을까 생각된다.

윤결 님은 상담을 전공으로 변경할 때, 앞으로 어떻게 될 것인가

하는 생각보다는 '내가 원하는 것을 하고 싶다' 하는 마음으로 결정했다고 했다. 미래 불안에 휩싸이기보다는 현재의 동기에 충실하고자 했다는 것이다.

> 저는 내적 동기를 중요하게 생각했어요. 외적인 조건보다도 '내가 원하는 것을 하고 싶다' 하는 마음으로 정한 거죠. 그래서 '내가 어떻게 될 거라는 것, 이런 거는 나는 모른다. 나는 내가 좋아하는 것을 한다' 이걸 강하게 붙잡은 거예요. 물론 미래 진로에 대해 걱정이 되긴 했지만 그래도 내버려두고 내 동기를 따라가자 그렇게 된 거죠. (윤결)

하빛 님의 경우도 이러한 외적 조건에 대해 미리 염려하기보다 자신이 좋아하는 것을 해 보고 싶다는 생각으로 상담 공부를 결정했다고 한다.

> 유학에 대한 꿈은 학부 때부터 있었어요. 내가 유학을 하면 내가 좋은 것, 내가 하고 싶은 것을 하겠다는 생각을 가지고 있었지요. 나는 어떤 자리나 위치 같은 것보다는 그냥 '내가 좋아서 하는 것을 해 보고 싶다'는 마음이 있었어요. (하빛)

소향 님도 그러했다. 여러 직장을 다니면서 진정한 나의 가치를 실현하는 길을 찾아보았지만, 그 어떤 것도 평생 직업으로 할 수 없을 것 같았던 그는 결국 '내가 하고 싶은 일을 하면서 살아야겠다'는 생각으로 상담 공부를 결정하게 되었다고 했다.

> 직장을 여러 군데 다니면서 생활해 봤지만, 다 아닌 것 같은 느낌이 들

고……. 시간을 들이면서 내 속에서 진정한 욕구가 뭔지, 또 어떤 것들이 나한테 맞는지 탐색하는 시간이었던 것 같아요. 그런데 그런 판단이 서더라고요. '어떤 것도 내 평생 직업으로 될 수가 없다. 그런데 나는 일을 해야만 할 것 같다' '일을 하려면 내가 정말 원하는 일을 해야 되겠다' 하는 생각이 들었지요. 내가 하고 싶은 걸 안 하고 사는 것은 안 될 것 같은 느낌이 들어서 상담 공부를 하러 대학원에 들어갔어요. (소향)

상담전문가들이 당장 눈앞에 보이는 실리나 외적인 조건을 기준으로 하지 않고, 내가 원하는 것을 하고 싶다는 내적 기준으로 상담자의 길을 선택했다는 것은 상당한 용기를 필요로 하는 일이었음이 틀림없다. 이처럼 진로 선택의 주요한 기로에서 '자신이 진정 원하는 것'을 따라 결정했다는 것은 칼 로저스가 말했듯, 그들이 진정한 자신으로 존재하고자 하는 자아실현경향성의 발현이었을 것이라는 생각이 든다.

7. 성격과 안정 욕구, 보상 등의 고려

진로 결정을 위해 선행되어야 할 중요한 과제 중 하나는 자신의 성격과 특성에 대한 이해일 것이다. 상담전문가들은 자신의 성격과 현실적인 안정의 욕구나 보상 등에 대해 충분히 알아차리고 이를 반영하여 진로를 선택하는 모습을 보여 주었다. 강숲 님은 자신의 진로는 성격이나 가족의 분위기, 종교적 배경, 경제적 조건 등 여러 가지가 작용되어 결정된 것이라 했다.

> 성격도 고려가 되었네요. 그런 개인적인 특성…… 막 외부로 다니지 않고 혼자 있기 좋아하고 이런 것은 아마 타고 나지 않았을까 싶어요. 성격상으로는 학자가 되어야겠다고 생각했고, 집안 분위기로나 종교적인 배경으로는 서비스를 하면 좋겠다 생각했어요. 자라면서 경험했던 가족과의 관계와 사람을 돕는 전문적 직업을 가진 가족들의 대화 분위기, 학창시절의 여러 경험과 과정들, 대학에서 상담을 가르치는 선생님을 만난 것, 이런 것들이 다 엮여서 상담이라고 하는 것이 나타났을 때 아! 저게 나한테 맞는가 보다 그런 느낌을 가지게 한 게 아닌가 싶어요. (강숲)

심연 님도 자신의 성격을 잘 알아차리고, 현장에서의 상담자보다는 학교에서 상담을 가르치는 교수의 길을 선택했다고 했다. 그는 자신의 특성이 어느 정도 조직이라는 틀에서의 적절한 자유와 창의성을 원하고, 경제적 안정도 원하는 것을 잘 알기 때문이었다.

> 저는 안정된 직장 없이 임상을 통해서만 생활이 유지되고 그런다면 상당한 스트레스가 있을 것 같아요. 그런데 조직사회에 매이기보다는 오히려 그런 불안정성을 극복해 내는 사람들이 있어요. 나 같은 경우는 그런 쪽의 힘은 부족하다는 느낌을 가져요. 오히려 틀이 잡혀 있는 곳에서 일하는 게 나의 성향에 맞지 않나 그런 생각을 하게 돼요. 그 안에서 창의적인 일을 하는 게 나와 잘 맞는 것 같다는 생각도 해요. (심연)

사실 어떤 직업에 대한 내적인 동기와 열망이 충분한데, 외적인 인정과 경제적 보상까지 주어진다면 그 일을 하고 싶은 욕구는 더욱 커질 것이다. 성품 님의 경우가 그러했다. 그는 이미 상담이 주는 재미를 내적 동기로 가지고 있는 상태였고, 자신의 상담 강의에 대한 사

람들의 피드백은 긍정적이었다. 게다가 상담 강의로 주어지는 경제적 보상은 외적 강화제가 되었다. 그래서 그는 결국 학생을 돌보는 교사에서 성인을 돌보는 상담자로 직업을 전환하게 되었다.

> 실제로 학교 방학 같은 때 기업훈련이나 이런 데 나가서 강의를 하곤 했어요. 그런데 사람들로부터 많은 걸 배웠다고 하는 피드백이나 거기에 상응하는 금전적 보수, 강사료 같은 것들이 큰 요인이 되었죠. 그것들이 제가 학교 교사를 그만두고 상담자를 해도 되겠다 하는 결정적인 요인이 되기도 했고요. (성품)

이와 같이 상담전문가들이 상담자의 길을 걷게 된 배경에는 다양한 요인이 복합되어 있는 것을 알 수 있다. 기존에 가지고 있던 내적인 가치관이나 욕구와 성격, 가족이나 직장, 학교 등의 환경적 요인, 외적인 경제적 조건 등이 다양하게 얽혀 상담자로서의 진로를 결정하는 데 주요한 배경이 되었다고 할 수 있다.

8. 모험과 도전의 용기

한국 상담전문가 7인은 상담 초창기에 상담을 전공하고 공부했던 분들로서 당시 미래가 보장되지 않은 상황에서 상담자의 길을 선택했다는 것은 매우 큰 용기를 필요로 하는 일이었다. 따라서 이들에게는 더 큰 도전의식과 단호한 결단력이 필요했다고 생각된다. 상담자라는 위치가 제대로 자리매김되지 않았던 시기에 유학까지 감행했던 심연 님과 강숲 님, 하빛 님은 '그것은 모험이었고 도전이자 도박이었다'는 말로 생생하게 심정을 전해 준다.

> 모험을 했지요. 유학을 가는 것도 오는 것도 모험이죠. 잘되든 잘못되든 한국에서 하던 거 다 내려놓고 새로운 학문 공부한다고 가는 거나, 유학 가서도 거기에 있던 거 다 접고 한국에 들어오는 것 모두 모험이었어요. (심연)

> 상담 공부하면 '선생 자리 잘 생기겠다' 이런 기대는 전혀 없었어요. 그동안은 없었던 자리이기 때문에 그걸 보고서 상담 공부를 했던 것 같지는 않아요. 그때는 이렇게 학교에 선생 자리가 많이 생길 줄은 생각도 못했지요……. 외국에서 공부하면서도 '야, 이거 해서 한국에 못 들어가면 어떻게 하지?' 그런 생각이 문득 문득 들었었죠. (웃음) 도박이었어요. (강숲)

유학을 감행한 것도 도전이었지만, 하빛 님은 유학 시 이론만이 아니라 임상을 병행하는 어려운 트랙을 선택하는 것도 도전이자 모험이었다고 말했다.

> 그때 두 가지 트랙이 있었어요. 하나는 이론적인 쪽으로 코스워크하면서 논문 쓰는 트랙이 있었고 다른 하나는 임상을 병행해서 하는 트랙이 있었어요. 두 가지 중에 교수가 묻더라고요. 넌 어느 쪽 할래? 전 그때 임상을 병행하는 게 어려운 트랙이니까 그걸 선택하기로 했어요. 왜 그랬는지는 모르겠는데 한번 택해 보자 했어요. 그때 출발점이 나한테는 모험이었는데 나중에 보니까 그때 선택을 잘 했던 거더라고요. 내가 만약 그때 임상을 병행하는 선택을 안 했더라면 오늘의 내가 있는 데는 어려움이 있었을 거예요. 두 가지 갈림길이었는데 그때 선택이 도전이 되고 모험이지만 그 길을 택한 게 하나님이 나에게 어떤 힘을 주셨던 것이라 생각해요. 굉장히 감사하게 생각해요. (하빛)

성품 님도 기존 직업을 내려놓고 새로운 상담자의 직업을 선택하는 것 자체가 모험이었다고 했다.

학교를 그만두는 게 모험이었겠지요. 저 같은 경우에는 어쩌면 출세도 보장되어 있는 그런 자리에 있다가, 20년이라는 세월을 몸담았던 데에서 옮기는 것이 모험이었죠. (성품)

한편, 윤결 님과 소향 님은 직접적으로 모험이라는 표현은 하지 않았지만 이들의 말 속에서는 결단을 위한 단호감이 매우 강하게 묻어 나왔다. '진로 갈등이 '딱' 정리되면서 석사를 들어가 박사까지 바로 했다'는 윤결 님의 말이나, '진로 선택을 '하루라도' 늦추면 안 되겠다는 생각을 했다'는 소향 님의 말 속에서는 단호한 의지가 뿜어져 나온다. 그리고 그들의 진로 결정 순간의 긴장감이 상당하게 전달된다.

그게 제일 힘든 기간이었고요. 그때 많이 마음이 왔다 갔다 왔다 갔다 했어요. 그러나 그게 '딱' 정리가 되면서는 아! 나는 공부해야겠구나! 정하고 석사를 늦게 들어갔죠. 그리고 들어가서 바로 박사까지 한 거죠. 전공 변경할 때 이미 내적인 결단이 있었지만, 이 때는 미래 진로 등 위험스러움에도 불구하고 공부하기로 외적인 결단을 내린 거죠. (윤결)

여러 직장을 가졌는데, 마지막에 있었던 직장이 보수도 좋고 굉장히 좋은 직장이었어요. 그런데 그 일이 나하고 전~혀 관계가 없더라고요. 어느 날 보니까 '여기서 더 이상 이런 마음으로 내가 일을 하는 것은 나에게나 일을 하는 직장에게나 그렇게 큰 도움이 되지 않겠다' 하는 생각이 들었어요. 그래서

'더 이상 하루도 늦추면 안 되겠다' 하는 생각이 들었지요. (소향)

어쩌면 이들이 말한 모험이란 아마도 모험인 줄로 모르고 시도했던 결단이었을 것이다. 다 지나고 보니 이제야 '아 그래도 선택을 잘했구나' 하며 가슴 쓸어내리는 안도의 표현일 수도 있을 것 같다. 그럼에도 상담자의 삶을 선택하는 모험적인 결단력이 없었다면 상담전문가들은 오늘의 빛나는 모습으로 존재하지 않았을 것이다. 상담전문가 7인의 상담자의 길에 들어선 과정을 요약해 보면, 가장 먼저 진로 결정에 의미 있는 사람과의 만남이 있었고, 이러한 만남은 '상담'이라는 영역이 그동안 고민해 왔던 자기 가치와 욕구, 삶의 의미를 구현해 줄 수 있을 것이라는 기대를 품게 했다. 그리고 현실적인 삶의 한계와 회의, 그리고 상담 공부가 주는 재미와 흥미와 매력 등으로 인해 이들은 상담자의 길에 더 깊은 한 걸음을 디디게 되었다. 그런데 이렇게 용기 있게 모험적인 결단으로 도전한 상담자의 길에는 어떤 좌절과 어려움들이 기다리고 있었을까? 이들이 경험한 좌절의 어려움과 고통 속으로 함께 들어가 보기로 하자.

제6장

상담자로서의 좌절 경험

"상담을 받으면서 또 좌절을 하는 거예요.
도대체 내가 누굴 돕겠다고 여기를 왔는가……
도대체 내가 누굴 도울 만한 사람인가. (웃음)
그래서 너무나 좌절스러웠어요. 멀쩡하게 돈이나 벌어서
시집이나 갔으면 되는데……. 이건 그것도 아니고……
내가 나에게 대해서 참 너무나 모르는 거예요.
너무나 자신이 없고 너무나 열등감투성이고……
그런 내 실체를 보니까 정말 자신이 없는 거예요. 한마디로……."

-소향-

바늘이 천을 찌른다
천은 찔려서 아파하지만
겨우 옷을 한 벌 짓기는 한다는
강창중의 <바늘의 노래>

-김남조의 「만듦과 만들어짐」 중-

한국의 상담전문가 7인은 가치 있는 존재가 되고, 의미 있는 삶을 살기 위해 상담자의 삶을 선택했지만 상담자의 길을 걷는 것이 그리 순탄치만은 않았다. 이들은 대부분의 상담자가 그러하듯 상담자 초기에 가장 심각한 상담 실제의 어려움과 좌절을 경험하고 있었다. 이러한 좌절은 상담자 자질과 역할에 대한 깊은 고민으로 인해 심각한 자기회의와 절망감을 주는 것이었다.

그러나 이들은 초보 상담자를 벗어나 일정한 상담전문가의 자격을 가진 이후에도 다른 형태의 좌절을 경험하고 있었다. 그것은 초보 상담자 시기와는 다른 좌절로서, 지속적으로 전문성을 발달시키고자 하는 마음에서 비롯되는 다양한 유형의 좌절이었다. 무엇보다 이들의 진로 관련한 갈등과 좌절은 각 발달 단계에서 꾸준히 나타나는 것이 특징으로 나타났다.

1. 전문적 학습 과정에서의 좌절

상담을 전문적으로 공부하기로 결정한 상담전문가 7인은 국내에서 대학원을 진학하거나 국외에서의 유학을 결정하였다. 이들은 낯선 문화권에서 공부하거나 엄격한 학위 과정의 어려움을 겪으면서 '상담 공부를 포기해야 하나?' '내가 무엇을 위해 여기서 이러고 있는가?' 하는 회의감과 무력감으로 좌절을 경험하게 되었다고 한다.

특히 유학을 다녀온 상담전문가들은 낯선 타국에서 경제적인 어려움과 언어적 어려움을 겪을 때 가장 심각한 좌절을 느꼈다고 했다. 심연 님의 경우, 늦은 나이에 유학을 갔기에 언어적으로 가장 어려웠으며, 경제적으로 많은 어려움을 겪었다고 한다.

> 아무래도 상담자로 서기까지 경제적인 투자뿐 아니라 이것저것 굉장히 많은 것이 투자되잖아요. 상담이란 게 단순하게 학위 과정 하나만 하면 끝나는 것이 아니고, 임상에도 참여해야 하니까요. 학위 과정을 마치면 어느 정도 보상이 주어지기도 하지만, 모든 과정을 다 마치기까지는 경제적으로 비용이 많이 들어가게 되지요. ……(중략)…… 또 언어적인 어려움이 가장 많았어요. 늦게 유학을 가고 그랬으니까요. 그런데 상담할 때는 오히려 괜찮아요. 그냥 많이 경청하잖아요. (웃음) 그런데 토론 수업할 때는 어렵죠. 아무래도 외국인 학생은 다 그렇긴 하지만요. 학위 과정에서 언어적인 어려움이 많았어요. (심연)

강숲 님도 유학이 개인적으로 가장 어려웠던 경험이었다고 한다. 만일 그가 당시에 유학을 포기했었다면 그것은 아마 경제적 · 언어적 어려움 때문이었을 것이라고 회고했다.

> 개인적인 어려움은 유학 갔을 때가 아마 제일 힘들었던 것 같아요. 꼭 상담전문가가 아니라 학교 선생을 하려고 하니까 유학을 가야 했었고, 그러다 보니 경제적인 어려움이 제일 컸었죠. 돈이 있어야 되고 그러니까요. 개인적인 어려움으로는 그게 컸으면 제일 컸지 않았을까 싶네요. 그리고 또 그때 힘들었던 건 영어가 좀 어려웠던 거예요. (강숲)

상담전문가들은 상담 공부가 단순한 이론 공부가 아니기에 학위 과정을 밟으면서 많은 학습의 어려움을 경험하기도 하였다. 심연 님은 엄격한 학교의 커리큘럼을 따라가야만 했던 어려움을 다음과 같이 이야기한다.

> 가장 힘들었던 건 공부하는 어려움이죠. 아무래도 내가 상담 공부를 제대로 했다면 유학 가서 했는데 어렵더라고요. 우리 학교 같은 경우는 워낙 공식 자격증을 가진 상담자들을 길러 내는 데 엄격하다 보니 정말 처음 두세 학기 정도는 학점 따는 게 너무 어려웠어요. 한 클래스를 넘어가는 게 어려운 거죠. 외국인이라고 안 봐주거든요. 한 학기 한 학기 학점 따야 하고 또 나가서는 임상해 가지고 와야지……. 그런데 임상 구하는 게 어렵잖아요. 물론 연결해 주긴 하더라도 누가 외국인 상담자에게 상담을 하려고 하나요? 한국 내담자들이 있으면 딱 좋지만 말이죠. 어쨌든 성폭력 상담센터에 가서 상담하기도 하고, 아니면 학교에 들어가서 상담하기도 했는데, 세션별로 늘 가서 해야 되니까 항상 신경이 예민해지지요. 사실 편안하게 상담 못하게 돼요. 사람들 말 다 알아듣는 것도 아니고, (웃음) 그게 어렵지요. 그런데 신기한 사실은 내가 학점이 제일 좋았어요. 한 과목 빼놓고 다 A였죠. 종합고사 넘어가니까 그때 지도교수가 딱 그 얘길 하더라고요, "너 이제 고개 넘었다." 그만큼 어려워요. 이틀을 꼬박 시험을 보는데 한 32페이지 정도 쓴 거 같아요……. 사회적 적응 속에서 배우는 과정이 어렵고 공부하고 훈련받는 게 가장 어려웠죠. (심연)

직장생활을 하다가 상담 공부를 위해 대학원에 진학했던 소향 님도 대학원 공부를 하면서 많은 어려움을 겪었다고 했다. 비전공자였기에 학습이 어려웠을 수도 있었겠지만, 너무 엄격한 교수님들로 인해 더욱 학습의 어려움을 심각하게 느끼면서 좌절하기도 했다고 한다.

> 일단은 공부하는 게 너무 힘이 들었어요. 나는 문과에서 공부를 했는데 이쪽 사회과학 분야에 가니까 개념 잡는 것도 너무 어렵고…… 가장 힘들었던 게 통계 설계란 부문들이었어요. 심리학 개론 같은 것도 들어본 적도 없는데, 내가 상담 전공이 아니었기 때문에 선수과목을 듣느라고 6학기를 꼬박 들어야 됐어요. 그리고 내가 공부했던 당시에는 학교 선생님들이 너무 엄격하셨고요. 그때 종합시험을 볼 때 통계과목 하나 패스하는 것만 봐도 그 패스한 선배님들이 다 존경스럽기만 했죠. 논문 쓰는 것은 저만치고…… 그래서 내가 '멀쩡한 직장 놔두고 여기 와서 뭐하는 것인가' 그런 좌절감이 들었던 적도 있어요. 저는 대학원 들어감과 동시에 결혼을 해서 그 과정 중에 아이 둘을 낳고 휴학도 하고 공부를 하다가 보니까 졸업을 6년 만에 하게 된 거죠. (소향)

이 책의 상담전문가들이 상담 공부를 시작할 당시에는 국내 학습 환경이 매우 열악했던 시대였다. 상담전문가 7인은 국내 상담계의 초창기에 활동했던 상담자들로서 상담 공부를 위해서 스스로 찾아다니면서 공부해야 했던 어려움을 겪고 있었다. 더욱이 성품 님은 상담 공부하는 곳을 수소문해서 찾아갔는데, 그 찾아다니는 과정보다 더 힘들고 어려웠던 것이 있었다고 한다. 그것은 상담 공부 자료를 나누어 주었다가 다시 거두어갔던 것이라 했다. 지금 들으면 그게 무슨 말인가 할 수 있겠지만, 당시에는 오늘날과 같이 녹음하거나 복사물을 자유롭게 배부하는 환경이 아니었기에, 강의 내용을 그 자리에서 순전히 기억에만 의존해서 공부해야 했었다는 것이다. 그는 이러한 학습 상황이 너무도 힘들고 어렵게 느껴졌다고 했다.

> 제가 본격적으로 개인상담이나 이런 상담을 공부하러 다녔어요. 그런데 가

르치는 데가 어딘지 몰라서 찾고 수소문을 하고 다녔는데, 제가 상담을 공부할 때 제일 아쉬웠던 게 뭐냐면 처음 1980년대 중반쯤에 공부하러 다닐 땐 책도 별로 없었어요. 자료를 나누어 주어도 잠깐 주었다가 걷어가요. 녹음도 못 했고요. 30대 돼서 공부를 시작했는데 순전히 머리에 의존해야 되잖아요. 또 필기를 참 못했거든요. 그러니 한 번 들어서 머리에 남을 리가 없죠. 열댓 번을 들어야 머리에 남는데……. 여러 번 들어야만 하는 것, 그게 저한테는 제일 큰 부담이었어요. (성품)

상담전문가 7인이 상담 공부를 하면서 경험했던 좌절은 유학에서의 경제적 · 언어적 어려움이나 학위 과정의 엄격함이나 학습 환경의 열악함으로 인한 것들이었다. 이로 인해 자신에 대한 회의감을 느끼기도 하였고, 상담자의 길을 포기하고 싶을 정도로 깊은 좌절감을 느끼기도 하였다. 그러나 포기할 수 없는 상담 공부를 마치고 상담 현장에 나가 상담 실제를 경험하던 상담전문가들은 또 다시 상담 초보자로서의 여러 가지 어려움과 좌절을 경험하게 된다.

2. 초보 상담자로서 상담 실제에서의 좌절

초보 상담자들의 상담 실제에서의 어려움은 여러 선행 연구를 통해 익히 알고 있을 것이다. 초보 상담자들은 이론으로만 습득한 상담 기술들을 상담실에서 적용하여 상담자 역할을 해내야만 하는 과정에서 심각한 수행불안을 경험하게 된다. 실제로 이 책의 상담전문가 7인도 초보 상담자로서의 수행불안을 겪었으며 이로 인해 좌절을 경험하기도 하였다. 이들은 자신이 상담자로서 과연 적합한 것인지, 상담자로서의 능력이 있는 것인지에 대한 깊은 회의를 하거나 무력감을 갖기도 하였다.

1) 상담자 역할에 대한 불안과 두려움

상담전문가 대부분은 상담자 역할에 대한 불안과 두려움을 느끼고 있었다. 그것은 내담자의 변화를 위해 '내가 도와주어야만 한다'는 강박적인 불안이나 초조함에서 오는 것이었다.

이봄 님은 초보 상담자 시절, 내담자를 이해하고 돕고 싶은 열정은 많았지만, 막상 상담 장면에서는 상담자 역할에 대한 조급함이 앞섰다고 하였다. 자신의 방식이 내담자에게 실제로 도움이 되는 것인지를 고민하기보다 상담자 역할을 해야만 한다는 생각이 많았기 때문이었다.

> 예전에는 조급했죠. 돕는다는 것에 대해…… 상담자가 뭔가 역할을 해야 할 것 같고…… 인간 이해에 대한 열정은 높지만 실제 돕는 데 있어서는 내 방식대로 돕는 것이었어요. 정말 상대의 성장에 도움이 될지에 대한 고민이 없었죠. (이봄)

강숲 님도 초보 상담자 시절에는 상담자 역할 자체에 대한 두려움이 있었고 내 길이 아닌가 보다 생각하기도 했다고 한다. 자신이 내담자에게 도움이 되는 걸까, 상담자로서 자격이 없는 것은 아닐까 고민하면서 점점 쪼그라들기도 했다고 한다. 그래서 내담자를 기다리는 시간이 가장 두려웠고, 상담이 취소되면 갑자기 기분이 환하게 밝아지기도 했다고 웃으면서 회고하였다.

처음 시작할 때 상담이 안 되는 거죠. '오늘은 제발 내담자 안 왔으면 좋겠다. 이 사람 만나면 또 내가 무력해지는 것이 느껴질 텐데 오늘 무슨 말을 해야 되나?' 그러다가 내담자가 못 온다는 전화를 받으면 너무 갑자기 하늘이 맑아지면서 (웃음) '야~ 이거 날씨 너무 좋다' 이런 생각도 많이 했고요. (상담자로서 나는 아! 자격이 없나 봐, 포기하고 싶어 하는 느낌으로 절망적일 때는?) 그런 거 워낙 많았어요. 능력이 없다고 생각해서 점점 쪼그라드니까 어떻게 하겠어요. 그때가 아마 가장 힘들었던 것 같아요. 외국 내담자를 기다리는 시간이 얼마나 초조했던지요……. 오늘 올까 안 올까? 매번은 아니지만 내담자가 '안 오면 좋겠다' 이런 생각을 계속 하잖아요. 초창기부터 언제까지 그랬나? 유학 마칠 때까지도 그랬어요. 유학 가선 훨씬 심했고요. 왜냐하면 내담자가 오면 으흠, 으흠, 이 소리밖에 못하니까요. '이 사람이 내 말을 알아들을 수 있을까……. 나는 이 사람 앞에서 뭐 하고 있는 걸까? 이 사람은 도움이나 받고 있는 걸까?' '상담 이거 내가 아닐지도 모르겠다, 이건 내가 하지 말아야 될지도 모르겠다' 하는 생각도 많이 했어요. (강숲)

2) 상담자 적합성에 대한 깊은 고민과 위축감

상담전문가 7인은 초보 상담자 시기에 자신이 얼마나 상담자로서 적합한 존재인지에 대한 의문과 회의가 깊었다. 특히 개인상담을 받거나 슈퍼비전을 받게 될 때 이러한 자신에 대한 의문과 회의는 더 증폭되고 있었다. 개인상담을 해 주시던 상담자나 슈퍼바이저에 의해 객관적으로 반영되는 자기 모습은 그동안 주관적으로 생각해 오던 자신의 모습과 괴리가 느껴졌고, 그 사이에서 진정한 자신의 실체를 보려고 애쓰면서 고뇌하게 되었던 것이다.

소향 님은 개인상담을 받으면서 열등감투성이로 느껴지는 자신의 실체를 직면하게 되었다고 한다. 그러면서 이러한 자신이 진정 타인을 도울 만한 사람인가에 대한 의문과 회의가 생겨났다고 했다.

> 제가 다니던 학교에서는 상담 공부하려면 무조건 대학원 들어오자마자 개인 상담부터 받게 되어 있었어요. 그래서 대학원 들어가서 한 학기 지나고 나서부터는 학생생활연구소 조교를 같이 하면서 개인상담을 받기 시작했는데요. 상담을 받으면서 또 좌절을 하는 거예요. 도대체 내가 누굴 돕겠다고 여기를 왔는가, 도대체 내가 누굴 도울 만한 사람이긴 한가. (웃음) 그래서 너무나 좌절스러웠어요. 멀쩡하게 돈이나 벌어서 시집이나 갔으면 되는데 이건 그것도 아니고…… 내가 나에게 대해서 너무나 참 많이 모르는 거예요. 너무나 자신이 없고 너무나 열등감투성이고…… 그런 내 실체를 보니까 정말 자신이 없는 거예요. 한마디로요. (소향)

강숲 님의 경우에도 유학 시 너무 무서웠던 슈퍼바이저의 말과 행동으로 인해 점점 예민해지게 되면서, 상담자로서 적합성에 대한 근본적인 고민을 하게 되었다고 한다. 그는 슈퍼바이저와의 경험 속에서 슈퍼바이저의 거울에 비추어진 자신의 모습에 대한 부정적 인식을 갖게 되어 유학도 그만두고 상담도 그만두어야 할 것 같은 두려움을 느꼈다고 했다.

> 유학 중 슈퍼비전받을 때 슈퍼바이저에게 데였던 거, 슈퍼바이저와의 관계에서 자기에 대해 회의가 들 때 그걸 견디는 게 아마 제일 힘들었던 거 같아요. 슈퍼바이저가 여자 선생님이셨는데 제가 보기에 되게 무서웠어요. 1년 동안 실습을 하는데 실습보고서를 쓰면 다른 애들과는 달리 나는 뭐 잘못됐다고 하면서 여러 번 가도 보고서에 사인을 안 해 주는 거예요. 너무 신경이 예

민해지게 되고, 그 선생님의 심중이 뭔지도 잘 모르겠고, 사람이 점점 쪼그라드는 거예요. 너~무 싫었고 너무 힘들었어요. 내담자 상담을 축어록으로 풀어서 가면 또 슈퍼바이저에게 무슨 소리 들을지도 모르겠고요. 매주 매주가 너무 너무 힘든 거예요. 아~ 그때가 가장 힘들었던 것 같아요. 그래서 그것 때문에 상담도 받았어요. 어느 날은 그때 기억은 잘 안 나는데요. 제가 뭘 쓴 것 때문에 그랬는지 상담실에서의 어떤 행동 때문에 그랬는지, 슈퍼바이저가 "네 행동은 진단을 내릴 수도 있는 정도다."라고 하는 거예요. 그 말을 듣고 기분이 확 나쁜 거예요. 그러면서 자신이 없어지는 거죠. '나의 어떤 면이 진단 기준에 걸려서 이것이 상담할 때 자꾸 문제가 되는 것일까?' 하는 것 때문에 너무 힘들었어요. 지금 보면 그런 뜻이 아닐 수도 있는데, 그 당시엔 너무 쪼그라든 상태에서 그런 이야기를 들으니까 나는 더 이상 상담을 하면 안 될 것 같은 거예요. 진짜 상담을 그만두어야 될지도 모른다는 생각을 많이 했었어요. 왜냐하면 능력이 안 되니까요. ……(중략)…… 내가 가지고 있는 어떤 성격 특성들이나 문제행동 때문에 내가 가지려고 하는 직장 자체를 갖거나 그 직무를 수행하는 데 불가능한 사람이 되는 건 아닐지에 대한 불안이 있었어요. 내가 가지고 있는 이런 문제를 극복하지 못하면 유학도 그만두고 상담도 그만두어야 하지는 않는 것일까 하는 것에 대한 염려도 있었고요. 단순히 슈퍼바이저의 부정적인 피드백을 받는다는 것이 힘들었다기보다 그로 인해 생기는 이런 마음들 때문에 더 힘들었던 것 같아요. (강숲)

3) 상담자로서 능력의 한계에 대한 무력감

초보 상담자 시기는 상담자로서의 능력에 대한 회의감을 갖게 되면서 좌절하는 시기이기도 했다. 상담전문가들은 내담자를 돕고자 했지만 상담자로서 능력의 한계를 느끼면서 무력감으로 힘들어했다. 심연 님은 자신의 도움의 한계를 넘어서는 내담자를 만나게 되면, 돕고 싶은 마음과는 달리 현실적으로 도움 주기가 불가능한 경우 무력감을 느꼈다고 했다.

> 고통이 심하고 이런 사람들을 만나면 가끔 무력감을 느낄 때가 있었어요. 내가 해 줄 수 있는 게 없으니까요. 미국에서는 사회적 시스템 내에 내가 들어가 있기 때문에 상담전문가 혼자 다 책임져야 할 상황이 아니에요. 그런데 우리나라에 와서 상담을 하다 보니 그런 상황이 아니잖아요. 경제적으로 어려운 내담자가 오면 내가 돈을 해 줄 수도 없는 거니까……. 그래서 '이 사람을 50분 만나서 이야기한다고 얼마나 생활이 변화되고 도움이 되나' 하는 그런 무력감을 느끼곤 했지요. 그럴 때는 상담의 한계가 많이 느껴졌었죠. (심연)

소향 님은 내담자를 도와주려 하지만 그 마음이 내담자에게 전달이 잘 안 되는 경우, 또 상담의 진척이 잘 안 되는 경우, 무기력감에 답답해지면서 좌절감이 생겨났다고 했다. 때로는 지나치게 우울하거나 마음이 닫힌 비자발적인 내담자나 불신이 큰 내담자를 만나게 될 때, 상담자로서의 능력의 한계를 느끼게 되었다고 한다. 게다가 내담자를 만나면서 자신의 내면에 해결되지 않은 문제를 자각하게 될 때는 자신이 도움을 줄 수 없는 사람인 것 같아 더욱 한계를 느꼈다고 했다.

> 상담 장면에서 내담자들을 만나면서 정말 내가 마음으로 상담을 하는데, 이런 내 마음이 잘 전달이 안 되는 경우, 좀 좌절스럽죠. 내담자 마음이 이렇게 딱 닫혀 있을 때 그런 경우에는 상담을 하면서 내 어깨가 무겁게 느껴지니까 너무 많이 힘들었어요. ……(중략)…… 또 아주 우울한 환자들, 특히 어려

운 내담자들, 이런 경우에도 상담 회기는 진행되는데 별로 진척은 되는 게 없는 것 같아 좌절스러웠어요. 시간만 오래 길어지고 좀 미진하고 답답하고 부족하고 뭐 그럴 때 좌절스러웠죠. 내담자 한 사람 한 사람을 만날 때마다 너무 막 긴장이 되고 그랬어요. 내담자들을 만나면서 나의 내면에 해결되지 않은 문제들, 이런 문제들이 드러나고 그럴 때는 내담자에게 정말 도움을 주고자 해도 내 능력 밖인 것 같은 마음이 들었지요. (소향)

내담자와의 상담이 조기 종결하게 될 때도 초보 상담자들은 상담에 실패했다는 생각을 하기 쉽다. 이봄 님도 이런 생각으로 많은 고민을 했다고 한다.

초창기에는 내담자가 조기 종결되거나 그럴 때 상담자로서의 한계를 느끼면서 고민하곤 했어요. 상담이라는 공부가 끝이 없잖아요. 그래서 이것이 내 길인가 저것이 내 길인가 방황하던 시간들이 있었던 것 같아요. (이봄)

상담자의 능력 중 가장 중요하다고 여겨질 수 있는 공감 능력의 부족감으로 고민했던 상담전문가도 있었다. 윤결 님은 유학 전 한국에서 상담 훈련을 받는 중에 자신의 공감 능력에 대한 부정적인 피드백으로 인해 위축되는 경험이 있었다고 한다. 그러나 유학에서 공감의 개념에 대한 확장이 일어나면서 자유로워졌다고 했다.

석사 때 상담 프레젠테이션을 할 때 내가 공감을 잘 못한다는 얘기를 들은 적이 있어요. 그런데 미국에 가서 상담을 하는데 영어로 하는데도 공감을 잘한대요. 무슨 차이가 있지? 내가 생각을 해 봤는데, 공감의 개념이 다른 거예요. 한국에서는 공감을 굉장히 좁은 의미로 정의하는 경향이 있고 미국에

> 서는 공감을 훨씬 더 광범위한 의미로 정의하는 거였죠. 예를 들어서, 미국에서는 눈빛이라든가 자세라든가 목소리라든가 이런 게 다 포함되어서 공감이라고 얘기하는데, 한국에서는 언어만 가지고 얼마만큼 내담자 마음을 읽었냐 이것만으로 공감을 잘한다 못한다 하는 거였어요. 그러니 제가 주눅이 들었던 거죠. (윤결)

강숲 님도 공감의 기술을 적용함에 있어서 많이 힘들었던 초보 시절이 있었다고 고백했다. 상담 시에는 내담자에게 공감한다고 했는데 실제로는 공감을 한 게 아니라는 사실을 집에 와 녹음을 들어 보고 알게 되면서 너무도 큰 슬픔에 잠긴 적이 있었다는 것이다.

> 어떤 내담자와 상담을 했는데 이 사람이 좀 나를 약 올리는 내담자였어요. 그런데 상담하는 순간에는 그걸 잘 몰랐어요. 문제가 그 사람에게도 있겠지만 일단 제가 화난 거예요. 그래도 상담자로서 공감을 해 주어야 하잖아요. 그래서 공감을 해 준다고 했는데 이상하게 나중에 가만히 생각하니 기분이 찝찝한 거예요. 집에 와서 가만히 녹음을 들어 보니까 공감이고 뭐고 제가 공감하는 태도로 하면서 그 사람을 콕콕 쏘고 있던 거예요. 아~ 더 이상 못 듣겠는 거예요. 그래도 어떻게 해요. 들어야죠. 들으면서 엎드려서 엉엉 울었어요. 기도도 물론 했겠죠. '하나님 아버지, 제가 이렇게 했는데 이게 이게 제가 무슨 짓 하는 겁니까' 이렇게 기도했던 것 같아요. 그런데 아~ 마음이 진짜 안 좋더라고요. 차라리 내가 그냥 쏜다고 알고 쏘면 좋겠는데, 나는 최선을 다해서 공감한다고 해 놓고는 뒤로는 딴 짓하고 있었던 거잖아요. 너~무 맘이 속상했어요. 대학원 때였거든요. 그게 기억에 남아요. 상담을 잘못했다고 느껴서 울었던 거는 그때가 제일 기억에 남아요. (강숲)

4) 내담자와의 상담 관계로 인한 좌절

상담전문가들은 상담 기술이나 기법을 상담 장면에서 적용하는 것이 서툴고 원하는 만큼 되지 않아 상담자로서의 무력감을 경험하기도 하였지만, 진정한 깊은 상담 관계를 형성하는 것이 어려워 좌절하기도 하였다. 이봄 님은 늘 진정한 치유적 관계에 대한 갈증이 있었음에도 불구하고, 상담 장면에서 피상적인 관계를 형성한다는 느낌을 가질 때는 늘 아쉽게 느껴졌다고 했다.

> 상담자로서 부족감은 내담자와 관계에 있어서 서로 피상적이고, 겉돈다는 느낌이 있을 때였지요. 그건 더 깊은 만남에 대한 기대와 갈증이 있어서겠죠. 내담자와 인지적이거나 피상적인 만남에 머물지 않고 정서적으로 깊이 있는 수준의 만남을 하는 것, 이런 것이 늘 아쉬웠지요. 정말 깊이 있게 충분히 만나고 나면 내담자의 인간적인 외로움이나 두려움 같은 것들을 깊이 있게 알아 줄 수 있으니까 그런 걸 원했던 것 같아요. 겉도는 만남이 아니고 치유적인 이런 만남의 체험들, 그런 게 참 절실했었어요. (이봄)

초보 시기의 상담전문가들은 그 저항의 이면에 내재하는 내담자의 심리를 읽지 못한 채 내담자의 표면적 행동이나 언어로 인해 당황스러움을 느끼게 된다. 이봄 님 역시 내담자가 저항을 보일 때, 내담자와의 관계에 대한 어려움을 느꼈다고 한다.

> 3~4회기 이후에 나타나는 내담자의 저항들에 쉽게 좌절하거나 머물지 않고 그 단계를 극복하고 넘어설 수 있는 것, 그게 큰 과제였어요. 그걸 넘어서서 더 깊은 신뢰 관계를 맺을 수 있는 깊이 있는 만남 그런 것들이 도전 과제였던

것 같아요. (이봄)

내담자에 대한 역전이로 인해 엄청난 스트레스를 받은 경우도 있었다. 하빛 님은 초보 당시에는 역전이에 대한 제대로 된 이해가 없었기에, 역전이로 인해 스트레스를 받으면서도 스트레스인 줄도 모르고 상담을 진행했던 적이 있었다고 했다.

개인적인 삶이 상담자로서의 삶에 영향을 미치는 게 있는 거 같아요. 분명히 그건 역동적으로 나한테 영향을 미칠 거라고요. 부모와의 관계, 형제들과의 관계, 가정 속에서 남편으로서, 아버지로서 관계 경험들이 알게 모르게 역전이로 나타나는 거죠. 처음 임상훈련을 했었던 정신병원에서 우울증 환자들을 주로 면담하고 상담을 했었는데, 그때 내담자에게 굉장히 강하게 역전이가 일어났었어요. ○○하고 오버랩되는 거예요. 그런데 내담자랑 이야기를 쭉 해 가다가 한두 번 상담했나 그랬는데 그다음부터 안 오더라고요. 약속을 했는데도 자꾸 취소하는 거예요. 당시엔 난 왜 그런지도 잘 몰랐었어요. 나중에 보니까 역전이인 거죠. 처음 상담 공부를 시작한 지 6개월 만에 임상훈련 현장에 들어간 건데요. 스트레스를 엄청 받으면서도 그게 스트레스인지도 모르고 그냥 한 거죠. 유학 갔을 때니까 언어도 제대로 안 되었는데 우울증 내담자와 만나 대화하는 게 엄청 스트레스였어요. 초보 상담자로서 시작했던 거니까 당시엔 역전이가 어떻게 일어난 건지도 제대로 몰랐던 거죠. (하빛)

3. 진로 결정, 진로 실패, 진로 불안으로 인한 좌절

상담전문가들의 진로와 관련된 좌절은 일정한 발달 단계에서만

나타나는 것이 아니라 상담자 발달 전 과정에서 일어나고 있었다. 이 책의 상담전문가들은 상담자가 되기 이전에도 진로 결정을 위한 갈등과 좌절을 경험하였고, 상담자가 되는 과정에도 진학이나 자격증 취득 등의 문제로 좌절하였다. 또한, 이들은 오늘날과 같이 상담자의 전문적 위치가 거의 없었던 시기에 상담자 진로를 선택했으므로, 상담자로서 보장되지 않는 미래에 대한 진로 불안도 심각하게 경험하였다.

1) 남성 상담자로서의 성정체감으로 인한 진로 결정 어려움

상담 비전공자였던 윤결 님은 전공 변경을 하여 상담자의 길을 걷게 된 케이스이다. 그는 진로를 결정하기까지의 과정이 무려 4년이 걸렸는데, 그것은 이미 마음으로는 결정했지만 실제 상담 전공의 대학원 진학을 행동화하는 과정에는 오랜 시간이 필요했기 때문이었다. 그가 고민했던 내용은 복합적이긴 했지만, 주된 고민은 '남성인 자신이 부드러운 여성적 문화의 상담자 역할을 잘할 수 있을까?' 하는 것이었다고 했다.

> 전공을 변경하여 상담자가 되기로 결정을 해 놓고는 고민이 많이 됐어요. 고민된 것 중의 하나가 남성성과 상담자하고의 조화 때문이지요. 저는 남자니까 남성성이 있잖아요. 상담은 상당한 정도로 여성적인 문화이니까 그 사이에 많은 갈등이 있었어요. 내가 상담을 하게 되면 내 남성성은 어떻게 되나…… 강하고 막 그런 거 있잖아요? 그런데 부드러워져야 되잖아요. 그렇게 고민을 하면서 책을 많이 읽었어요. 상담자란 무엇인가, 상담자의 자질에 대한 책들 이런 걸 쭉 읽으면서 막 나를 비추어 보았지요. 비추어 보면서 나중

엔 좀 해결이 됐어요. 남성성도 중요하지만 여성성도 중요하구나. 또렷하게 인식이 되었다고 말은 못하지만 그런 식으로 인식이 된 것 같아요. 그러니까 한 4년을 여러 각도에서 많이 고민했던 거죠. 상담이 내게는 모르는 새로운 분야잖아요. 그래서 제일 먼저 드는 생각이 정말 할 수 있을까? 잘할 수 있을까……. 그런 고민도 많이 했죠. 잘하고 싶었거든요. 잘할 수 있을까 하는 질문을 가지고 이렇게 책도 보고 나를 비추어 보기도 하고 매치도 시켜 보고 또 내가 좋아하는 것도 생각해 보고 등등등등 이렇게 쭉 해 보니까 그냥 하겠더라고요. 그냥……. 기억은 잘 안 나는데 나중에 보니까 '뭐 하면 되겠다' 하는 마음이 생기더라고요. 그래서 상담자를 하기로 한 거죠. (윤결)

2) 진학 실패 및 상담자격증 취득 실패로 인한 좌절

상담전문가들은 상담 전공 공부를 하면서 그 과정에서 펼쳐지는 순탄치 않은 진로로 인해 어려움을 경험하기도 하였다. 하빛 님은 박사과정 진학에서의 일시적인 실패로 좌절감을 경험했다고 한다. 그는 유학 중 박사과정 입학의 모든 길이 막혀 한국에 돌아갈 수도 그렇다고 미국에 남아 있을 수도 없는 난감한 상황에 빠진 적이 있었다고 했다.

유학을 가서 석사과정을 졸업할 무렵, 박사과정 여기저기에 지원했어요. 몇 군데 보냈는데 내가 가려고 했던 학교들 어느 곳에서도 입학 허가가 안 났어요. ○○ 신학교에서 요구하는 게 나의 임상이 너무 취약하다 하는 것이었지요. 당시 임상을 최소한 레지던트 1년, 4개 학교에서 하고 오라고 하는 것이었어요. 외국에서 오는 학생들 영~ 다 떨어졌어요. 결국에는 진학에의 길이 막혔는데, 한국에 돌아갈 수도 없고……. 부모님이 유학비를 주시는 상황이

었는데 길이 안 열리면 더 이상 못 주겠다고 말씀하시고……. 그때 교회 전임 사역자로 잠시 있다가 병원의 1년 레지던트 과정에 지원하게 되었는데, 그곳에서 수련하면서 좋은 평가를 받았어요. 그리고 2년 후에 그 가려던 학교에 가게 된 거죠. 이후에는 길이 쫙 열리는데……. 그때부터는 정말 자신감이 생기니까 박사과정을 할 때도 어려움이 없었어요. 그러나 진학의 길이 다 막혔을 때는 이럴 수도 저럴 수도 없어 힘들었던 상황이 있었죠. (하빛)

또한 하빛 님은 박사 진학을 한 후에도 박사과정 중 슈퍼바이저가 되는 과정에서 또 다른 좌절을 경험하였다고 한다. 그는 자격증 취득을 위한 충분한 조건을 갖추었음에도 불구하고 결과적으로는 자격 취득에 실패하게 되었다는 것이다. 그는 이 때의 좌절로 인해 심한 분노를 느꼈었다고 회고했다.

또 한 번의 좌절은 박사과정에 가서 슈퍼바이저가 되는 과정에서 큰 좌절이 있었어요. 객관적으로 볼 때 통과되는 부분이었지요. 서류를 내야 하는 게 하나 있었는데 어떻게 보면 형식상으로 해야 하는 서류인 것 같아, 거짓말 같아서 안 냈어요. 그랬더니 '너는 왜 내라는 걸 안 내냐? 스탠다드 서류상에 들어있지만, 우리는 분명히 규정에 따라서 통과 못 시킨다'고 하는 거예요. 그때 나는 큰 분노를 느꼈어요. '당신들 가능하면 외국학생 영입한다고 하면서도 당신들 기준으로 경직성 유지하면서 이러는 것, 나는 동의하기가 어렵다. 좋다. 나는 다시는 하고 싶지 않다' 그런 마음이 되었었지요. (하빛)

3) 보장되지 않는 미래에 대한 불안과 좌절

앞에서도 여러 번 이야기했지만, 이 책의 상담전문가들이 상담을 공부하던 시기는 우리나라 사회에서 상담이 자리매김되지 않았던 초창기였다. 따라서 당시에 상담자의 길을 선택한 이들에게는 미래 진로에 대한 불안이 매우 크고 자연스러운 것이었다고 할 수 있다. 심연 님과 윤결 님 그리고 강숲 님은 미래 진로에 대한 큰 불안과 걱정에 빠진 적이 있었다고 했다.

심연 님은 유학 후 구직해야 할 상황에서 미국에 남느냐 한국으로 돌아오느냐의 기로에서 많은 갈등과 불안을 경험했다고 한다. 비록 자녀 교육 문제나 여러 가지 여건 때문에 한국에 돌아오기로 결정은 했지만, 오늘날처럼 상담 관련 취직 자리가 많지 않았던 시기였기에 당시의 진로 고민은 매우 큰 불안과 좌절을 가져오는 것이었다고 했다.

> 내가 전문가로 거기서 일할 수 있는 자리는 없었어요. 그러면 한국에 들어와야 하나……. 내가 목회를 하면서 전문가로 일하는 과정을 겪어야 될 것인가 아니면 큰 도시 L.A.나 뉴욕이나 시카고 한인들을 주로 대상으로 하는 그런 곳으로 지원해야 되나…… 고민이 되었죠. 그런데 그런 곳의 직업이 그렇게 많지 않았어요. 그리고 그 ○○○쪽은 백인들이 우세한 지역이라 우리가 들어가서 스탭으로 일한다? 영어도 그렇고 그런 게 힘들어요. 그래서 그때 고민했죠. 한국에 들어와야 하나, 목회적으로도 그렇고 여러 가지로요. 그런데 당시 내가 너무 젊더라고요. 40도 안 됐으니까요. 많은 사람은 내가 거기서 남기를 원하는데 생각해 봤죠. 내가 여기서 조금 더 넘어가면 자녀들 문제가 생길 것 같더라고요. 한국에 와야 아이들도 적응이 될 때였고 그래서 그때 굉장히 큰 결심을 한 거죠. 딱 접고 한국 들어가서 새로 시작하는 걸로요. 그래서 들어왔어요. 막상 들어왔는데 한국에서는 일할 수 있는 맥이 없잖아요. 미국에서도 내가 어느 기관에 들어가서 상담자로서 일한다는 건 어려웠고, 여

기서도 마찬가지였죠. 지금은 청소년상담원도 생기고, 또 건강가정지원센터라든가 상담 교사도 있고, 상담으로 살아가는 차원이 생겼지만, 그때는 그게 아니었어요. 만약에 교직에 들어가기 어렵다면, 목회 쪽도 생각을 했었어요. 그런데 저 같은 경우는 한국에 들어와서 하나님 은혜로 자연스럽게 똑똑 맞아 떨어져서 큰 어려움 없이 학교로 가기는 했는데, 그 강하고도 짧게 느꼈던 그 기간의 좌절은 매우 불안하고 힘들었어요. 한 6개월 정도였죠. 그런데 만일 그 기간이 길었다면 상당히 힘들었을 거예요. (심연)

윤결 님도 전공을 변경하여 상담을 공부했기에 더욱 진로 고민이 컸다고 한다. 상담 관련 자리가 많지 않았던 때이기도 했고, 유학을 했어도 타과 출신을 잘 쓰지 않는 한국 문화로 인해 더욱 미래 불안과 걱정이 많았다고 했다.

진로…… 그때는 상담이 별로 없던 때잖아요. 그래서 이거 전공하면 어떻게 되나? 걱정이 많이 되었죠. 원래 학부에서 전공하던 공부를 계속하면 길이 뻔히 보이잖아요. 그런데 상담으로 변경해서 왔으니까 많이 걱정되었어요. 게다가 우리나라 분위기가 전과한 사람들을 잘 안 쓰잖아요. 한국 사회가 단일문화이다 보니까 당시 타과 출신을 잘 안 썼죠. 그래서 미래 진로에 대한 고민이 컸어요. (윤결)

강숲 님 역시 미래 진로에 대한 불안으로 어려움을 겪었다고 했다. 그는 유학생활이 너무 어려운 데다가 한국에 돌아와 봐야 자리가 있을까 하는 두려움이나 걱정이 많아 유학을 포기할까도 생각할 정도였다고 한다.

유학 가서 공부할 때 때려 칠까, 거기서 안 오고 살까 그랬었죠. 너무 힘드니까요. 한국에 들어가 봐야 자리가 있을까……. 자리가 있다는 보장 이런 거 없이 유학 왔고, 지금처럼 상담 자리 자체가 있으면 좋겠는데, 내 자리가 있느냐가 아니고 상담이라는 자리가 있을지 없을지도 모르겠고……. 그래서 내가 이 상담 공부했다가 만약에 자리가 없으면 어떡하나? 뭐하나? 경제적으로도 뭐 될까 싶기도 하고 걱정되었었죠. 일단 간다면, 학교를 가야 될 텐데, 진짜 안 되면 어떡하나…… 너무 힘드니까 자꾸만 그런 생각들이 많이 올라왔었어요. (강숲)

4) 진로 가치 갈등으로 인한 좌절

자신과 타인의 가치의 차이가 있을 때 어떤 선택의 어려움을 겪기 마련이다. 특히 가장 사랑의 대상인 가족과 자신의 가치 기준이 다를 때 그 충돌로 인해 더욱 힘들고 어려움을 겪을 수 있다. 이 책의 상담전문가들 중에도 상담자 진로를 선택하는 과정에서 가치 차이로 인해 심각한 고민과 좌절을 경험하기도 하였다. 하빛 님은 상담자의 길을 결정할 당시 가족의 많은 반대에 부딪혀 일시적으로 갈등하고 좌절하기도 했다고 한다.

실제로는 가족, 부모님들의 경우엔 내 진로에 대해서 반대를 많이 했었어요. 왜냐하면 그때만 해도 목회상담이라는 분야가 한국에 별로 정착도 안 됐고 알려지지도 않았고…… 신학교의 교수들 중에 목회상담학 교수들이 별로 없었어요. 부모님들은 '네가 그걸 공부해서 교수가 되겠다 하는 꿈이 있다면 그쪽을 유학해서는 들어올 자리가 없다'라고 하셨던 거죠. (하빛)

자신이 추구하는 가치와 학문이 추구하는 가치가 다를 때도 갈등과 좌절을 경험하게 된다. 기독교신앙을 가진 상담전문가들의 경우는 신앙과 심리학 두 영역 사이에 대립되는 가치관으로 인해 갈등과 혼란을 경험하기도 하였다. 심연 님은 외적인 성공의 가치를 포기하고 내면의 돌봄의 가치를 선택해서 상담자의 길로 들어섰지만, 뭔가 내 삶을 포기하고 있는 건 아닌가, 잘못하고 있는 건 아닌가 하는 생각이 들기도 했다고 한다. 또한 목회자의 길을 걷다가 상담자의 길로 전환하고 보니, 신앙이나 심리나 모두 반쪽 같은 느낌이 들 때도 있었다고 한다.

> '과연 내가 왜 진로를 갑자기 바꾸게 되었나? 내가 좀 현실을 외면하는 거? 그런 것이 될 수도 있겠다' 그러는 가운데 집의 부모님, 주로 아버님하고 좀 충돌이 있었어요. 또 현실적인 삶에 있어서 내가 다른 사람을 돕고 이러는 쪽으로 가치관이 좀 넘어오면서는, 소위 물질적인 가치관에서 볼 때는 '진취적이고 성공적인 것들에 대한 내 삶을 포기하고 있는 것이 아닐까' 이런 생각이 들기도 했지요. ……(중략)…… 또 상담을 하면서는 내가 잘못하고 있는 게 아닌가? 내가 은혜 없는 자가 되어 버린 것 같은 그런 느낌이 들기도 했고요. 맹목적 신앙인도 되기 싫고, 완전히 심리학 쪽으로 가는 것도 싫고 그래서 반쪽 같은 느낌이 들기도 했어요. 이도 저도 아닌 것처럼 느껴지는 그런 게 참 모순 같았죠. (심연)

4. 지속적인 전문성 발달 추구에서 오는 좌절

이 책의 상담전문가 7인은 초보 상담자 시기뿐만 아니라 전문가가 된 이후에도 지속적인 전문성 발달을 추구하면서 여전히 좌절을 경험하고 있었다. 상담자의 전문성이 발달할수록 상담 실제에서의 수행불안은 감소했지만, 다른 각도에서 상담자로서의 어려움이 발생하고 있었다고 할 수 있다. 이들은 그동안 상담 경험에서 만나 보지 못한 특별한 내담자를 만나 이해할 수 없는 어려움을 겪기도 했고, 새로운 상담 접근을 자신의 것으로 소화하거나 자신만의 상담 접근이나 스타일을 개발하는 어려움으로 인해 좌절을 경험하기도 하였다.

1) 만나 보지 못했던 특별한 내담자로 인한 어려움

윤결 님은 그동안 상담에서 만나 보지 못했던 내담자로 인해 어려움을 겪어 보았다고 했다. 그 내담자는 자신의 마음을 이야기하지도 않으면서 상담자의 말에 대답하기를 거부하던 내담자였다고 한다. 그렇게 상담에서 부정적 태도를 보이다가 결국에는 상담이 도움이 되었다고 하는 그 내담자를 윤결 님은 이해할 수 없었다는 것이다.

> 최근에 전문가로서 어떤 어려움을 경험했냐 하면, 내가 뭐라고 말했는데 안 먹히는 사람이 있더라고요. 그 내담자는 내가 말을 하면 자기가 의도하는 게 아니라고 자꾸 말해요. 내가 물어보면 정확하게 대답을 안 하는 거예요. 그렇게 하니까 그 사람을 알 길이 없더라고요. '저 사람은 모르겠다'라고 생각했죠. 그 내담자는 행동도 막 크게 해요. 그래서 내가 물어보죠. 그러면 자기가 원하는 거는 내가 물어보는 게 아니래요. 그래서 뭘 원하냐고 하면 '알아서 해 주셔야죠' 그러는 거예요. 그래서 '내가 신도 아니고 점쟁이도 아니고 어떻게 당신 마음을 알아서 해 주냐'고 하면 '그 정도는 알아서 할 줄 알아야

되잖냐?'고 말하는 거예요. 그래서 '저 사람은 나한테 뭐를 얻고 싶은 거는 아닌가 보다' 하는 생각이 속으로 들더라고요. 나는 그 사람이 원하는 게 분명하지 않으니까 뭘 할 수가 없는 거예요. 내가 전문인으로서 가지고 있는 것 중 하나가 목적지향적이라는 거예요. 모든 전문인은 목표가 뚜렷해야 확실하게 그 일을 하는 거죠. 그런데 그 내담자에게는 그걸 못 잡겠는 거예요. 그래서 그 사람이 그냥 갔어요. 그런데 나중에는 또 도움이 됐대요. 뭐가 도움이 됐냐고 물었더니 말씀해 주셨던 말들이 상당히 도움이 됐다고 그래요. 그러고서는 상담이 끝났어요. 나는 도와주려고 했는데 한편으로는 괘씸하다는 느낌도 들고, 다른 한편으로는 이건 가설이지만, 그에게는 사람을 무력화시키는 역동이 있는가 싶었죠. (윤결)

2) 새로운 상담 접근 도전의 어려움

상담전문가들은 이미 배워 익숙한 상담 접근 외에 새로운 상담 접근을 자신의 것으로 체화하기 위한 모험을 감수하기도 했다. 그리고 그 과정에서 경험하는 여러 가지 이유로 인해 어려움과 좌절을 경험하였다. 강숲 님은 개인상담자로 시작했지만 집단상담 영역을 또 하나의 자신의 전문성으로 습득하기 위해 자발적인 어려움을 겪었다고 한다. 그리고 그 과정에서 이루어진 자기개방의 서투름이나 여러 가지 에피소드로 인해 부끄러움과 좌절을 경험하기도 했다고 회고했다.

전문가 발달 과정에서 저의 또 큰 언덕이 집단이었어요. 그동안 개인상담밖에 배운 게 별로 없었거든요. 집단…… 여기에는 별 관심 없이 유학을 갔는데, 집단수업하면서 '거 희한하네…….' 해 보니까 재미있는 것 같고…….

꽤 긴장은 됐지만요. 그럼에도 여전히 내가 해야 될 거라고 생각은 안 했었지요. 그런데 한국에 와서 ○○○ 기관에 들어갔는데, 가만히 보니까 집단이라는 게 있는 거예요. 내가 정말 모르는 거예요. 가르쳐 주는 사람도 없었고요. 그래서 이걸 한번 해서 극복을 해 볼까? 이런 생각이 들어서 사람들을 알음알음으로 모아 집단을 했어요. 그런데 그때 무지 많이 망했죠. 참 회의가 컸어요. 야~ 이거 진짜 낯 뜨겁다, 진짜 무섭다……. (웃음) 개인상담은 좀 하겠는데 이건 한번에 여러 명에게 내가 거절을 당해야 되는 상황이니까 "너도 상담자냐?" 이런 얘기가 막 들리는 것 같고, 아~ 휴…… 그건 진짜 몇 배로 떨려요. 정말 부끄러운 일이 많았어요. 이를테면 자기공개를 하라 이런 거 우리 배우잖아요. 자기공개를 어떻게 하는지 잘 몰랐어요. 그냥 솔직하게 자기 이야기를 하면 되는 줄 알았어요. 또 집단 하면 마라톤이라는 것을 들었기 때문에 꼭 밤을 새워야 되는 줄 알았어요. 유학 중에는 마라톤이 아니라 아침 9시부터 밤 9시까지 12시간씩 했거든요. 그런데 한국에 오니까 다 어디 가서 잠을 잔다는 거예요. 아? 이상하다 내가 잘못 배웠나? 그러면서도 하여튼 그래야 되는 줄 알고 한참 하는데 2시쯤 되니까 학생들이 "선생님, 자면 안 됩니까?" 하는 거예요. "아니다. 마라톤은 자면 안 되는 거다." 그러면서 끝까지 가는 거예요. (웃음) 되게 미안하고, 후회되고, 그때도 집에 오면서 너~무 얼굴이 뜨거워졌지요. 그래도 그중에 또 한두 명은 되는 게 있잖아요? 그런 거 믿고 가는 건데…… 지금도 생각하면 하여튼 되게 철없었다, 만용이었다 하는 생각이 들어요. 그런데 어떻게 하겠어요? (강숲)

3) 자신만의 상담 이론 개발에 대한 고민

전문성이 발달할수록 이론이나 기술의 모방 단계에서 점차 벗어나 그동안 습득한 지식과 경험을 바탕으로 자신만의 상담 이론을 개발하고자 하는 개별화 노력이 심화되어 간다. 특히 서구의 상담 이론을 받아들여 사용하는 우리나라의 경우, 서구 이론의 적용에 대한 불편감을 크게 느끼면서 한국 문화에 맞는 상담 개발에 많은 고민과 노력을 기울이는 상담전문가들이 있었다. 이봄 님은 외국 상담을 그대로 하는 것에 대해 어색함과 불편함을 가지고 있었고, 한국적 상담에 대한 고민이 많았다고 한다.

> 외국에서 들어온 상담 접근이라서 들여온 것 그대로 하기에는 남의 옷을 빌려 입은 것 같은 느낌이었어요. 버터 냄새 나는 이런 것들이 우리 정서에 맞을까? 아~ 그게 건조하고 인지적인 느낌을 받아요. 뭔가 기술을 가지고 흉내내는 것 같은 그런 느낌이지요. 그보다 훨씬 더 공감이 필요하고 정서적 교감이 필요하고, 그걸 통해서 마음 밑바닥에서부터 고통을 헤아릴 수 있고 함께 만날 수 있고 하는 이런 것들이 바탕이 되어야 한다고 생각했어요. 한국인의 문화, 정서에 대한 고민, 한국의 상담이 어떠해야 되는가 하는 고민이 있었어요. (이봄)

성품 님도 초기에는 부부상담을 많이 하게 되었는데, 외국 상담 이론이 한국인 정서에 맞지 않았음을 실감했다고 한다. 한국인들에게는 이성적 접근보다 정서적 접근으로 충족시켜 주어야 할 필요가 있음을 알게 되었다는 것이다.

> 제가 처음에 공부했던 이론이 ○○이론인데, 기본적인 게 '과거는 묻지 마세요'잖아요. 제일 처음에 부부상담하러 온 사람들에게 '앞으로 어떻게 살래?' 했더니 대답을 안 하는 거예요. 그래서 '왜 대답을 안 하냐?'고 했더니 둘 다 상대를 보면서 저 사람이 먼저 바뀌어야 한다는 거죠. 그 부부상담을 진행하

면서 느낀 것은 우리나라 사람은 정서가 어느 정도 정리가 되지 않으면 앞으로 나아가기 참 어렵다고 하는 것이었어요. 이성만 적용해서 할 수 있는 접근 방식과 정서적인 요인이 어느 정도 충족이 되어야 하는 접근 방식은 아주 다르다는 것을 생각하게 되었어요. (성품)

심연 님은 지속적으로 전문성 성장을 추구하며 한국적 정서에 맞는 자신의 이론을 개발하고자 했지만, 현실적으로 바쁜 일상으로 인해 에너지를 집중할 수 없을 때 답답함과 무기력, 조급함을 느끼며 좌절을 경험했다고 한다.

어떤 새로운 전문성에 대한 성장? 이런 성장을 하고 싶은 욕구는 있었지만 상당히 무기력이라고나 할까, 멍한 상태가 될 때가 있어요. 좀 답답한 상태죠. 한국적 상황에서는 내담자에게 갑자기 깊게 들어가기보다는 조금 더 정서적이고 순환적인 터치의 과정들이 필요한 거를 알았어요. 그래서 그걸 이론화해 내고 싶은데 나오지는 않고, 그렇다고 어떤 단순한 서구의 상담적 이론에 몰입되기는 싫고, 나의 색깔 내지는 상담자들에게 유익할 수 있는 한국 상황에 맞는 상담을 개발하고 싶어요. 그걸 벌써 4년 전쯤에는 만들어 냈어야 되는 건데 안 되니까 많이 답답한 상태죠. 다른 사람들은 벌써 여기저기서 자기 이론을 만드는 모습을 보게 되고, 외국 이론에서 따왔든 어쨌든 간에 그래도 자기 이론이라고 가지고 있는데 나는 그렇지 않으니까 어느 때는 마음이 굉장히 답답하고 가라앉을 때가 있죠. 조급해질 때도 있고요. 아직은 내가 앞으로 시간이 있다고 생각을 하니까 이러고 있는 거겠지만, 그러면서도 좀 더 높은 차원의 성장을 위한 욕구들이 있어요. 지금은 현실적으로 주어진 일들이 열심히 돌아가고 있지만, 앞으로 좀 시간을 가지고 나의 것을 만들어 냈으면 좋겠다는 생각이 들어요. 시간 시간에 따라서 어느 때는 답답함이 막 몰

려올 때도 있고 처지는 것 같기도 하고 그런 느낌이 있지요. (심연)

이러한 전문성 발달 추구로 인한 좌절은 상담 초보 시기의 상담에 대한 무지나 두려움으로 인한 좌절과는 다른 전문성 확장의 목적을 가진 자발적이고 적극적인 좌절이었다고 할 수 있다. 초보 시기의 좌절이 외부 자극에 의한 좌절이었다면, 발달 후기의 상담자로서 겪게 되는 좌절은 자기 성장과 발전을 위한 내적 좌절이었다고 할 수 있다. 이 시기의 좌절은 초보 상담자 시기에 느꼈던 상담자를 포기하고 싶을 정도로 바닥을 치는 좌절과는 달랐다. 그것은 오히려 보다 나은 상담자가 되기 위한 미래지향적이고 희망적인 좌절이 아니었을까 싶다.

5. 상담 외 업무로 인한 좌절

이 책의 상담전문가 7인 중에는 현실적으로 상담만 할 수 없고 상담 외 업무를 해야만 하는 경우가 있었다. 이럴 때 그들은 좌절을 경험하기도 하였다. 어떤 기관이나 조직의 한 구성원으로 상담을 하는 경우, 상담 외 업무로 인한 어려움은 피할 수 없는 것이기에 좌절이 일어나기도 하였다.

1) 상담실 운영의 어려움으로 인한 좌절

상담실을 직접 개업한 상담자들은 초기 개업과 운영 과정에서 많은 어려움을 경험하면서 좌절감을 느끼기도 하였다. 상담실은 생업의 현장이기에 당장 눈앞에 벌어지는 경제적 압박이나 어려움은 심각한 현실이 아닐 수 없었다. 성품 님은 시작하기만 하면 될 줄 알았던 상담실이 초기에는 아무리 열심히 해도 기대한 만큼의 수입이 이루어지지 않아 매우 초조하고 염려스러웠다고 한다.

> 제가 상담센터를 처음 시작한 ○○년도에는 상담이라는 게 별로 알려져 있지 않았고 인식도 거의 없었어요. 저로서는 시작하면 곧 될 것 같았는데, 그 부담이 상당히 크더라고요. 게다가 저는 이것도 하나의 분명한 서비스 업종이라고 생각을 해서 처음부터 직원을 두고 시작을 했는데, 그러다 보니까 한 달에 열심히 벌어도 한 ○○○만 원쯤 벌면 '아! 이제 본전 했구나' (웃음) 생활의 어떤 것들이 조금 압박을 가하는 거죠. 저는 교사 출신이라 상담실 하나만 하는 그런 상담보다는 교육도 좀 하고 싶고 그랬거든요. 그러니까 평수가 좀 넓어야 하잖아요. 그런데 이런 걸 하나 하려면 임대료나 이런 것들이 제법 나가거든요. 사실 돈 계산은 집사람이 다 해요. 그러다 보니 저희 집사람 같은 경우는 당장 이번 달이 문제인 거죠. 아무래도 아이들 학비 보낼 때는 목돈이 나가야 하고 그러니까 조금 부담은 되죠. 실제로 주판을 두들기는 사람이니까 현실적인 걸 자꾸 따지다 보니까 어려운 것 같아요. 그런데 사실 나는 그런 염려와 걱정을 하는 사람을 바라보는 게 더 염려스럽죠. (성품)

또한 성품 님은 초기 상담센터를 운영함에 있어서 가장 큰 어려움 중 하나가 홍보였다고 한다. 그는 상담센터를 처음 시작하면서 홍보의 방법을 모르기도 했지만, 막상 홍보를 하기 위해 여러 채널을 마련해야 하는 어려움을 겪었다. 오늘날과 같이 상담이 대중화되기 이전이므로 홍보를 위한 용어 하나에 제지당하는 경우도 있었고, 까다로운 요청도 많았던 것 같다. 그렇게 어렵게 비싼 비용을 주고 홍보

했음에도 불구하고 찾아오는 사람이 적을 때는 실망감으로 인한 좌절이 더욱 크게 느껴졌다고 했다.

> 상담실을 어떻게 홍보해야 할지 이런 것들이 참 어려웠어요. 제일 처음에는 신문 간지를 돌렸는데, 이 지역 전부 다도 아니고 아파트 몇 지역을 한 번 돌리는 데 120만 원 들었거든요. 그런데 한 번 돌리면 문의전화가 몇 번 오느냐? 두 건이나 세 건 정도였어요. 처음에는 어떻게 해야 되는지 몰랐던 거죠. 그래도 홍보는 해야 되니까 했지요. 전화국을 통해서 홍보를 하기도 했는데, 조금 더 돈을 주면 전화번호부 책에 조금 더 큼지막하게 나오게 해 줬어요. 하여튼 별의별 것을 다 했지요. 그다음에 CF 내는 것을 해 봤는데요, 우리나라에서 CF 심의하는 데는 방송심의위원회 딱 한 군데거든요. 그런데 지역방송이든 케이블방송이든 상담실은 CF를 못 내게 해요. 6년쯤 전에 저희 연구소를 지역방송에라도 좀 내 보려고 했는데 몇 번을 거절당했어요. '과장 홍보하지 말아라' '치료라고 하는 말을 쓰지 말아라' 심리치료 뭐 이런 거 주문도 굉장히 많았어요. '이걸 하면 어떻게 달라진다' 이런 식으로 해도 안 된다고 했고요. 그래도 저희가 국내에서 처음으로 성공을 하긴 했어요. 그렇게 했는데도 홍보 효과는 별로…… (웃음) 상담실 운영의 어려움은 아무래도 홍보의 어려움이 가장 클 거예요. 그런 것들이 약간 압박을 하죠. (성품)

2) 대학교 상담실 운영의 어려움으로 인한 좌절

상담실을 개업하여 운영하는 어려움도 있겠지만, 조직 내 상담실을 맡아서 운영하는 경우에도 어려움과 좌절이 있었다. 소향 님은 대학교 내에 학생상담소가 처음 생겼을 때 그 상담실을 맡아 기반을 형성하면서 여러 가지 어려움으로 좌절을 경험했다고 한다. 그는 학교 전체 조직 내에서의 상담소의 위상이나 예산 책정 등의 문제로 힘들었고, 혼자 일하면서 상담실을 자리매김해 나아가는 과정에서 많은 외로움과 어려움을 겪었다고 했다.

> 대학원 졸업을 하자마자 ○○ 대학교 상담소에 풀타임 전임상담원으로 들어가 나 혼자 일을 하게 되었던 적이 있어요. 상담소가 생긴 지도 얼마 안됐고, 완전히 새로 개척을 해야 되는 거였지요. 학교조직에서 알아주는 사람도 없고, 또 알아주는 기관도 아니고, 돈이 배정이 되는 것도 아니고 그렇다고 상담자가 무슨 성과를 드러내는 것도 아니잖아요. 제가 처음 갔을 때 총 1년 예산이 100만 원이었어요. (웃음) 아주 열악했지요. 그런데 제가 4년을 혼자 뛰면서 1,400만 원의 예산을 만들어 놓고 나왔어요. 2년 만에 독립된 총장 직속 기관으로 해 놓기도 했고요. 그렇게 하는 과정에서 쉽지는 않았죠. 조직 내에서 뭔가 일을 하면서 부딪치는 부분들도 있고, 그 과정에서 좌절도 되었고요. 상담이라는 게 어디나 좀 그렇잖아요? 뭔가 자리매김을 하기 위해서는 힘든 부분이 있지요. 일하는 데 있어서 결정권이 전혀 주어지지 않고, 예산을 따 내는 데 있어서도 별로 협조적이지 않은 것도 있었고요. 직원 내에서도 직원도 아니고 교수 쪽도 아닌 완전히 혼자 있는 느낌, 그런 것들이 좀 많이 외로웠죠. 그렇게 미련 없이 일했는데, 어쨌든 제가 20년까지 일했던 것은 처음부터 끝까지 주인의식을 가지고 있어서 '내가 아니면 안 된다' 하는 생각이 있어서였던 것 같아요. 그런데 어느 날 내가 아니어도 되더라고요. (웃음) (소향)

3) 전문생활과 가정생활의 이중역할에서 오는 좌절

대부분의 여성 상담자는 상담전문가로서의 일과 가정주부로서의 역할을 병행해야 하는 이중역할의 부담을 경험하게 된다. 소향 님과 이봄 님은 전문가로서의 생활과 가정에서의 생활을 동시에 제대로 수행할 수 없을 때 자기 회의감이나 좌절감을 경험했다고 한다. 소향 님은 가정사가 제대로 안 될 때는 회의스럽기도 하고 좌절스럽기도 했으며, 자녀들에게 충분한 엄마로서의 역할을 제공해 주지 못한 것이 미안하기도 했다고 한다.

> 직장 다닌다 뭐 한다 그러면서 아이들, 남편, 가정 이 모든 일이 내 뜻대로 되지 않는 경우가 많잖아요. 그럴 때는 '내가 과연, 뭘 한다고 밖에 돌아다니면서 집안이 이런 건가' '나는 뭔가' 하는 생각도 들고, 개인적으로는 그런 좌절감이 올 때도 있었지요. (소향)

이봄 님 역시 상담 관련 일로 바쁘다는 이유로 인해 가족 속에서 엄마와 아내로서의 역할을 충실히 못할 때 많이 미안했다고 한다. 그러나 가족의 협조로 지금까지 올 수 있었다고 고마움을 표하기도 했다.

> 직장 일과 공부로 주말도 없이 바쁘다 보니 애들과 남편에게 미안했지요. 한참 아이들 클 때 충분히 엄마 역할을 제대로 못해 주고 그랬었어요. 그래도 참 감사하죠. 남편의 배려와 가족의 이해와 협조가 없었으면 그렇게 하기가 어려웠을 거예요. (이봄)

4) 다중역할 부담에서 오는 좌절

기관이나 조직에 몸담고 있었던 상담전문가들은 상담자 외의 다중역할로 인해 부담을 느끼면서 힘겨워했다. 심연 님은 학교라는 조직에 적응하면서 학생들을 가르치고 연구도 하고, 상담 실무를 필수적으로 수행해야 할 뿐 아니라 행정업무까지 감당해야 했기에 역할의 균형을 맞추기에 버거움이 있었다고 했다.

> 일이 많아요. 상담 교수를 제대로 하려면 첫 번째 학교조직 내에서 순응해야 하는 과정들이 있죠. 단순히 학생들을 가르치고 돌보는 자체만이 아니라 업무가 많아요. 연구도 해야 되죠. 거기다 하나 더 붙지요. 우린 임상을 꼭 해야 되잖아요. 반드시 요구하는 건 아니지만 상담을 제대로 하려면 임상이 필요하지요. 임상도 하지 않고 상담을 가르친다는 건 굉장히 추론적이고 건조하게 되지요. 그렇기 때문에 상담 현장에서 상담을 해야 해요. 사실 그 외의 다른 것들은 엑스트라 일같이 느껴지거든요. 행정적인 거 좀 덜하고 임상에 탁 몰두할 수 있으면 좋겠는데…… 일의 균형이 잘 맞추어졌으면 좋겠어요. (심연)

개인상담센터를 운영하고 있던 성품 님도 다중업무의 어려움을 겪었다고 한다. 그는 상담자이자 경영자로서 직원들과의 관계의 정도와 범위를 어느 정도로 설정해야 할 것인가 고민했다고 한다.

> 저는 상담자이기도 하지만 경영자이기도 하잖아요. 직원들이 있고 또 다른 상담자도 있는데, 상담자들이 동료이기도 하지만 나에겐 소장이라는 직책이 있잖아요. 그런데 이들을 어느 정도까지 받아 줘야 하는지 고민되었어요. 근무수칙이라고 할까, 상담실이 운영되려면 어떤 규칙이라는 게 있어야 하잖아요? 이런 게 상담자의 입장과 경영자의 입장이 완전히 다른 거 같아요. 처음에 상담센터를 시작할 때에는 직원이 뭐라고 해도 그러냐 하고 받아 주었는데, 계속 하다 보니까 일이 추진이 안 되는 거예요. 그 경계는 분명히 구분되어야 하겠구나 하는 생각이 들었었죠. (성품)

이와 유사하게, 한 상담기관의 운영자로 근무하고 있던 이봄 님도 다중역할의 어려움을 겪고 있다고 했다. 그 이유는 최근 시대적 요청에 따라 상담자 역할이 점차 확장되기 때문이었다. 변화하는 이 시대에는 상담실에 앉아서 상담만 하는 상담자가 아니라 적극적으로 발로 뛰는 상담자, 행정과 관리, 경영에도 능한 다중역할의 상담자가 요구된다고 했다. 따라서 그는 이러한 피할 수 없는 시대적 요청에 부응해야 한다는 압박으로 매우 큰 부담과 좌절감을 경험하고 있었다.

> 국가에서 운영하는 상담센터를 운영하다 보니 행정가로서의 역할, 지역상담자로서의 역할을 해야 하는데요. 이것은 상담자가 상담만 하는 것이 아니고, 행정 기획가로서의 역할, 국비와 도비를 받아서 운영하는 상담기관의 관리자로서의 역할, 교육자로서의 역할, 여러 가지 다양한 역할을 해야 한다는 거죠. 최근에 조직이 커지다 보니까 상담자가 상담 마인드만 있어서는 부족하다는 거죠. 역할에 대한 모델을 확장해 나아가는 것이 가장 중요한 과제라고 할 수 있어요. 협상과 중재가 필요할 때 정치하는 사람도 만나고, 다양한 사람을 만나서 원하는 것을 얻어내야 하는 거죠. 비록 어렵지만 꾸준히 가고 또 가고 해야죠. 상담자도 어떤 협상과 중재 능력이 필요한 것 같아요. 지역의 예산도 좀 따 내고 후배 상담자들이 안정된 여건에서 일할 수 있게 지원하는 역할도 하고요. (이봄)

상담전문가 7인이 경험한 여러 가지 좌절은 어느 특정 발달 단계만이 아닌 전 생애적 발달 과정에서 다양한 모습으로 발생하고 있었다. 상담자의 피할 수 없는 실존적인 문제라고나 할까. 이들의 이야기는 상담자의 좌절이란 전문성이나 인격과는 상관없이 상담자라면 겪을 수밖에 없는 발달의 과정임을 알게 해 준다.

제7장

상담자의 좌절에 대한 대처방식

" 끊이지 않고 하는 것은 자신을 비우는 것, 쉬는 것이에요.
산 한 바퀴를 쭉 돌아오면 정말 아침에 일어나서 살아있다는 게 경이롭죠.
떠오르는 해를 바라보면서 하루하루 달라지는 새파란 잎을 바라보면서…….
채우기 위해서 비우고, 비움으로써 채우고
그렇게 한 지가 거의 10년이 된 것 같아요. "

–이봄–

고통이 당신의 선생님일지라도
배움은 축복이다.

-마이클 조던-

이 책의 상담전문가 7인은 상담자로서의 어려움으로 인해 좌절하게 될 때 여러 가지 방식으로 대처하면서 문제를 해결하려는 노력을 보여 주었다. 이들은 항상 일관되고 고정된 방식으로 좌절에 대처하려 하지 않았으며, 개인의 특성에 따라 혹은 문제의 심각도나 유형에 따라 여러 가지 대처방식을 복합적으로 사용하고 있었다. 상담전문가 7인이 좌절 극복을 위해 사용한 대처방식은 크게 문제해결적 대처와 정서조절적 대처, 종교적 대처로 구분된다. 하나씩 살펴보자.

1. 문제해결적 대처

문제해결적 대처는 좌절을 일으킬 만한 어려움을 만날 때, 직접적인 문제가 되는 고통스러운 상황을 해결하기 위해 여러 가지 방법을 동원하는 것이다. 이는 Lazarus와 Folkman(1984)의 문제중심적 대처와 같은 방식으로서, 개인의 문제행동을 변화시키거나 환경적 조건을 변화시킴으로써 근본적으로 어려움을 제거하려는 노력을 말한다.

상담전문가 7인이 사용한 문제중심적 대처방식은 다양하게 나타났다. '직접 문제해결 방법 찾기' '주어진 현재 삶에 충실하기' '관찰, 모델링하기' '긍정적 신념으로 행동하기' '자기능력 조절하여 사용하기' '기존 사고 틀 전환하기' '던지기/실험해 보기' '타인 도움 추구하기' '슈퍼비전, 개인상담, 상담 공부 등 전문적인 자원 활용하기'와 같은 대처방식이었다.

1) 직접 문제해결 방법 찾기

'직접 문제해결 방법 찾기'는 당면한 좌절의 어려움을 직접적으로 해결하기 위한 행동을 선택하고 행하는 것이다. 상담전문가들은 눈앞의 현실적인 문제를 해결하기 위해서 현재의 즐거움을 포기하거나 견디어 내는 불편함을 감수해야만 했었다. 심연 님과 강숲 님은 유학하면서 겪었던 경제적 어려움을 해결하기 위해 직접 경제수단을 찾고 어려움을 해결해야만 했었다고 전한다.

> 내가 유학생 신분이고 그러니까 경제적인 걸 어떻게 해야 할지 그 방법을 찾아내기가 상당히 어려웠어요. 왜냐하면 내가 사역자이긴 했지만 동시에 유학생이기도 했으니까 페이를 받을 수 없었어요. 그래서 '그러면 장학금을 달라' 이렇게 했는데, 그 과정에서 장학금을 받는 채널들을 내가 만들어 가야 하니까 많이 어려웠죠. (심연)

> 유학 가서 가게를 했죠. 경제적인 게 딸리니까요. 주말에만 하는 가게인데 한 4년 반 정도가 주말이 없었어요. 지금 다시 하라 그러면 차라리 안 하는 게 나을 것 같아요. 시장에서 이런 저런 잡화를 잘 팔리는 거로 물건을 떼어 가지고 진열해 놓고……. 잘 팔리는 거로 매주 하니까 힘든 거예요. 생활비는 거기서 다 나왔죠. 유학에서의 생활비가 비싸니까요. 생활비 하고 좀 남는 거 있으면 학비 하고, 아르바이트도 온갖 것 많이 했어요. 슈퍼마켓 냉장고에 들어가서 물건 나르고, 물건 쌓아 가지고 다니는 것 이런 것도 꽤 하고, 초등학교 선생 보조교사도 하고, 정말 잡다하고 사소한 일들을 한 적도 있었고, 중 · 고등학교 교사들 대상으로 워크숍도 하고, 과외도 하고 그랬죠. (강숲)

2) 주어진 현재 삶에 충실하기

상담전문가들은 좌절을 일으키는 어려움을 피하거나 없애는 것이 불가능한 경우에는 그 현실을 안고 가는 방법으로서, 주어진 삶에 충실한 방식을 취하기도 했다. 이는 내적으로 어려움을 견딘다기보다는 어려움을 현실로 인정하는 방식이라 할 수 있으며, 해결할 수 없는 좌절 상황에 초점을 맞추기보다는 생산적인 현재 일에 몰두하고 에너지를 쏟는 방법이라 할 수 있다.

심연 님과 강숲 님 그리고 성품 님은 현재의 어려움에도 불구하고 현재의 일에 최선을 다하고자 하였다. 이들은 미래를 걱정하는 것은 의미가 없다고 생각했고, 단지 현재가 중요하다는 것을 인식하면서 현재에 충실하고자 했다. 이러한 대처방식은 피할 수 없는 현실에 직면할 수밖에 없는 무거움과 한계성이 느껴지기도 하지만, 아마도 지금 이 순간(here & now)을 사는 가장 현명한 방법이 아닐까 싶다. 우선 심연 님은 유학에서의 엄격한 학업 과정으로 인해 어려움이 있었지만, 그 어려움보다 학문 자체가 주는 재미에 집중하여 현실에 충실할 수 있었다고 한다.

> 하여간 학업 과정에서는 되게 어려웠어요. 그런데 정말 최선을 다했어요. 학문 자체는 일단 재미있었으니까 별로 그렇게 어려운 건 없었어요. 외국이라는 낯선 세계에서 학교에서 요구하는 그런 임상이라든지 그런 걸 내가 다 찾아가면서 만족시켜야 되니까 그런 게 좀 어려웠지만요. (심연)

강숲 님도 미래 진로 불안으로 인해 상당히 고민스럽긴 했지만, '고민을 해 봤자 달라지는 게 없을 것'이라는 판단이 있었기에 '일단 시작한 것 마치자'는 생각으로 현실에 임할 수 있었다고 한다.

그때 마음먹었던 게 '앞뒤 생각하면 안 되겠다. 이 고민을 해 봐야 달라지는 건 없겠다' 유학을 끝내고 직장이 없을지도 모르겠다는 생각도 항상 하고 있었지만, '어떻게 하겠냐. 일단 시작한 거 끝내고 그다음에 발 뻗을 자리를 찾자. 끝내기 전에 이것을 걱정하는 것은 도움이 안 된다. 일단 끝내고 그다음에 걱정을 해도 하는 게 순서인 것 같다' 하는 생각을 했어요. 유학을 끝내고 난 이후의 세계에 대해서는 별로 희망이 없었어요. 어쩌면 희망을 안 가져야 된다고 생각을 한 거죠. 졸업한 이후에 어떻게 전개될지에 대해 미리 계획을 가진다는 게 너무 사치였던 거예요. 지금 여기까지 끝내는 게 일단은 중요하니까, 그냥 '그다음에 나머지를 생각하자' 이런 식으로 해서 그 이후의 걱정은 안 하기로 마음을 먹었죠. '해 봐야 뭐 소용없는 걸 어떻게 해? 아니면 박사과정을 그만두든지…….' 그랬었죠. (강숲)

성품 님도 강숲 님과 같은 생각과 판단으로 대처하고 있었다. 뭔가 어려움이 닥칠 때 걱정한다고 달라지는 것이 없으며, 문제해결에도 도움이 안 되므로, 현재 할 수 있는 일을 하는 게 오히려 생산적이라는 생각을 했다고 한다.

글쎄…… '걱정한다고 문제해결에 아무 것도 도움이 안 된다는 생각? 뭐 걱정한다고 도움이 되나? 달라질 게 있나? 지금 내가 할 수 있는 것은 걱정이 아니라 뭔가 하는 것이다' 하는 생각을 하지요. '걱정하는 시간에 상품을 만들든지 준비를 하는 게 더 낫겠다'는 생각이 저한테는 체험적으로 좀 있었던 것 같아요. 예전에 어떤 책을 보면 '양쪽 옆구리에 주머니 하나씩 차고, 현실적인 걱정이 생기면 그 걱정을 왼쪽 주머니에 넣고 다른 걱정이 생기면 그 걱

정은 오른쪽 주머니에 넣어라. 걱정은 거기에 넣어놓고 너는 뭔가를 해라' 그런 이야기를 읽은 적이 있어요. '걱정하면서 앉아서 끙끙거리고 있어 봐야 걱정이 해결되는 것은 아니니까 그보다는 차라리 뭔가를 하는 게 생산적이다' 라는 게 새록새록 떠오르죠. (성품)

3) 관찰, 모델링하기

상담전문가들은 좌절 상황에서 타인의 행동을 관찰하거나 모델링을 통해 문제를 해결해 나아가기도 했다. 윤결 님은 유학 시 미국 상담자들이 상담하는 것을 관찰하면서, 상담에 대한 용기와 자신감을 갖게 되었다고 했다. 또한 공감에 대해서도 상담자로서 깊은 통찰을 얻게 되었고, 일정한 틀에서 벗어나는 자유로움을 경험했다고 한다.

라이브 슈퍼비전이라고 해서 일 년 동안 훈련받는데, 일방경이 있고 박사과정 학생들하고 교수가 있어요. 둘씩 짝지어 들어가요. 나중에 교수가 들어가 상담하는 걸 봤더니, 가르칠 때는 되게 잘하는 것 같았는데 실제 해 보니까 그렇게 못하는 거예요. 그걸 보고 굉장히 용기를 얻었어요. (웃음) 그때 내가 알았죠. 아! 사람이 가르칠 때는 과정을 빼고 얘기하니까 그렇구나. 그런데 실제를 할 때는 그 과정을 다 해야 하잖아요. 그래서 '그래 맞아. 교수들이라도 그렇지. 저렇게 과정을 거쳐야지' 생각되었지요. 그런 것들이 나한테는 꽤 자신감을 주었어요. ……(중략)…… 또 결정적인 것 중에 하나가 어느 날 갑자기 이런 마음이 들었어요. 공감을 한국에서 배운 대로 "했군요." 하다 보니 굉장히 어색하고 잘 안 되고 힘들었어요. 그래서 '그냥 해 보지 뭐. 그냥 내가 원하는 대로 해 버리자. 기면 기라고 하고, 아니면 아니라고 하고…….' 그렇게 해 보니 상담이 훨~씬 잘 되는 거예요. 그걸 경험하면서 '아~ 상담 훈련이라는 게 사람을 틀에다 집어넣었던 거구나. 상담 훈련이라는 게 나한테 뭔가를 가르쳐 주었었는데, 그게 오히려 나를 가두어 놓는 경험이었구나' 하는 걸 깨달았어요. 그러한 경험이 나한테는 상담의 전환점이 되었지요. 나중에 생각해 보니까 내가 미국 사람들 상담하는 것을 보면서 깨달은 것 같아요. 미국 가서 공부하면서 다른 모델을 본 거죠. (윤결)

강숲 님은 모델을 찾아 모방함으로써 자신의 목표지점을 향해 나아가는 방식을 취하곤 했다고 한다.

저는 모델을 찾아요. 목표를 정할 때는 모델을 잘 찾아요. 모델을 찾으면 그거랑 비슷하게 해 보려고 애를 쓰고요. ○○○ 교수님도 모델이고, 가까이서 볼 수 있는 선생님은 저한테 굉장히 중요해요. (강숲)

4) 긍정적 신념으로 행동하기

'긍정적 신념으로 행동하기'는 비록 어려움이 있더라도 긍정적인 결과를 미리 이미지화하고 그렇게 될 것이라고 믿는 믿음으로 긍정적인 행동을 하는 것이다. 성품 님은 '모든 것이 마음에 달려 있다'는 생각을 가지고 있기에, 어려움을 만나게 되면 인간의 한계성을 인정하면서도 긍정적인 마음으로 목표지향적인 행동을 한다고 했다. 이러한 긍정적인 신념과 행동의 상호작용이 긍정의 결과를 가져온다고 믿기 때문이었다.

'모든 게 마음에 달려 있다. 마음속으로 이미지화하고 그렇게 된다고 믿으면 모든 게 이루어진다'라고 생각해요. 긍정적인 신념은 곧 긍정적인 행동으로

창조된다고 저는 믿어요. 그러니까 어려움이 어려움으로 느껴질 새도 없어요. 물론 인간의 한계를 인정하는 부분도 있지만, 인정함에도 불구하고 어려움이 닥쳤을 때는 그것을 가지고 긍정적으로 내 마음 속에서 어떤 이미지를 만들어 내죠. 그리고 그냥 그 목표를 향해서 행동하고 그러다 보면 그것이 신념과 합쳐져서 진짜 목표가 이뤄지고 이런 게 아닌가 싶네요. 그게 하나의 극복 방법이 될 수 있겠다는 생각을 해요. (성품)

5) 자기능력 조절하여 사용하기

상담전문가들은 좌절 상황에서 마주하게 되는 어려움에 맞게 자신의 능력을 조절하여 사용하는 대처를 하기도 하였다. 소향 님도 어려움에 맞닥뜨리면 서두르지 않고 어려움에 대해 적절하게 자신의 에너지를 배분하여 사용하면서 대처하곤 하였다.

석사한 지 딱 10년 만에 박사과정에 들어갔어요. 직장을 다니면서 학교 등록을 하고, 공부할 수 있는 만큼 했는데 딱 두 과목씩 6학기를 마쳤어요. 남들은 3~4과목씩 들으면서 고생을 하는데, 전 직장을 포기하지 않는 한 그게 어려웠죠. 그리고 가정에는 아이들도 있고 그랬으니까요. 내가 좀 배분할 줄 아는 것 같아요. 그래서 금방 서둘러서 안 하는 것 같아요. 뜸이 들어야 되니까요. (소향)

6) 기존 사고 틀 전환하기

좌절에 압도당하지 않고 어려움에 대처하기 위해서는 자신이 가지고 있던 기존 사고 틀을 변경해야 하는 경우가 있다. 이봄 님의 경우가 그러했다. 변화하는 현대 사회에서 현안에 대처하기 위해서는 기존에 가지고 있던 고정된 틀을 내려놓고, 패러다임을 전환하는 것이 절실했다고 한다.

> 상담자의 다양한 역할에 부딪치고 배우고 확장해야 할 필요가 있는 것 같아요. 그래야 정말 전문가의 역할을 할 수 있게 된다는 거죠. 상담뿐 아니라 기획, 협상가, 리더십, 조정자 역할 등, 현장에서 요구되는 다양한 역할을 할 수 있어야 한다고 생각해요. 변화에 도전하고 극복하기 위해서는 자신의 영역을 확장하고 넓혀 가는 것, 자신을 쇄신하는 것, 새로운 것에 도전하는 것을 배워야죠. 패러다임의 전환인 거죠. 유연성을 가지고 그릇을 키워 자신 안의 해결 역량을 발휘해야죠. (이봄)

7) 던지기/실험해 보기

좌절 상황에서 오히려 의도적으로 자신을 그 좌절 상황에 적극적으로 참여시키는 대처방식도 있다. 강숲 님은 그러한 대처방식을 '던진다'는 말로 표현하였다. 그에게 있어 '던진다'는 의미는 곧 어려움에 대면하여 자신을 실험해 보려는 자세를 의미했다. 비록 던짐으로 또 좌절될지도 모름에도 불구하고 어려움에서 물러서면 결코 배울 수 없다는 마음으로 도전하는 자세를 취하는 방식이었다.

> '이것을 어떻게 극복하지? 한번 이거를 오기를 부려?' 이러는 게 조금 있어요. 제가 그렇게 안 보이지만 좀 있어요. 그때에서야 집단을 좀 실험적으로 시작했어요. 그래서 저를 자꾸 그 장으로 던지는 거예요. 고민은 되죠. '내가 왜 또 나를 던졌을까? 저거 어떻게 가 봐야지…… 분명 좌절이 있을 텐데…….

어떡하지…… 몰라…… 부끄러울 텐데…… 할 수 없어…… 가야지……
어떡해…… 부끄러우면 견뎌야 되는 거지, 피해서 되는 게 아니지…….' 고민은 되는데 어떻게 해요. 던져진 건 또 해야 되잖아요. 서서히 돌아가는 게 없이 무식하게 가요. (강숲)

8) 타인 도움 추구하기

어려움에 당면하였을 때 상담전문가들은 문제를 해결하기 위해 혼자만의 고민에 그치는 것이 아니라 신뢰가 가는 타인에게 조언이나 지지를 구함으로써 문제해결을 시도하고 있었다. 이봄 님은 신뢰가 가는 사람들에게 자신의 어려움을 이야기하면서 지지도 받고 문제를 해결해 나아가기도 한다고 했다.

사람들 많이 만나고 얘기도 듣고, 함께 일하는 사람들의 지지도 받아 가면서 내 객관적인 모습을 다시 비추어 보기도 해요. (이봄)

심연 님도 스스로 생각하고 성찰하다가도 다른 사람들을 찾아 조언을 구하기도 한다고 했다.

어려움에 대해서 생각해 보고 성찰해 보고, 그다음에 방도를 찾아서 다른 사람들을 만나고 조언 구할 것 있으면 구하기도 하지요. (심연)

9) 슈퍼비전, 개인상담, 상담 공부 등 전문적인 자원 활용하기

상담전문가들은 좌절을 일으킬 만한 어려움을 당했을 때 극복을 위한 효과적인 대처방식으로서 슈퍼비전과 개인상담을 활용하고 있었다. 소향 님과 강숲 님, 이봄 님은 슈퍼비전이나 개인상담을 통해 자신을 객관적으로 들여다보고, 지지로 인해 안정감과 자신감을 회복하기도 했다고 한다.

> 때로는 내가 힘들 때 슈퍼비전도 받고, 또 중간에 상담도 받았어요. 슈퍼비전, 상담 이런 것을 하면서 어려움과 좌절을 극복해 왔던 것 같아요. (소향)

> 어떻게 극복했나? 개인상담을 했죠. 그때 제가 다른 데 가서 상담을 받았어요. 너무 힘들어서요. 그리고 내 잘못이 아니라는 것을 알았죠. (강숲)

> 어려움들을 극복하기 위해 중간에 교육 분석도 받고, 자기를 바라보고 비추어 보고 그랬죠. ……(중략)…… 그 분야에서 공부하는 사람들과 함께 지속적인 공부하기, 슈퍼비전, 사례연구, 실습, 역할연습, 이런 것들을 끊임없이 계속했지요. 더불어 성장할 수 있는 피드백을 주고받기도 하면서요. (이봄)

이 책의 상담전문가들은 좌절을 주는 어려움에 대해 직접적 해결을 하거나 도전하기도 하였고, 그와는 반대로 자신의 생각이나 능력을 변경하거나 조절하기도 하였다. 현실을 직면하여 수용하기도 하였고, 타인의 도움을 구하기도 하면서 대처해 나아가는 모습을 보여 주었다. 상담전문가들은 그 좌절을 극복해 본 사람으로부터 더욱 효

과적으로 도움을 받기도 하였다. 이들은 자신의 전문적 선배나 선생님 되시는 슈퍼바이저나 상담자를 통해 자신의 객관적 모습을 통찰하기도 하였고, 마음의 안정을 얻으면서 보다 전문적으로 좌절에 대처하고 있었다.

2. 정서조절적 대처

이 책의 상담전문가 7인은 좌절 상황에서 발생되는 여러 가지 부정적인 정서를 완화하거나 감소시키기 위한 다양한 정서조절 대처방식을 사용하였다. 이는 Lazarus와 Folkman(1984)의 정서중심적 대처와 같은 것으로서, 당장 통제할 수 없고 변화 가능하지 않다고 생각되는 좌절 상황에서 좌절로 인한 고통스러운 감정을 조절하려는 노력이라 할 수 있다. 이 책의 상담전문가들이 사용한 정서조절 대처방식은 '성취경험 떠올리기' '기분 전환하기' '자기 혼자만의 시간 갖기' '스스로 달래기' '내려놓기 또는 비우기' '견디기' '기다리기' '자기개방, 자기수용하기' '방어기제 활용하기'와 같은 것들이었다.

1) 성취경험 떠올리기

'성취경험 떠올리기'는 현재의 좌절된 자기 모습에 대한 불편한 정서를 조절하기 위해 과거 자신의 성취경험을 떠올리는 방식이다. 현재의 무력감으로부터 자신감을 고양시키려는 노력이라고 할 수 있다. 강숲 님은 유학 당시 어려움을 겪을 때 이러한 대처방식으로 부정적 정서를 조절하려고 애썼다고 말했다.

> 그래서 어떻게 극복했느냐? 한국에서 있었던 경험도 많이 생각했었어요. 한국에서 있었던 일종의 크진 않지만 크고 작은 여러 성취를 생각하면서……. (강숲)

2) 기분 전환하기

'기분 전환하기'는 현재의 고통으로 인한 긴장을 해소하기 위한 노력을 의미한다. 윤결 님은 어려움이 있을 때는 일단 그 자리에서 벗어나 기분을 전환하려고 했다고 한다.

> 스트레스 이만큼 쌓이면 ○○ 장소로 아이들하고 도망가는 거죠. ○○○ 파크인데, 물이 많고 그러니까 우리 아이들하고 물장난하고 그랬지요. (윤결)

강숲 님도 좌절로 인한 고통에도 불구하고 즐거운 마음을 가지려고 애씀으로써 현재의 어려움과 거리를 두고자 노력하는 방식을 사용하였다고 한다.

> 지금 이렇게 얘기하면 굉장히 낭만적으로 들릴 수 있지만 그 당시로는 안 할 수 없으니까 하는 거였지요. 그런데 그걸 즐겁게 생각하려고 애를 많이 썼어요. (강숲)

3) 자기 혼자만의 시간 갖기

자기 혼자만의 시간을 갖는다는 것은 일이나 문제와 분리하여 한 인간으로서의 자신으로 돌아가는 것이며, 정신적 쉼을 얻는 것이다.

상담전문가들이 주로 사용하는 방식은 명상을 하면서 산책을 하거나 드라이브를 하는 등 자기 혼자만의 공간과 시간 속에서 충전을 하는 것이었다. 심연 님과 소향 님 그리고 이봄 님은 이런 방식으로 좌절의 어려움에 대처하곤 했다.

홀로 산책한다든가, 드라이브 등을 통해 혼자만의 시간을 갖곤 하지요. (심연)

내가 개인적으로 힘들거나 그럴 때는 학교 뒤에 동산이 있었어요. 호숫가도 있었고요. 나는 걷는 것을 참 좋아하는데, 점심 먹고 한 시간을 이렇게 걸으면서, 사치를 누린다고 생각했죠. '직장 다니면서 이렇게 사치를 누릴 수 있는 직장이 또 어디 있냐' 하고요. (웃음) (소향)

자신만의 시간을 갖는 것, 일상의 반복되는 일과 분리되어 자신만의 시간을 갖는 것이죠. 계속해서 머물지 않고 성장하는 삶을 살려면 나한테 제일 중요한 거는 하루에 한 시간 정도 내 시간을 갖는 것이죠. 아침 여섯 시에 일어나면 한 시간 정도 운동을 하고, 하루에 한 시간씩 명상을 하면서 산책을 해요. (이봄)

소향 님은 요가나 명상, 붓글씨 같은 정적인 활동으로 자기만의 쉼을 갖기도 하였다.

무척 힘들어서 한 달 동안 제가 잘 먹지도 못하고 그러는 시간이 있었는데, 문득 내가 이러고 있을 때가 아니라는 생각이 들더라고요. 그때부터 아침에 요가를 등록해서 시작했어요. 나를 추슬러야 가정을 지켜나가니까요. 그렇게 하면서 힘을 얻었죠. 정말 내가 지치고 힘들고 그럴 때는 명상 프로그램에 참

> 여하면서 나름대로 나를 추스르는 작업을 좀 했어요. 내가 소진한다 하면 개인적으로 튼튼이 했죠. ……(중략)…… 제가 정말 많이 힘들었을 때 붓글씨를 쓰곤 했는데, 딱 먹을 갈려고 먹을 잡는 순간부터 마음이 평온해지고 뭔가 이렇게 내가 있는 존재감이 올라와요. 또 쓰고 있는 그 자체가 행복해지고 그랬죠. (소향)

소향 님은 이러한 정적인 활동 외에도 춤이나 등산 등 다양한 예체능 활동을 통해 새로운 에너지를 얻기도 했다.

> 제가 워낙 음악을 좋아하고 그랬는데, 한동안 아예 음악을 틀지도 않고 좀 조용한 것들을 하면서도 혼자서 뭐 하고 뭐 하고 그러다가 혼자서 춤을 많이 췄어요. (웃음) 춤을 어디 학원에 가서 배워 본 적은 없는데도요. ……(중략)…… 또 제가 몸을 가만히 앉아서만 하는 것을 싫어하더라고요. 움직이는 걸 좋아하고 그래서 시간만 되면 산에 가고 그랬죠. 등산이죠. 등산길 걷기도 하고 그러다 보면 힘을 얻고, 몸이 다시 한번 새롭게 에너지를 얻으면서, 몸도 좋아지고 그러니까 버틸 수 있었던 것 같아요. (소향)

4) 스스로 달래기

상담전문가들은 자기를 위로하는 방식으로서 '스스로 달래기'를 사용하기도 하였다. 강숲 님은 좌절 상황에서 '실패는 더 나은 성장을 위해 필수적으로 겪어야 할 과정이다'라고 자신을 달래면서 어려움을 하나씩 넘어가곤 하였다고 한다.

> 상담하면서 실패하고 이런 거는 항상 있는 거니까, 그럴 때 아마 스스로 달

> 래는 게 뭐냐면, 그때 저희 선생님이 말씀하셨던 건데, '실패했다 하면 별 하나 달았다' 하고 넘어가는 거예요. 그것에 대해서 고민도 많이 하고 생각도 많이 하지만, 실패가 무서워서 상담을 안 하다 보면 경험이 안 생기니까요. 그렇게 해서 하나하나 넘어가는 거죠. (강숲)

5) 내려놓기 또는 비우기

'내려놓기 또는 비우기'는 주로 내면에서의 올라오는 느낌들이나 욕구들에 집착하지 않고 마음의 평정을 유지하려는 노력을 말한다. 어려움에 얽매이지 않고 붙들려 있지도 않으면서 그냥 갈 길을 가려는 마음자세라 할 수 있다. 내려놓기 또는 비우기를 한다는 상담전문가들의 말 속에는 인간의 비본질적인 욕망에 얽매여 본질을 놓치지 않으려는, 보이지 않는 간절한 마음이 들어있었다. 성품 님은 '가다 보면 언젠가는……'이라는 말로 따뜻해지고 평온해지는 마음가짐을 전달해 주었다.

> '가다 보면 언젠가는…… 그다음엔 비어 있지……. 가다 보면 언젠가는 좋은 남편이 되어 있을 거다. 가다 보면 언젠가는 좋은 아빠가 되어 있을 거다. 가다 보면 언젠가는 좋은 상담자가 되어 있을 거다…….' 쉽게 말하면 산에 꼭 올라가야겠다고 생각하고 올라가면 힘들고 부담도 되고 그러잖아요. 그냥 가다 보면 올라가는 거 있죠. 어? 꽃도 예쁘네. 나무도 있고……. 그렇게 가다 보면 어느 새 올라가 있는 것, 그렇게 살고 싶은 거죠. 가면서 생기는 일에 매이지 않고 붙들려 있지 않으려고 생각을 하죠. (성품)

소향 님도 자신의 기대를 내려놓고 비워 낼 때 내면에서 해결되는 경험을 하게 된다고 했다.

> 내 기대를 내려놓는 거, 또 내 안에 뭔가 있으면 엮어지니까 내 것을 좀 비워 내는 작업을 하곤 해요. 그런 것을 쭉 하다 보면 인간관계에서도 상당 부분 내가 가지고 있는 것들에 얽혀서 오는 갈등들이 있는지 보게도 되고요. 그렇게 비워 내는 작업들을 통해서 내 안에서 해결이 일어나곤 해요. (소향)

이봄 님 역시 오랜 기간 동안 끊임없이 자신을 비우는 작업을 해오고 있으며, 비움으로써 채워지고 또한 이를 통해 생명감을 충만하게 느끼게 된다고 하였다.

> 끊이지 않고 내가 하는 것은 자신을 비우는 것, 쉬는 것이에요. 산 한 바퀴를 쭉 돌아오면 정말 아침에 일어나서 살아있다는 게 경이롭죠. 떠오르는 해를 바라보면서 하루하루 달라지는 새파란 잎을 바라보면서……. 그건 참 설명하기 어려워요. 겨울 산에서도 움츠린 생명감을 느낄 수 있어요. 채우기 위해서 비우고, 비움으로써 채우고 그렇게 한 지가 거의 10년이 된 것 같아요. (이봄)

윤결 님은 한결 초월한 자세로 어려움에 임하는 모습을 보여 주었다. 그는 유학에서의 언어적 어려움에도 불구하고 자신의 한계를 인정하면서 마음을 비우는 자세를 취하고 있었다.

> 그냥 하는 거죠 뭐. 할 만큼 하는 거죠 뭐. 못하는 거 어떡하겠어요? 한계인데…… 못하는 거는 못하는 거죠. 영어를 못해서 불안하긴 하죠. (웃음) 불안하긴 한데 그냥 하는 거죠. 어떻게 하겠어요? (윤결)

6) 견디기

좌절을 일으키는 어려움에 대처하는 방식 중 견디는 방식도 있었다. '견딘다'는 의미는 사전적으로 '사람이나 생물이 일정한 기간 동안 어려운 환경에 굴복하거나 죽지 않고 계속해서 버티면서 살아 나가는 상태가 되는 것'이다. 강숲 님은 상담자 발달 과정에서 닥치는 어려움을 피할 수도 없고 그렇다고 굴복할 수도 없는 상태에서 다만 지속적으로 버티어 내는 것, 실존적인 견디기 방식을 취하고 있었다. '견디기'는 현재의 어려움이 힘들다고 인식은 하지만 어려움에 대면하여 인내하고 감수하려는 '그럼에도 불구하고'의 의지가 다른 대처에 비해 상대적으로 많이 발휘되는 대처방식이라 할 수 있을 것 같다.

> 꾸역꾸역 넘어가는 거죠. '그래도 조금 더 하면 할 수 있어'라는 희망? 아~ 그런 희망 없어요. '조금 더 하면 할 수 있어'도 아니고 '시간이 가고 견디면 되겠지'예요. 내가 가진 게 있으니까 그것을 붙잡고 가야지? 아니요~ 별로 붙잡을 게 없었던 것 같아요. 그냥 가는 거예요. 안 갈 수 없으니 가는 거예요. 내가 상담에 실패하거나 내가 능력이 없다고 느껴질 때는 '이거는 견뎌야 되고 고민해야 되는 거지, 상담을 그만둘 일은 아니다' 이런 식으로 생각을 했어요. (강숲)

7) 기다리기

좌절 상황에서 더 이상 아무것도 할 수 없을 것 같을 때 긴장되는 마음을 조절하는 최선의 방식, 아니 어쩌면 최후의 방식이 '기다리기' 방식인 것 같다. 언뜻 보기에 시간을 기다린다는 것은 단순히 어려움이 지나기를 피하는 소극적 방법인 것 같지만, 이봄 님의 말과 같이 마음의 여유가 없다면 할 수 없는 '목적 있는' 전략이라 할 수 있을 것이다.

> 이래도 저래도 안 되면, 시간이 가기를 기다리는 방법이 있죠. 여유가 있어야 하고요. 생각보다 효과적이지요. (이봄)

8) 자기개방, 자기수용하기

상담전문가들은 어려움에 닥쳤을 때 자신의 불편한 감정을 속이지 않고 그대로 개방하면서 자신의 정서가 조절되는 경험을 하였다. 이는 좌절스러운 상황에서의 있는 모습 그대로를 솔직하게 드러내면서 자신의 한계를 수용하는 데서 오는 평온함이 아닐까 싶다.

이봄 님은 힘들 때 힘들다고 말하면서 사람들에게 도움을 요청하는 편이라고 했다. 이렇게 자신을 개방할 때 개방한 만큼 이해와 도움을 얻을 수 있고, 사람들과 '함께' 어려움을 극복하는 성취감을 누릴 수 있게 된다고 했다.

> 안 괜찮아도 괜찮은 척하는 것이 아니라 내가 힘들 때 힘들다고 말하고 이해와 도움을 얻어내곤 해요. 어려움을 겪으면서 느끼는 것은 그런 고민과 힘듦을 얘기할 때 사람들이 훨씬 더 나를 인간적으로 느낀다는 거죠. 오히려 내가 개방한 만큼 이해도 받을 수 있고, 이런 걸 함께 극복할 때 성취감도 느낄 수 있고, 같이 나눌 수 있게 되지요. (이봄)

소향 님도 직장생활을 하다가 늦게 상담 공부를 시작했기에, 비전공자로서 상담 공부에 어려움을 느낄 수밖에 없었다. 그러나 그러한 자신의 무지를 있는 그대로 인정하면서 드러낼 때 오히려 많은 도움을 받게 되었다고 한다.

> 내가 3년 직장생활하고 나니까 전공도 다르고 다른 애들보다 모르는 거 당연하죠. 동료 중 한 명은 애들하고 경쟁하면서 속상해하더라고요. 나보고 괜찮냐면서요. 그래서 '나 어차피 모르는데 뭐' 그랬죠. 그래서 물어보기도 많이 하고 많은 도움을 받았어요. (소향)

9) 방어기제 활용하기: 합리화, 투사, 승화

방어기제는 어려움에 직면하였을 때 불안이나 내적 긴장감을 완화시키고자 하는 무의식적 심리기제로서, 일시적으로 마음의 불편한 정서를 조절해 준다. 이 책의 상담전문가들은 좌절 상황에서 합리화, 투사, 승화와 같은 방어기제를 사용하기도 하였다. 이봄 님은 합리화를 하면서 스스로 후회나 절망에 깊이 빠지는 것으로부터 자기를 보호하기도 하고, 또 환경을 탓하면서 마음의 어려움을 덜어보려는 투사를 하기도 한다고 했다.

> 상담이 어려운 순간에는 합리화를 하죠. '내담자가 중요한 기회를 선택하지 못했다'고 생각하든가, '적당히 고비는 넘겨서 살 만하니까 안 오는가 보다' 이렇게 생각을 하곤 해요. 후회나 절망보다는 때로는 그런 것들이 도움이 되지요. 사실 내담자들이 어떤 것이 충분하지 못해서 지속적으로 상담에 안 온다는 것을 상담자는 자기 기준에서 직감적으로 판단을 할 수 있긴 하지만요.

> (웃음) ……(중략)…… 또 어려움이 있을 때 '내가 왜 이런 고민을 해야 하나' 하면서 환경을 탓하고 그랬는데요. 지금 이야기하다 보니 그걸 통해서 얻는 게 더 많을 수 있겠다는 생각도 드네요~. (웃음) (이봄)

좌절의 순간에 일어나는 부정적 감정을 사회가 승인할 수 있는 방식으로 승화하는 경우도 있었다. 유학 당시 형식적 서류 하나 때문에 자격증 취득에 실패했던 하빛 님은 그때의 분노 에너지를 박사 논문 쓰는 데 집중하여 자격증도, 논문도 모두 성공적으로 수행하게 되었다고 하였다.

> 그때 내가 느꼈던 분노를 가지고 지도교수와 얘기를 하는데, '일단 그거 접고 빨리 논문을 써야겠다' 생각하게 되었어요. 그래서 논문에 집중했지요. 어떻게 보면 분노의 에너지를 가지고 외국인으로서 능력이 있다는 걸 보여 주고 싶었던 거죠. 논문을 빨리 썼는데, 실제 쓴 기간은 3개월…… 다 쓰고 정리가 되니까 분노가 객관적으로 보이는 거예요. '아이~ 그 서류 그게 뭐 별거냐. 내가 나 스스로를 접지' 해서 그들이 자격에 필요하다고 요구하는 걸 다 해 가지고 갔죠. 그래서 그때 통과가 되었어요. (이때의 대처방식은요?) 승화~. (웃음) (하빛)

이 책의 상담전문가 7인의 정서적 대처방식은 정말 다양하였고, 한 사람이 여러 가지 방식을 복합적으로 사용하는 모습을 보였다. 자신의 현재 가라앉는 기분을 변경하기 위해 자신의 지적 · 정서적 · 의지적 자원을 총동원하는 노력을 다하였다. 인지적으로 성취 경험을 떠올리기도 하였고, 예술이나 운동, 산책, 드라이브 등을 통해 정서를 안정시키기도 하였으며, 의지를 사용하여 스스로 달래거나 견디고 기다렸다. 자신의 마음을 투명하게 들여다보고 수용하거나 개방하기도 하였고, 모든 것을 초월하여 마음을 비우거나 내려놓는 방식을 사용하기도 하였다. 심지어는 방어기제를 통해 일시적으로 기분을 조절하기도 하였다. 그리고 이 모든 것은 직접적으로 좌절이라는 문제 상황을 극복하기까지 효과적인 과도기적 대처방식으로 작용되었다.

3. 종교적 대처

이 책의 상담전문가들 중에는 기독교 신앙을 가진 분이 여러 분 계셨다. 이들은 좌절 상황에서 종교적 대처방식을 취하곤 했는데, 이는 문제해결을 위해 신앙으로 초월적인 신의 도움을 추구하는 행동이나 마음가짐을 갖는 것이었다.

1) 믿음으로 이겨 내기

믿음으로 어려움을 이겨 낸다는 것은 신에 대한 전적인 의지의 표현이라 할 수 있을 것이다. 인간이 할 수 있는 부분에 대해서는 최선을 다하지만, 인간이 할 수 없는 나머지 부분에 대해서는 하나님에게 맡기는 신앙이었다. 윤결 님은 사실 이렇게 하는 것이 쉬운 것은 아니지만, 인간으로서는 할 수 있는 것이 그것밖에 없음을 잘 알기에 취하는 대처방식이라 했다.

그건 그냥 하나님에게 맡겼죠. 뭐 알아서 하시겠지……. ○○ 학교는 신경

안 쓰기로 했어요. 미래는 잘 모르잖아요. 하나님이 알아서 해 주시겠지. 어떻게 되겠지…… 하면서요. (윤결)

심연 님도 유학으로 석사, 박사과정을 마치고 한국에 돌아갈 수 있을지 없을지 모르는 상황에서 하나님에 대한 전적인 믿음으로 이겨 내려고 했다. 두려운 건 사실이지만, 지금까지 인도해 주셨으니 앞으로도 인도해 주실 것이라는 믿음이 있었기에 현재에 최선을 다할 수 있었다고 한다.

계속 석사, 박사과정을 하는데 그래도 내가 그 과정을 끝까지 갈 수 있었던 것은 '분명히 이 작업은 의미가 있다. 한국에 돌아갈지 안 갈지는 알 수 없지만, 돌아간다면 기여를 해야 한다'는 게 있었기 때문이에요. 지금까지 하나님이 인도하시고 기회를 주시고 도와주셨다고 믿으니까 당시에 내가 할 수 있는 한 최선을 다하고 그럴 수 있었던 것 같아요. (심연)

2) 뜻을 구하는 기도하기

신앙을 가진 상담전문가들이 어려울 때 가장 먼저 하게 되는 것은 기도였다. 윤결 님과 심연 님은 좌절 상황에서 기도로 더욱 하나님께 매달리고 하나님의 뜻을 구한다고 했다. 그러면 기도의 응답을 통해 하나님의 돕는 손길을 느끼게 된다는 것이다.

어려움이 닥치면 제일 먼저 '하나님의 뜻이 무엇입니까?'라고 기도하죠. (윤결)

좌절을 극복하는 과정에서 아무래도 신앙의 힘이 가장 클 거라고 봐요. 대부분의 사람은 어려울 때 더 신앙적으로 매달리잖아요. 어려울 때일수록 더 기도하게 되고…… 당장 급하니까요. 그리고 때에 따라 돕는 하나님의 손길도 또 느끼게 되지요. (심연)

신에게 기도를 드린다는 것이 인간의 할 일을 하지 않는다는 의미는 아니다. 하빛 님에게 기도는 인간의 한계를 느끼고 인정하는 것이었고, 좌절도 하나님 안에서 해결될 것임을 믿고 기다린다는 의미였다. 그는 기도할 때 인간적인 소원을 구하기도 하지만, 다른 한편으로는 늘 하나님 인도하시는 길로 따르고자 한쪽 마음을 비워 놓는다고 했다.

'하나님이 다 하시니까 나는 무기력하게 있겠다' 그런 의미는 아니에요. 현재 당하는 좌절 경험 이것만 자꾸 보면 힘든데, 결국 이 좌절 경험도 큰 틀 속에서 보면 언젠가 해결될 문제라고 생각하는 거죠. 시간이 좀 걸릴 거니까, 내가 여기 속에서 아등바등해도 소용없다는 것을 알고 기다리는 거죠. 물론 힘들면 힘든 대로 기다리는 게 때로는 어렵지만 주로 많이 기다리는 편이에요. 어려울 때 하는 기본적인 기도는 솔직히 '하나님이 가능하면 내가 원하는 일을 이루어 주시면 좋겠다'고 생각은 하지만, 그러면서도 하나님이 어떤 길로 인도하실지 모르니까 이미 한편으로는 마음을 비우고 있어요. 안될 수도 있는 부분에 대해서는 마음의 준비를 하고 있는 거지요. (하빛)

신앙이 성숙할수록 기도의 내용도 변화되고 있었다. 강숲 님은 처음에는 주로 자신의 어려움이 해결되기를 바라는 기도를 했지만, 점차 신앙이 깊어질수록 문제해결보다는 하나님과의 관계에 더 초점을 맞추게 된다고 했다. 그는 어려움의 해결 여부에 상관없이 하나님을 신뢰하고 친밀한 관계를 유지하면서 잔잔한 일상의 감사를 드리게 된다고 했다.

> 기도 많이 했죠. '이 어려움이 지나가게 해 주세요. 이기게 해 주세요. 넘어지지 않게 해 주세요' 이런 기도는 많이 했는데요. '이 어려움의 의미를 찾게 해 주세요' 이런 기도는 상대적으로 많이 안 한 것 같아요. '이 어려움에 의미가 있을 거야' 하고 생각하는 자체가 저 자신을 속이는 것 같아요. 어려우면 어려운 거고, 의미는 지나고 나서 알게 되는 거니까요. 청소년기에 제가 아팠던 것에 대해 그 이후에 한 10년 동안은 '의미가 있었나 보다' 생각했었죠. 그때는 죽을 뻔하기도 하고 그랬으니까요. 그러나 그다음부터는 '의미가 없어도 그건 중요한 경험이었다'는 생각이 들었어요. 내가 생각하는 의미가 아닐 수도 있고, 내가 잘못 결론을 내리는 삶이 될 수도 있고 그러니 굳이 의미부여하는 것보다 '그냥 그 자체로 어려웠어' 하고 받아들이는 게 편한 거죠. 이제는 오히려 이 어려움을 통해서 내가 하나님 의심한다거나 하나님과의 관계가 끊어진다거나 그런 일이 없게 해 달라고 기도를 하죠. '이걸 해결해 달라'고 하거나 '이 어려움이 저에게 어떤 의미가 있는지 깨닫게 해 달라'고 하거나 이런 기도는 잘 안 하는 것 같아요. 옛날에는 문제가 해결된 것 같으니까 너무 너무 뜨겁게 감사하고, 정말 해결해 주셔서 감사하잖아요. 그런데 이제는 그런 거는 아닌 거 같아요. 나와 함께하신다는 것에 항상 잔잔한 감사가 있죠. (강숲)

3) 소망으로 기다리기

기독교적 의미의 소망은 알 수 없는 내일에 대한 불안을 신에게 맡기면서 신이 원하는 바가 자신을 통해 이루어지기를 바라고 소원하는 것이다. 기독교 상담전문가들은 현재의 어려움과 열악한 조건 속에서도 굴하지 않고 미래를 소망하는 신앙의 힘을 보여 주었다.

심연 님은 '미래라는 것'에 대해 분명히 알 수는 없었지만, '준비가 되면 하나님께서 사용하실 것이라는 믿음'에 대해서는 분명한 확신을 가지고 소망하고 있었다. 그는 이러한 비전에 대한 소망과 확신이 어려움과 좌절을 극복하게 만드는 힘이 되었다고 했다.

> 미래…… (웃음) 그냥 미래…… someday…… 언젠가는 주님의 나라에 조금은 유용하게 쓰임받을 수 있지 않을까 하는 신앙적인 생각을 가지고 있었지요. 그런 소망을 갖는다는 것, 그건 내가 볼 때는 하나의 비전이라고 봐요. 그러니까 상담 학위를 받고 한국에 가면 아직은 일할 자리가 많을 거다. 내가 준비가 되면 하나님이 분명히 쓰실 거라고 믿고 있었고, 그게 신앙의 힘이었던 것 같아요. 만일 한국에 들어와 목회를 하면서 상담을 활용하든 학교에 들어가게 되어 상담을 하게 되든 어쨌든 이 분야는 한국 사회에서 굉장히 전망 있고 또 필요한 것이라 생각했어요. 그리고 아직은 정말 '상담' 딱 그 자체를 전공한 사람은 많지는 않았을 것 같았고요. 그래서 그 신앙적인 것, 미래의 영역에 대한 소망과 확신과 비전 그런 게 좌절을 극복하는 데 힘이 되었던 것 같아요. (심연)

상담전문가 7인은 너무도 다양한 대처방식으로 좌절을 극복하고 있었다. 좌절 극복을 위해 어떤 대처방식이 가장 효과적인지에 대해 논의하기는 어려울 것 같다. 좌절의 크기와 무게 그리고 위급성, 대처하는 사람의 성격이나 특성, 기존 대처경험 유무에 따라 대처방식을 조합하여 사용할 때 가장 적절하게 좌절을 극복하는 지혜가 될 테니 말이다.

제8장

좌절하지 못하도록 하는 이유들

"어려움도 있지만 다른 한쪽엔 무슨 축이 있냐면
어려운 일에 자꾸 던지는 게 있어요.
어려우면 이거는 견뎌야 될 일이지,
그것 때문에 피하거나 포기해야 될 일은
아닌 것 같다는 그런 개념이 있어요."

-강숲-

고통에서 도피하지 말라.
고통의 밑바닥이
얼마나 감미로운가를 맛보라.

-헤르만 헤세-

좌절의 순간에 머무르고 싶지 않고 그 어려움과 고통을 피하고 싶은 것이 자연스러운 인간의 마음일 것이다. 이 책의 상담전문가 7인도 좌절 상황에서 그 어려움을 피하고 싶지만, 피하지 않고 애써 대면하여 극복하려는 의지를 발휘하는 모습을 보여 주었다.

1. 어려움을 애써 대면하려는 의지

상담전문가 7인은 각 상담자 발달 단계에서 닥치는 여러 가지 어려움으로 인해 상담을 포기하고 싶거나 의욕이 꺾이는 좌절감을 경험하였다. 심연 님과 이봄 님은 이러한 좌절감이 너무도 고통스럽고 힘들기에 피하고 싶은 마음이 들었다고 말한다.

> 어려움이 오면 겁부터 나죠. (웃음) 당연히…… 불편한 마음이 일단 앞서지요. (심연)

> 어려움이 닥치면 왜 이런 일이 나에게 일어났는가? 내 몫이 좀 아닌 것 같고 좀 피하고 싶고…… 주저하고 망설이고 속상해하죠. (이봄)

이렇게 어려움이 오면 불편하고 부정적인 감정인 마음이 앞서는 것은 사실이지만, 윤결 님은 감정에 압도되기보다는 그러한 불편한 감정을 줄이려고 하는 등 어떤 방법을 강구한다고 했다.

> 어려움이 오면 힘들고 괴롭죠. 그러나 어떻게 하면 이런 감정이 줄어들까를

먼저 생각하죠. (윤결)

좌절 상황에서 상담전문가들은 감정적으로는 피하고 싶은 마음이 있는 것은 분명하지만, 그 피하고 싶은 마음 다른 한편에는 어려움을 피하지 않고 감수하려는 마음이 또한 자리 잡고 있었음을 알 수 있다. 그것은 '어려움은 피하거나 포기해야 할 것이 아니다'라는 기본 인식을 가지고 있는 것이었다. 강숲 님과 소향 님은 다음과 같이 이런 마음을 들려주었다.

어려움도 있지만 다른 한쪽엔 무슨 축이 있냐면 어려운 일에 자꾸 던지는 게 있어요. 어려우면 '이거는 견뎌야 될 일이지, 그것 때문에 피하거나 포기해야 될 일은 아닌 것 같다'는 그런 개념이 있어요. 대학원 때부터 유학 갈 때까지 그리고 졸업할 때까지 계속 그런 생각이었어요. (강숲)

그런 거는 있는 것 같아요. 내가 정말 힘들 때 그때그때 그걸 피하려고 하진 않는 것 같아요. (소향)

하빛 님 역시 좌절 상황에서 힘들고 어려워도 포기하기보다는 그 어려움의 과정 자체를 신뢰하고 따라간다고 하였다.

힘들다고 포기하는 게 아니라 그 과정 자체를 신뢰하지요. '비록 업 다운이 있을 때도 그 과정자체를 신뢰하라' 좋을 때만 신뢰하는 게 아니라, 안 좋을 때는 안 좋은 것대로 배울 게 있다고 봐요. 그 과정을 믿고 따라가면 어떤 결과가 온다는 거죠. (하빛)

이봄 님은 더 나아가 좌절 상황에서도 '1% 라도 더 희망이 있는 쪽을 선택하려는 긍정성'을 발휘한다고 했다. 작은 1%라는 숫자의 힘은 매우 위대한 변화를 가져오는 것이었다. 이봄 님은 긍정의 선택을 통해 좌절을 좌절로만 끝내지 않고 극복에 이를 수 있다고 말해주었다.

> 좌절하고 포기했다가도 49 대 51이라도 좀 더 희망이 있는 쪽으로 한 걸음 더 나아갈 수 있는 것, 그게 중요한 것 같아요. 그래서 좌절을 좌절로 끝내지 않고 극복할 수 있는 것이죠. (이봄)

이 책의 상담전문가 7인은 좌절의 어려움을 만날 때 비록 힘들고 고통스러웠지만, 그 어려움을 피하거나 외면하지 않으려 했다. 이들의 마음속에는 '어려움을 피하고 싶은 마음'과 '그럼에도 그 어려움을 기꺼이 대면하려는 의지'가 두 개의 축으로 동시에 작동하고 있었다. 그러나 '그럼에도 불구하고'의 의지를 가지고 좌절 상황에 기꺼이 자신을 참여시키고 있었다고 할 수 있다. 어쩌면 좌절 상황이 자기 자신을 좌절시키는 것을 허락지 않으려는 의지를 발휘한 것이라고도 볼 수 있을 것 같다. 살아있는 사람에게 고통이란 피하고 싶은 것이지만, 이 책의 상담전문가들은 흐르는 강물을 거슬러 올라가듯, 고통을 안고 올라가는 생동감 있고 역동감 있는 좌절 극복의 의지를 보여 주고 있었다.

2. 어려움을 피할 수 없도록 만드는 요인들

상담전문가 7인은 좌절 상황에서 좌절할 수 없는 자신만의 이유들을 가지고 있었다. 그리고 이러한 이유들은 '그럼에도 불구하고'의 의지를 발휘하면서 좌절을 극복하게 만드는 주요한 원동력이 되었다. 그것은 분명한 목표의식과 자존심과 오기, 책임감, 확고한 정체감과 소명감, 좌절 극복이 주는 재미 같은 것들이었다. 이러한 이유들은 상담전문가로 하여금 좌절을 좌절로만 두지 않게 만들었고, 상담자 발달 과제를 완수하여 전문성을 발달시키는 촉진 요인으로 작용되었다.

1) 분명한 목표의식

상담전문가들에게 분명한 목표의식은 좌절을 일으키는 어려움으로 인해 쉽게 주저앉거나 포기하거나 회피하지 못하게 만드는 뚜렷한 이유가 되었다. 어떤 일의 초기에 설정한 분명한 목표가 있다는 것은 자신의 해야 할 일의 시작과 끝을 분명히 알고 있다는 것이기 때문이다. 심연 님은 '유학을 왔으니 학위를 따야겠다'는 분명한 목적의식이 있었다고 했다. 그에게는 그런 방향성이 분명했기에 비록 어려움이 있더라도 그것은 좌절이 될 수가 없었다고 했다.

> 학위를 따야 되겠다……. (웃음) 힘들어도 시작했으니까 따야지……. 학위를 하려고 왔으니까……. 목적을 달성해야겠다……. 그런 생각이 강했어요. 만약에 그런 게 아니라면 다른 거 충분히 할 수 있지요. 그런데 그런 게 있

어요. 힘들어도 뭔가를 하고 있으니까, 어떤 목표를 향해서 가고 있으니까 그게 결코 절망이나 좌절이 아니에요. 스트레스죠. 그냥…… 이겨 나아가는 스트레스죠. 견뎌 나아가는 스트레스인 거예요. (심연)

강숲 님 역시 마음먹고 시작한 것이니까 그냥 갈 수밖에 없었다고 했다. 어떤 것을 시작하기 전에는 많은 생각을 하지만, 일단 시작하면 아무리 힘들어도 눈을 둔 곳까지는 안 갈 수 없으니 그냥 간다고 했다.

그냥 마음먹었고, 마음먹었으면 앞뒤 잘 안 보고 가는 스타일이에요. 돌아가도 되는데 돌아가는 걸 잘 몰라요. 요령, 이런 걸 잘 몰라요. 그런데 사실은 시작하기 전에 생각을 많이 하지요. '이 길을 어떻게 가면 될까'에 대해서는 말을 좀 안 한 상태에서 많이 해요. '아~ 과연 될까? 갈 만한 목표인가?' 굉장히 많이 생각을 해요. 대충 될 수 있겠다 싶으면 그때 시작하는 거죠. 생각을 굉장히 많이 하기 때문에 길도 보여요. 길도 있단 말이에요. 그런데 그 길이 가다 보면 힘들잖아요. 길은 보이는데 길을 가는 과정이 힘드니까 '그냥 뭐 어떻게 저기까지는 가야 된다, 저기까지는 가야 된다' 하면서 그냥 가는 거예요. 내가 가진 게 있으니까 그걸 붙잡고 가야지? 아니요. 별로 붙잡을 게 없었던 것 같아요. 그냥 가는 거예요. 저는 눈을 딱 두면 안 갈 수 없으니까 가는 거예요. (강숲)

이봄 님에게도 목표와 방향성에 대한 확신은 좌절 극복에 매우 중요한 이유가 되었다고 했다.

더 큰 목표를 볼 때 내가 추구하고 나아가야 할 방향이라는 것에 대한 확신

이 들면 물러설 수가 없죠. (이봄)

이들은 비록 어려움이 있더라도 자신이 추구하고 나아가야 할 목표라는 확신이 생길 때는 어려움에서 물러서지 않는 단호한 자세를 보였고, 목표에서 끝까지 눈을 떼지 않는 특징을 보이고 있었다.

2) 자존심과 오기

강숲 님은 자존심과 오기가 좌절의 어려움을 피할 수 없게 하는 중요한 이유가 되었다고 했다. 그에게 자존심은 타인의 인정을 얻기 이전에 자기 스스로에게 만족하는 사람이 되기 위해 끊임없이 어려움에 승부를 걸고 극복하려는 마음이었다. 또한 자존심이란 자신의 높은 기준에 도달하려는 도전이기도 했으며, 어려움이 자신을 이기도록 내버려두지 않고 어려움에 맞서 이겨 보려는 오기이기도 했다.

안 할 수 없으니 하는 거예요. 하기로 했으니까 하는 거죠. 다시 말하면 극복을 못하면 자존심이 상하는 거죠. 유학 간다고 했는데 그냥 돌아갈 수 없잖아요. 부끄럽기도 하고요. ……(중략)…… 제가 잘 못하는 거를 잘 못 견뎌요. 그러니까 이를테면 어디까지 가야 되는데 거기서 뭐가 좀 빠진다…….
이렇게 느껴지면 그런 걸 굉장히 싫어해요. 그래서 막 채워 보려고 그러는 게 있어요. 오기가 좀 있어요. 그런 부분에서…… '잘해야지' 그게 되게 좀 세요. 기준이 높아요. 좋게 말하면 그 기준이 높고 그걸 도달하려면 자꾸 나를 던져요. (강숲)

3) 책임감

어떤 일에 대한 책임감이 클수록 아무리 어려움이 올지라도 그 어려움을 피하지 못하게 되는 것 같다. 이봄 님은 좌절의 고통이 올지라도 그것이 내 몫이라는 확신이 드는 경우에는 비록 감당이 힘들어도 피하지 않는 책임감으로 이겨 내고자 했다고 한다.

> 결국은 시간을 보고 신중하게 생각해요. 이게 과연 내 몫이냐 네 몫이냐 타진하고, 내가 책임져야 할 부분이면 가는 거죠. 내가 모든 것을 떠안지는 않아요. 그렇지만 최소한 내가 책임져야 할 부분에 대해서는 피하지 않고 싶은 거죠. 그것은 내 몫의 고통이라는 거죠. '어떤 결과가 오더라도 내가 담담하게 받을 수 있겠다'라는 판단이 서면 조금의 시간이 필요하지만 일단은 피하지 않고 부딪쳐서 해결하려고 하죠. (이봄)

4) 확고한 정체감과 소명감

상담자로서의 정체감이나 소명감은 좌절이 와도 그 어려움을 피하지 않고 견디며 이겨 나갈 수 있도록 만드는 근본적인 요인이 된다. 이 책의 상담전문가들은 좌절의 어려움에도 불구하고 자신이 선택한 상담자의 길을 가는 데 후회나 회의나 절망감에 깊이 빠져 힘들어하지 않는 모습을 보였다. 오히려 '이 길만이 나의 길' '죽을 때까지 할 것' '상담자 외의 길은 생각할 수 없다' '힘들어도 내가 할 수밖에 없는 것'이라는 말로서, 상담자로서의 강한 확신과 확고한 정체감을 나타냈다. 특히 기독교 상담전문가들에게는 '이 일을 하도록 부르셨다'는 신적인 소명감(calling)까지 더해져 어려움을 만나 좌절하고 힘들어질지라도 그 상황을 피하지 않고 대면하여 극복하려는 자세를 보여 주었다. 이들의 상담자로서의 확고한 정체성이나 소명감을 하나씩 하나씩 들어보면 그 한 마디 한 마디가 매우 감동적이다. 이봄 님은 상담자로서 산다는 것은 행복한 일이라고 했다. 그는 상담자로서 일하는 환경이나 외적인 조건으로 인해 흔들릴 수 있었지만, 상담자의 길에 대해서는 확고한 정체성을 가지고 있었다고 했다.

> 흔들림은 없었거든요. 일하는 장면은 달라질 수 있었겠지요. 내가 여기 있다가 다른 직장에 갈 수는 있겠지만 상담자의 역할에 대해서는 의문하지 않았어요. 급여라든가 환경적인 여건 때문에 마음이 흔들리긴 했었지만 '이 길만이 나의 길이다' 그렇게 생각했죠. 그러니까 당장 힘들어도 길게 보면 인생의 행복한 길인데 포기할 수 없었지요. 우리가 행복해지기 위해 이 세상에 왔다는데, 아~ 내가 더 행복해질 수 있는 길이 있었다면 아마 다른 걸 했겠지요. (이봄)

소향 님도 대학교 상담센터 운영을 하면서 여러 가지 어려움이 있었지만 그럼에도 불구하고 상담자는 내가 해야 할 것, 내가 할 수밖에 없는 것이라는 확고한 신념이 있었다고 했다.

> 상담센터가 뭔가 자리매김을 하기 위해서는 힘든 부분도 있고 그랬지만, 그러나 이거는 내가 할 거라는 생각이 있었어요. 내가 힘들어도 내가 할 수밖에 없는 그런 어떤 보람 있는 그런 거였어요. (소향)

하빛 님도 상담자로서의 삶이 즐겁고 후회함이 없다고 했으며, 이건 내 길이라는 분명한 소명과 확신이 있기에 아마 죽을 때까지 상담하게 될 것 같다고 했다. 그동안 길이 안 열려 좌절한 적은 있었지만, 상담 자체에 대해서는 한 번도 회의를 가져 본 적이 없었다고 한다.

> 나한테는 신학을 하게 된 동기라고 할 수 있는데, 대학교 4학년 때 신학교에 가기로 결정을 했을 때였어요. 그 시점에 내가 죽을 수밖에 없었는데 낙동강에서 구조가 되었어요. 그 경험으로 인해 나는 늘 덤으로 살고 있다는 생각이 들어요. 특히, 상담의 경우 이건 내가 분명히 소명도 있고 확신도 있기 때문에 앞으로 죽을 때까지 할 것 같아요. 또 나 스스로 보아도 후회함이 없고 즐겁고 그런 거지요. 상담 자체에 대해서는 어떤 회의나 그런 건 별로 겪어 본 적은 없고, 공부하면서도 그랬어요. 길이 안 열려서 좌절이 되었던 적은 있었지만, 상담 자체에 대해서는 '이건 내 길이 아니다'라고 생각해 본 적이 없어요. 비록 상담자도 탈진을 하지만, 상담 자체에 대해서 깊은 회의를 해 본 적은 없었던 거 같아요. 상담을 공부하는 자체가 재미있었으니까요. (하빛)

5) 좌절 극복의 재미

좌절 극복 경험의 축적은 좌절을 극복하는 행동 패턴을 만들어 낸다. 좌절 극복의 과정을 이미 긍정적으로 경험해 보았다면, 좌절이 와도 두렵지 않고 오히려 극복 후의 성장을 기대하면서 여유와 관조의 자세를 지닐 수 있게 해 주는 것 같다. 이봄 님은 좌절의 어려움을 극복할 수밖에 없었던 이유가 바로 좌절 극복 과정의 재미를 알기 때문이라 했다.

> 어려움을 극복할 수밖에 없었던 이유는 좌절 극복의 과정이 재미있던 것 같아

> 요. 과정을 즐겼다고 할 수 있어요. 어려움에 부딪히고 뭔가를 알아낼 때까지는 고통스럽잖아요? 그런데 알아내고 다시 봤을 때 세상이 달라 보이고, 그런 게 재미가 있는 거지요. (이봄)

상담전문가 7인은 좌절에도 불구하고 그 좌절을 극복할 수밖에 없었던 분명한 이유들을 가지고 있었다. 이들의 이야기를 듣다 보면 나도 모르게 속에서부터 끓어오르는 좌절 극복에의 의지가 느껴진다. 그것은 상담전문가 7인의 각 개인 사정도 다르고 이유도 다르지만, '좌절에 자신을 그대로 두지 않겠다'는 그들의 마음속 깊은 절절함이 전달되어 오기 때문일 것이다. 무엇보다 이들의 책임감과 목표의식, 상담자로서의 소명이나 정체감은 너무도 강하고 분명하기에, 이들의 좌절은 상담자의 길에 대한 후회나 절망이 아님을 알게 된다. 오히려 그 좌절은 미래의 더 나은 상담자를 소망하고 기대하기에, 그 소망이나 기대만큼 내면 깊이에서 만들어지는 두려움이나 예기 불안의 짙은 그림자 같은 것이 아닐까 생각해 본다.

제9장

좌절 극복을 돕는 지지 자원

“나 미국인 친구 중에 참 괜찮은 친구가 하나 있었는데,
같이 공부했던 친군데 나이가 좀 많았어요. 지금 60이 넘었을 거예요.
그 삶은 정말 크리스천…… 내게도 “할 수 있다.” 하면서 참 위로를 많이
해 주었어요. 그런데 내가 한 학기 마치고는 참 심각했어요.
도저히 할 수 없는…… 그래서 내가 그 얘기를 했어요.
“한국에 돌아가야 될 것 같은 생각도 든다.”
그랬더니 그 사람이 그 얘기를 하더라고요. “Where is your faith?”
“너의 믿음이 어디 있느냐? 네가 여기까지 온 과정을 생각해 봐라…….”
그 말이 지금도 생생해요. 가슴에 콱~ 박히는데…….
그래서 그냥 눌러앉았다는 거 아녜요? (웃음)”

–심연–

우리 삶 속으로 걸어 들어오는 사람은
모두 스승이다.

-앤드류 매튜스-

이 책의 상담전문가 7인이 좌절을 극복할 수 있었던 것은 앞 장에서 살펴본 바와 같이 좌절을 피할 수 없는 개인적인 이유들 외에도 주변의 의미 있는 지지 자원을 가지고 있었기 때문이다. 이들 옆에는 소리 없이 위로하거나, 때로는 한 마디 말로 힘을 북돋아 주는 사람들이 있었다. 이들이 절망으로 힘들어할 때 사랑하는 가족이나 동료 그리고 교수님, 상담자 선생님은 '그럼에도 불구하고 좌절과 대면하여 극복할 수 있는 의지'를 발휘하도록 지지하고 격려해 주었다.

1. 결정적 지지

상담자의 의욕이나 동기가 꺾이는 심각한 좌절 상황에서 어떤 사람의 결정적인 말 한 마디는 그로 하여금 극적으로 기운을 북돋우면서 상담자의 발달 방향을 상승 방향으로 급선회하도록 만드는 위력이 있었다. 심연 님은 유학에서 심각한 어려움으로 인해 학업을 포기하려고 했을 때, 미국인 친구의 한 마디 말이 마치 하나님 음성으로 들릴 정도로 강력한 영향력을 발휘하는 것을 느꼈다고 고백했다. 그의 말 한마디는 어려운 현실로 인해 눌려 있던 신앙적 소명감을 불러일으키면서 유학을 계속하게 만드는 중요한 결정적 지지가 되었다고 한다.

나 미국인 친구 중에 참 괜찮은 친구가 하나 있었는데, 같이 공부했던 친군데 나이가 좀 많았어요. 지금은 60이 넘었을 거예요. 그의 삶은 정말 크리스천, 정말 정말 기독교인처럼 살려고 노력하는 사람이었어요. 기아 아동 이런 데도 자기 월급 받아가지고는 조금씩이지만 보내고 그랬었죠. 그는 내가 유학하는 동안 나에게도 "할 수 있다." 하면서 참 위로를 많이 해 주었어요. 그런데 내가 한 학기 마치고는 참 심각했었어요. 도저히 할 수 없는 그런 상황…… 여러 가지 면에서 내가 참 어렵다, 진짜 이거 만만하게 봐서는 안 되겠다 싶을 정도였죠. 경제적으로도 '이걸 어떻게 해야 하나…….' 우리 아들도 내가 부재하니까 아버지로 인한 심리적 아픔도 좀 있었던 것 같고……. 복합적인 거였어요. 난 부양가족이 있었으니까 빠져나갈 구멍을 찾았던 거죠. 그래서 '어학연수를 왔다 치고 그냥 돌아가면 되지 뭐' 이렇게 생각해 보기도 했어요. 그래서 한 번은 굉장히 심각하게 고민하고 있다가 그 미국인 친구에게 얘기를 했어요. "한국에 돌아가야 될 것 같은 생각도 든다."고 그랬더니 그 사람이 그 얘기를 하더라고요. "Where is your faith?" 너의 믿음이 어디 있느냐? 네가 여기까지 온 과정을 생각해 봐라……. 그런데 지금도 내가 기억하는 말이, "Where is your faith?" …… 그 말이 지금도 생생해요. 가슴에 콱~ 박히는데…… 그래서 그냥 눌러 앉았다는 거 아녜요? (웃음) 정말 그 사람이 우리랑 아주 친했어요. 우리 집에도 자주 오고…… (하나님이 옆에 붙여 주신 천사네요) 그렇죠……. 그 사람은 정말 그렇게 생각돼요. (심연)

강숲 님도 유학 시 슈퍼바이저로 인해 위축되고 힘들었지만, 상담자 선생님의 객관적인 말 한 마디로 마음의 매듭이 풀리는 경험을 했다고 하였다. 상담하면서 많은 말을 하진 않으셨지만, 자신에 대해 충분히 들은 후에 마지막 회기에 해 준 그 한 마디 말은 매우 신뢰할 만했기 때문이었다.

제가 유학할 때 슈퍼바이저 선생님 때문에 너무 힘들어서 상담을 받았어요. 그런데 그때 돈이 진짜로 없었기 때문에 꽤 하다가 너무 부담이 되어서 이

젠 슬슬 종결을 해야 되겠다 싶어서 종결 이야기를 조금씩 꺼냈어요. 한 서너 번 더 상담이 지속되면서 마지막 시간에 상담자가 딱 한 마디 하더라고요. "네가 이상한 것 같지는 않다." …… 사실 그 전에도 제가 힘들었던 이야기를 친구들한테 많이 했거든요. '우리 선생이 이렇게 한다' 하고……. 그런데 친구들은 "그 선생 좀 원래 이상하다. 너한테만 그러지 않는다." 그랬는데, 그 얘기가 귀에 잘 안 들어오는 거예요. 위로하는 거라고밖에 생각이 안 들고요. 그래서 상담을 한 건데, 이 상담자는 진짜 해 주는 거 정말 없더라고요. 아무 말 안 하다가 마지막에 "네가 이상한 것 같지는 않다." 이런 얘기를 해 주었어요. 그런데 그게 마음에 좀 와닿았죠. 전문가라도 처음부터 그 얘기를 해 주었다면, 아마 제가 안 들었을 거예요. 제 얘기를 다 하고 이 상담자가 저에 대해서 많이 안다고 느껴졌을 때, 충분히 이 상황을 이 사람이 이해했겠다 싶었을 때 그 말을 들었으니까 믿을 수 있는 사람의 이야기가 된 거죠. 한국에서 있었던 일종의 크진 않지만 크고 작은 여러 성취 이런 것이 있었기에 내가 아마도 그런 사람은 아닐 텐데……. 아마도 아닐 건데 아닐 건데 하면서 확신을 못 했는데…… 그 상담자 선생님 만나면서 매듭이 풀리는 그런 경험을 했던 거죠. (강숲)

말보다 더 강력한 것은 눈빛이나 표정, 몸짓이나 태도 등의 비언어일 것이다. 하빛 님과 강숲 님은 좌절 상황에서 언어보다 더 강력한 영향을 미치는 비언어적인 지지를 경험했다고 하였다. 하빛 님은 유학 시 박사과정 진학의 실패로 좌절했을 때, 실패 사실을 알고 있으면서도 아무 말 없이 자신을 안아 주시던 지도교수님에게서 마치 하나님이 자신을 안고 계신 것을 느낄 수 있었다고 했다. 좋은 대상으로 내면화되어 있던 지도교수님의 따뜻한 비언어적인 태도가 깊은 위로로 전달되어 왔다고 한다.

그때 나에게 힘이 된 게 석사과정의 지도교수님…… 참 좋은 분이셨어요. 소위 좋은 대상…… 한 번은 또 떨어졌다고 연구실에 갔더니 교수님이 아무 말도 안 하셨어요. 그냥 벌써 떨어진 거 알고 아무 말도 안 하고 허그를 탁 하시더라고요. 그때 내 느낌은 하나님이 나를 안고 계신다는 느낌이었어요. 하나님이 나를 이 길에서 버리지 않으신다는 무언의 제스처라고 여겨졌죠. 나한테 굉장히 힘이 되었고, 교수님도 그때 알았을지도 몰라요. 내가 경험하지 못했던 좋은 아버지 대상을 미국에서 그 분과의 첫 만남에서 경험했고, 또 이 분이 나를 좋게 봤어요. 임상과정에 와서 외국인 학생으로 그런 사람이 없었는데 내가 모험하고 공부도 하는 걸 개인적으로 의미를 가지고 봐 주셨던 거죠. 내가 답답하고 해서 편지를 하면 이 분에게는 며칠이 안 되어서 편지가 와요. 한 줄 두 줄이 아니라 적어도 한 장 두 장 정도 다 타이핑을 해서요. 내가 이 분한테서 지지를 받고 있구나 하는 생각을 갖게 되었죠. 내가 박사과정 졸업할 때는 지도교수님이 일부러 사모님과 함께 7~8시간 드라이브해서 오셨어요. 그만큼 나한테 의미 있는 분이죠. 그런데 시간이 점점 가면서 내가 연락하는 빈도가 줄어들더라고요. 그 분이 내적인 대상으로 들어와 있으니까 내가 직접 보지 않고 연락이 한 해 두 해 안 되더라도……. 어떻게 보면 상담적인 용어로 개별화, 점점 더 개별화되어 가는 거죠. (하빛)

강숲 님도 유학을 하던 당시 박사과정 진학에 있어서 어려움을 겪고 있을 때 말없이 측면의 지원을 아끼지 않았던 지도교수님의 지지를 잊을 수 없다고 했다.

지도교수…… 유학할 때 지도교수님은 학교에서 어려움 당할 때 별소리를 안 해요. 가타부타 얘기를 잘 안 하는데 나중에 알고 보면 그 지도교수님이 이거 탁 치워 주고, 저거 탁 치워 주고 그랬던 것 같아요. 지혜로워요. 군더더

기가 없어요. 제가 박사 들어갈 때도 사람 뽑는 위원회에서 지도교수가 나를 반대하던 선생에게 단칼에 "걔 괜찮으니까 뽑아라." 그랬다는 거예요. 이 교수님이 누구를 칭찬을 잘 안 한대요. 그걸 전해 들으면서 '내가 그렇게 이상하진 않구나' 조금씩 믿게 되는 건데…… 그 당시에는 굉장히 혼란스러웠죠. (강숲)

2. 전문적 지지

전문적인 지지는 상담 영역에서 활동하고 있는 전문적인 사람들로부터 받는 지지를 의미한다. 이 책의 상담전문가 7인은 지도교수나 슈퍼바이저로부터 자신의 상담자로서의 전문성을 지지받으면서 좌절스러운 상황을 잘 극복해 나아가고 있었다. 심연 님에게 전문적으로 지지가 되었던 분은 어려웠던 학위 과정을 끝까지 마칠 수 있도록 도와주신 지도교수님이셨다.

어찌됐든 지도교수님이 위로해 주고 용기를 주고 해서 이렇게 학위를 끝까지 마칠 수 있도록 역할을 해 주셨어요. 지도교수가 참 좋았어요. (심연)

또한 슈퍼바이저도 마치 한 줄기 빛을 비추는 구원자처럼 큰 영향력을 미치고 있었다. 강숲 님은 자신이 힘들었을 때 슈퍼바이저의 진정성 있는 슈퍼비전을 인상 깊게 기억하고 있었다. 상담을 진행하면서 했던 자신의 실수에 대해 비난하거나 지적하지 않고, 그렇다고 지나치게 긍정적으로 위로하지 않으면서 있는 그대로의 모습을 담백하게 확인시켜 주시던 모습이 좋았다고 했다.

그다음 날 축어록을 풀어서 슈퍼바이저 교수님께 슈퍼비전을 받아야 하는데 혼날 생각을 하니까 선생님이 무섭기도 하고……. 그래서 그때 기름을 미리 쳤죠. '선생님 제가 사실은 어쩌구 저쩌구…….' 미리 얘기를 하잖아요. '제가 공감하느라 했는데, 제가 약 올리고 있었더라고요' 그렇게 말하는데 선생님은 아무 말씀 안 하시더라고요. 그냥 "들어 보자." 그러시더라고요. 축어록 쭉 읽고 녹음파일 듣고 그랬는데, 그때 제가 들었던 피드백 딱 한 마디가 기억나요. 어쩌면 여러 말씀을 하셨는지도 모르겠지만 제 기억으로는 그냥 딱 한 마디 하셨어요. "진짜 그랬네." (웃음) "그렇죠? 선생님?" 그랬더니 "그래. 오늘 끝내자." 그러고 끝났어요. (웃음) 그런데 저는 일종의 속죄를 했잖아요. 그때 그 슈퍼바이저가 "너 왜 그랬니?" 이런 걸 물었던 기억이 없고, 기억에 남아 있는 것은 "진짜 그랬네." 이거 한 마디였어요. 참 좋았던 것 같아요. 네가 그러지 않았다고 부정하지도 않았고…… 제가 그렇게 했다고 생각하고 있었고…… 진짜 그랬지만 그거에 대해서 별 말이 없으신 거예요. '잘했다'도 아니고 그렇다고 해서 '못했다'도 아니고 위로하려고 하는 것도 아니고 사실을 그냥 얘기해 주는 거잖아요. (강숲)

하빛 님 역시 소진의 어려움으로 고통스러워 다 포기하고 싶었을 때, 슈퍼바이저의 전혀 생각지 못했던 방향 제시가 도전이 되었다고 한다. '소진, 그 힘든 과정 자체를 신뢰하고 있는 그대로 한번 경험해 보라'는 슈퍼바이저의 말에 새로운 힘이 생겨 임상 과정을 성공적으로 마지막까지 마치게 되었다고 했다.

내가 레지던트 과정의 맨 마지막 학기가 되었을 때 소위 그만두고 싶었어요. 이미 박사과정 입학 허가를 받았고, 이 과정을 꼭 해야 되는 건 아니고, 에너지도 지치고 하니까……. 소진되었던 거죠. 그래서 슈퍼바이저에게 얘기했는데 슈퍼바이저가 말하기를 '네가 탈진했으면 탈진된 그 상황에서도 해 보라' 탈진된 경험 그대로 한번 그 과정을 겪어 보라는 거죠. 어떤 경험인지…… 그 말에 도전을 받고 하니까 새 힘이 생기더라고요. 그래서 마지막 과정까지 성공적으로 마쳤고…… 그 경험이 상당히 의미 있는 경험이 되었어요. (하빛)

상담자는 자신을 가르치는 지도교수나 슈퍼바이저뿐 아니라 내담자의 반응이나 태도에 많은 영향을 받게 된다. 내담자는 상담자에게 삶을 가르쳐 주는 선생이라 한다. 내담자들이 주는 기쁨과 보람, 그것은 상담전문가들이 좌절에도 불구하고 상담자의 길을 지속할 수 있도록 하는 힘이 되었다. 소향 님과 강숲 님은 내담자들의 변화를 보면서 상담자로서의 보람과 의미를 느끼고 있었다.

계속 그룹을 함께하면서 사람들한테도 지지를 많이 받았어요. 실제로 내담자를 만나면서 정말 깊이 있게 서로 만나고 또 변화되어 가는 걸 보고 정말 의미 있는 일을 내가 하고 있다는 느낌이 조금씩 조금씩 더 차오르게 되더라고요. 그래서 여기까지 왔어요. (소향)

내담자들…… 내담자들이 상담하면서 주는 기쁨이랄까……. 그게 힘이 되지요. (강숲)

이 책의 상담전문가 7인은 이와 같은 전문적인 지지 외에 일상적인 삶 속에서 가깝고 친밀한 사람들의 지지와 격려를 받으면서 좌절을 극복해 나아가고 있었다. 이들의 가족과 친구, 선배, 직장 동료의 지지는 어려운 상황을 이겨 내게 하는 힘이 되었다. 이러한 의미 있는 주변 사람들은 이들 가까이에서 늘 잔잔하게 마음의 힘을 잃지 않고 버틸 수 있는 힘과 격려를 제공해 주는 주요 원천이 되고 있었다.

3. 일상적 지지

일상적인 삶 속에서 가장 중요한 지지 대상은 변함없는 사랑으로 함께하는 가족일 것이다. 가족은 상담전문가들에게 정서적인 안정을 주기도 했고, 경제적인 지원을 주기도 했으며, 인정과 동기부여를 제공해 주었다. 하빛 님은 공부가 끝날 때까지 믿어 주고 경제적 지원을 해 준 아내와 부모님이 중요한 지지 대상이었다고 했다.

> 아무래도 지지는 가족이 중요한 요인이 되겠죠. 아내는 내가 공부하는 걸 믿어 주고, 부모님은 박사과정 끝날 때까지 기본적인 생활비를 매달 보내 주셨어요. 그게 나를 공부하게 보태 준 힘이 되었지요. (하빛)

심연 님도 낯선 유학생활을 하면서 가족이 늘 옆에 있다는 생각으로 인해 마음이 안정되고 덜 힘들었던 것 같다고 했다.

> 나 같은 상황에서는 큰형님이 오래 전부터 미국에 계셨기 때문에 아무래도 심적으로 위안이 되고 외롭지 않았던 것 같아요. 부모님도 같은 지역에 산 것은 아니지만, 미국에 같이 계셨으니까요. 그리고 또 아이들도 있고 가족도 있으니까 낯선 타향에서 하는 유학생활을 막 힘들어하고 그러지만은 않을 수 있었던 것 같아요. (심연)

이봄 님 역시 한결같이 변함없는 지지를 보내 준 남편과 자녀들에게 고마움을 표하고 있었다.

> 남편과 두 딸은 영원한 저의 팬이에요. 저의 부족한 모습을 수용하고 한결같이 지지와 격려를 보내지요. (이봄)

비록 돌아가셔서 지금 이 자리에는 안 계시지만 마음속에 늘 살아 계신 아버지를 지지 대상으로 품고 있는 상담전문가도 있었다. 강숲님은 자신에게 기대를 가지고 계셨던 돌아가신 아버지를 늘 마음속에 기억하고 있다고 했다.

> 돌아가신 아버지…… 중학교 때 돌아가셨거든요. 아버지에 대한 기억은 항상 마음속에 있기 때문에, 잘하고 싶은 그런 것이 있었어요. 아버님이 제가 잘 됐으면 하는 기대가 많이 있었던 걸로 알고 있기 때문에 그 기대에 맞추고 싶은 것이 있었어요. 아버지가 학교를 잘 갔으면 하는 그런 마음이 있다는 것을 제가 아니까, 대학교 합격자 발표 보고 그때 제일 먼저 간 곳이 아버지 무덤이거든요. 3시간 걸려 한참 가는 덴데……. 딱 발표 보고 나서 바로 그리로 갔죠. (강숲)

가족은 삶의 어떤 상황에서도 빼놓을 수 없는 가장 가까이 있는 사람들이다. 상담전문가들에게 가족은 여러 좌절을 경험하면서도 그냥 주저앉지 않고 다시 일어서 숨 쉴 수 있게 하는 힘을 제공하는 대상이었다. 또한 가족 못지않게 친구와 선배와 직장 동료는 상담전문가들이 어려움에 빠져 있을 때 좌절하지 않고 어려움을 견뎌 내도록 만드는 중요한 사람들이 되었다. 이러한 의미 있는 이웃들은 어려움을 함께 하고 마음을 나누며, 격려로써 용기를 주었다. 상담전문가들은 이들이 함께 있어 주고 따뜻한 위로를 건네주는 덕분에 좌절 상황에서도 버틸 힘을 얻었다고 했다.

심연 님은 학위 졸업을 위한 각 단계 단계를 나아가면서 졸업이 아직도 먼 미래 같이만 느껴져 걱정하고 있을 때, 한 사모님이 해 준 말이 기억난다고 했다. '너무 멀리 걱정하기보다 당장의 한 학기만 잘 완수할 생각을 하라. 그러면 언젠가 졸업할 날이 올 것이다'라는 조언이었다. 이 말에 위로와 격려를 받은 심연 님은 생각보다 빨리 졸업을 하는 쾌거를 이루었다고 했다.

> 그때 어떤 사모님이 내가 너무 힘들어하니까 그 얘기를 해 주더라고요. "○○! 논문을 생각하면 졸업 못한다." 그 분은 너무 미국에 오래 계셔 가지고 한국말도 좀 어눌하게 잘 못해요. 나는 '이걸 언제 어떻게 해서 졸업하나……' 걱정을 했던 거죠. 논문뿐만 아니라 박사과정에는 종합고사도 있고 단계 단계가 많았으니까요. 그런데 그 분이 하는 말이 그거 생각하지 말고 한 학기 할 것만 생각해라. 이번 학기 끝냈으면 좀 놀고 일주일 잠 푹 자고, 다음 학기 위해서 미리 책 사서 준비하고 또 한 학기 하고…… 여름학기 하면 또 하고…… 하여튼 한 학기만 잘 완수할 생각하라고 그러더라고요. 그러면 "someday…… someday…… 언젠가… 언젠가… 네가 졸업하는 날이 올 것이다." 그런데 정말 제가 빨리 졸업했어요. (웃음) 지도교수한테도 인정을 잘 받았고, 의외로 논문도 어렵지만 종합고사 같은 경우도 잘했고……. 다 신앙적인 용어로 '하나님의 은혜다' 이러지요. (심연)

강숲 님도 오랫동안 대화 나누던 가까운 친구와 유학 시 언어적·경제적 어려움을 겪을 때, 위로와 지지를 주었던 나이 많은 외국인 친구가 지지가 되었다고 따뜻하게 말해 주었다.

친구 중에는 ○○○ 선생님이 있어요. 그는 대학원 때부터 이야기를 나눌 수 있었던 사람이었지요. 그리고 유학 갔을 때 친하게 지냈던 외국인 친구도 있어요. 제가 많이 힘들 때 영어를 잘 못하는 저를 데리고 영어도 가르치고 하던 아줌마가 하나 있었어요. 흑인인데…… 그 당시에 50 넘었을 것 같아요. 호리호리해 가지고…… 그 사람도 경제적으로 어려워요. 성품은 너무 좋고 너무 너무 착한데…… "참, 너도 고생 많다." 하면서 옆에서 있어 주었던 사람이에요. 너무 고마운 사람이죠……. (강숲)

친구나 직장동료도 위기의 순간에 늘 함께해 주면서 큰 지지가 되어 주었다. 소향 님과 이봄 님에게는 옆에 자신과 마음이 맞는 사람들이 있었고, 큰 위로와 힘으로 희망을 보게 만드는 소중한 사람들이 있었다.

산에 가는 친구들이 팀워크가 좋아서 굉장히 지지가 되었어요. 이들은 내가 힘들었을 때 늘 함께해 주는 사람들이었죠. (소향)

위기 중에는 직장동료 선생님들이 큰 힘이 되었죠. 일하고 마음을 나눌 수 있는 동료들…… 직장동료들하고는 사례 토론도 하고 사업계획 브레인스토밍도 하고 대처방안 · 대안도 모색하고, 같은 방향을 보고 나아가는 사람들이죠. 속상하고 자존심 상해도 내가 힘들 때 힘들다고 말할 수 있고, 우는 모습도 보여 주고 도움도 얻어낼 수 있었어요. 직원들이 다 저를 위해 주었고……. 함께 뭉치면 귀하고 소중한 사람들이지요. 어려울 때 결속력이 생기는 것 같아요. 그들의 인내와 겸손과 노력들…… 젊은 사람들한테서 참 많이 배워요. 아무리 역경이 있어도 마음 맞는 사람이 있다는 거……. 그러니까 희망이 있는 거죠. '어떻게 되든 이해받고 이해해 주는 사람이 있다는 것은 절망의

끝에는 희망이 있다'는 것이죠. (이봄)

4. 환경적 지지

사람이 지지 자원이 되는 경우도 있지만, 현실적 여건이나 환경도 어려움을 이겨 내고 좌절을 극복하는 데 중요한 요인이 되곤 한다. 경제적으로나 심리적으로 안정을 주는 직장은 상담전문가에게 환경적 지지 자원이 되었다. 심연 님은 안정적인 직장이 있다는 것이 상담자로서의 어려움에도 불구하고 큰 흔들림 없이 버틸 수 있는 힘을 제공해 주었다고 했다.

현실적으로는 일단 직장이죠. 학교라는 안정된 직장이 있으니까 아무래도 큰 흔들림이 없죠. 가르칠 장소가 있고, 또 한국 사회에서 사람을 케어하는 이쪽은 정신없이 바쁘게 뛰어다니는 게 더 많아요. 이런 학과가 없어질까 혹은 내가 가르칠 사람이 없어질까 그런 위기의식은 덜하죠. 실무만 하는 상담자로서 다른 사람을 도와주는 것, 그거 자체로만 사는 것은 내게는 솔직히 참 어려워요. 어쨌든 내 생활이 되어야 하니까요. 그런 생활적인 부분은 굉장히 중요하다고 보거든요. 그래서 비록 직장 일이 쉽지는 않다고 하더라도 일단은 안정적으로 일하고 있고, 또 무리 없이 조직에서 생활하고 있으니까 직장은 힘이 된다고 볼 수 있죠. (심연)

5. 초월적 지지

사람과 직장 등 눈에 보이는 현실적 조건이나 대상이 아니라 눈에 보이지 않는 초월적 존재에 의해 마음의 지지를 받는 경우도 있었다. 이 책에서 상담전문가 중 영성을 인정하거나 기독교 신앙을 가지고 있는 이들은 인간의 의식을 초월한 지지로 힘을 얻고 있었다.

소향 님의 경우, 심각한 좌절에 빠져 있을 때 자신의 문제해결이 되기를 바라는 간절한 소망이 꿈속에서 상징화되어 나옴으로써 좌절에 대한 새로운 통찰과 함께 힘과 용기를 얻을 수 있었다고 했다. 이는 아마도 자신의 소망이 이루어지기를 간절히 원하고 바라는 마음과 고통을 위로하려는 내 영혼의 목소리가 '꿈'이라는 무의식을 통해 자신에게 지지의 메시지를 보내고 있었던 것은 아닐까 싶다.

꿈으로 조금 이야기가 될 수 있을 것 같은데, 언젠가 내가 굉장히 힘들었을 때 꿈을 꾸었거든요. 꿈에 그 선화(線畫) 같은 걸 보면, 바위 위에 여기에는 호랑이가 있고 저기에는 밧줄이 다 썩어 가는 그런 그림 있잖아요. 다 부슬부슬 썩어 가는 밧줄이 있고 거기 사람이 매달려 있는데 밑에는 절벽이고 그런 그림들 있잖아요? 어떤 상징이죠. 딱 꿈에 내가 그렇게 매달려 있는 거예요. 위로 올라갈 수도 없고 내려갈 수도 없고, 금방 끊어질 것 같고…… 그래 가지고 막 안달복달하고 매달려 있었어요. 그러니까 얼마나 힘들어요? 그런데 어느 순간에 '도대체 얼마나 깊은 깊이인데 그러지?' 하고 내려다보니까 (웃음) 여기서 요 정도인 거예요. 그래서 내가 피식 웃으면서 갔던가 그랬어요. 꿈에서 그렇게 힘을 많이 얻었지요. 논문을 쓸 때에도 꿈속에서 한 걸음만 올라가면 언덕에 다 올라가는데 이걸 못 올라가겠는 거예요. 아휴~ 그래 가지고 막 헉헉

> 거리고 있는데 저 멀리서 누가 막 뛰어오고 있길래 "도대체 어딜 가요?" 물었죠. 그랬더니 "네 손 잡아 주러~" 그러는 거예요. 그래서 그 한 걸음을 올라갔어요. 힘들 때마다 그런 꿈에서 깨닫고 힘 얻고 가고 그랬지요. (소향)

한편, 기독교 신앙을 가진 상담전문가들은 좌절 상황에서 자연스럽게 하나님을 떠올리며, 그의 도움을 구하곤 하였다. 윤결 님에게 있어 영적인 지지는 매우 강력한 것이었다. 그는 궁극적인 지지 요인이 '영적인 아버지로서 하나님 한 분 뿐'이라 하였다.

> 나를 지지해 주신 분이 있다고 하면 정말로 하나님뿐이지요. 나에겐 영적인 아버지시죠. 내가 문제가 있거나 고민이 있을 때는 늘 묻고 기도해 놓고 상황이 어떻게 돌아가는지 봐요. 그 사인들이 올 때 '이게 정말 내가 기도했던 것과 맞아지나' 그런 거를 주로 보죠. 그럴 때 '아~ 이게 맞아지는구나' 하면 그 방향으로 가지요. 이걸 영적으로 얘기하면 하나님의 손길이라고 할 수 있을 것 같아요. '하나님이 여러 사람의 손길을 통해 나를 여기까지 오게 만들었다' 그렇게 보죠. (윤결)

하빛 님 역시 모든 일의 궁극적 원인이 하나님이며, 하나님은 자신의 노력에 지속적인 지지를 공급해 주시는 분이라 하였다. 또한 자신을 위해 기도해 주시는 분들이 계시기에 자신이 이룬 성과들은 하나님이 일하신 결과라는 신실한 믿음을 그는 분명히 가지고 있었다.

> 부모님의 기도에 늘 감사하죠. 상담을 하거나 집단상담을 하거나 이럴 때 내가 노력하는 것에 비해서는 결과가 항상 소위 잔이 넘치는 거예요. 별로 노력한 게 없는 거 같은데 결과가 좋게 나타나곤 해요. 이거 내가 한 거 아니라고

하는 느낌이 들 만큼이요. 부모님의 기도와 주변에 나를 위해서 기도해 주는 분들이 있는데…… 이 분들의 기도가 이런 효과를 낳게 하는 것으로 믿어져 감사해요. '분명 하나님이 하신 일이다' 믿고 있죠. (하빛)

이 책의 상담전문가 7인에게 좌절 극복을 위한 지지가 되어 주었던 사람들 이야기를 듣다 보니 '사람이 참 아름답다'는 생각을 하게 된다. 그 깊은 웅덩이 같은 좌절 상황에서 작은 진실의 한 마디가 사람을 끌어올리는 생명력이 되기도 하고, 말없는 포옹이 움츠러든 가슴을 펴고 달리게 하는 힘이 되고 있었다. 사람과 환경과 신, 사랑이 담긴 이 모든 것들은 상담전문가들에게 좌절 상황에서 심리적인 안정을 제공하는 대상이었고, 이들로 하여금 자신이 걷고자 하는 길을 다함없이 걸을 수 있도록 용기를 북돋아 주던 고마운 존재들이었다.

제10장

좌절을 극복하는 상담자 특성

저는 내담자의 어떤 것에 흔들려 본 적은 별로 없었던 것 같아요.
사실 제가 집단 안에서 참 많은 시간 동안 꾸준히
나를 들여다보고 분석하는 법을 배우곤 했는데,
그게 도움이 된 것 같다는 생각이 들어요.

–성품–

여기서 돌아서면
앞으로 어려운 일이 생길 때마다
너는 도망치게 되리라

여기까지가 내 한계라고
스스로 그어버린 그 한계선이
평생 너의 한계가 되고 말리라

한계에 부딪혀
더는 나아갈 수 없다 돌아서고 싶을 때
고개 들어 살아갈 날들을 생각하라

-박노해의 「한계선」 중-

이 책의 상담전문가 7인은 좌절 상황에서 지지 자원을 가지고 있었지만, 좌절을 극복하는 개인적 특성도 분명히 가지고 있었다. 그것은 어려움이 올 때 어려움만 바라보는 것이 아니라 끊임없이 자기 내면을 돌아보고 성찰하려는 태도, 어려움에도 꺾이지 않고 부드럽게 다시 일어서려는 유연한 태도, 인간의 한계를 인정하면서 신의 절대적 주권을 인정하는 겸손한 신앙이었다. 이러한 특성은 상담전문가들로 하여금 좌절로부터 다시 일어날 수 있도록 만드는 개인적인 강점으로 작용하고 있었다.

1. 끊임없는 자기성찰적 태도

상담자의 성찰적 태도(reflective stance)는 전문성 발달에 가장 핵심적인 영향을 주는 것이다(Skovholt & Rønnestad, 1992). 성찰적 태도는 자신이 만나는 어려움과 좌절 상황에 대해 보다 깊은 이해를 하기 위한 집중적이고 지속적인 탐구과정이라 할 수 있다(Skovholt, 2001). 이 책의 상담전문가 7인에게는 끊임없이 자기를 성찰하는 태도가 상담자 발달 과정 전반에 걸쳐 공통적으로 나타나고 있었다. 이들은 자신에게 영향을 준 사건이나 상황의 내적인 의미를 발견하고자 의도적으로 시간과 에너지를 사용하고 있었다. 이는 열린 마음의 자세로 자신의 경험에 대해 스스로 물음을 던지면서 재음미하려는 태도였다. 이러한 성찰적 태도는 좌절스러운 상황에서도 자신을 객관적으로 바라보도록 했고, 통찰과 함께 어려움을 극복하게 만드는 요인이 되었다. 어쩌면 심연 님이 '자기성찰은 자신의 경향 또는 성향'이라고 말한 것처럼, 상담자에게 있어 자기를 돌아보는 성찰적 특징은 너무도 자연스러운 삶의 일부인 것처럼 여겨진다.

> 나를 성찰하는 그런 부분들은 참 자연스러운 나의 성향 같아요. 내가 나 스스로를 분석하고 성찰하는 특징이지요. 어떤 둘 사이의 관계 속에서 내 내면을 살피는 것, 객관화시키는 것, 이런 것들은 내가 '그렇게 해야겠다' 해서 한다기보다도 내 성향이지 않을까 생각이 들어요. (심연)

윤결 님도 자신의 인간적 특성으로서 성찰하는 경향이 있다고 하였다. 어떤 자극에 대한 자연스러운 반응이 일어나는 것처럼 그는 어떤 경험을 하게 되면 자연스럽게 계속 성찰하게 된다고 했다.

> 나의 중요한 인간적인 특성이라면 성찰을 많이 한다는 거예요. 뭐 하나가 경험이 되면 계~속 성찰이 돼요. 그게 굉장히 나를 분명하게 이해하게 만드는 거죠. 그렇게 나를 이해하는 데 시간이 걸리죠. (윤결)

이러한 자기성찰은 자신의 내면을 채워 주고 어려움에도 불구하고 버티고 이겨 낼 수 있는 힘을 제공해 준다. 하빛 님은 만 3년의 자기성찰 시간을 통해 자신을 새롭게 정립하는 매우 소중한 시간을 보냈다고 했다.

> ○○ 대학교에 올 때까지 만 3년을 미국에서 정착했는데, 그 시간이 나의 삶을 새롭게 시작하는 하프타임(half-time) 개념이라고 볼 수 있을 것 같아요. 상담학적인 접근이나 정체성, 신앙적인 여러 부분에서 전체적으로 나를 새롭게 다시 보고 정리하는 중요한 시기가 되었어요. 나 자신이 겉으로는 화

려하게 꾸며졌는데, 내적으로는 너무나 많이 비어 있다는 그런 것을 알게 되는 그 시간이 너무나 소중한 시간이었어요. 지금 내가 맡은 일과 상담을 조금이라도 할 수 있는 힘이 어디서 왔을까 생각해 보면 그 3년이라는 시간이죠. (하빛)

성품 님도 오랜 기간의 자기성찰 연습 덕분에 이후 상담에서 내담자의 어떤 반응에도 크게 흔들리지 않을 수 있었다고 한다.

저는 내담자의 어떤 것에 흔들려 본 적은 별로 없었던 것 같아요. 사실 제가 집단 안에서 참 많은 시간 동안 꾸준히 나를 들여다보고 분석하는 법을 배우곤 했는데, 그게 도움이 된 것 같다는 생각이 들어요. (성품)

이봄 님에게도 자기성찰은 매우 중요한 것이었다. 진정한 내가 되기 위해서는 자신을 비우고 자꾸 초심으로 돌아가려고 노력한다고 했다. 이러한 자기성찰의 과정을 통해 자기 자신이 상담의 진정한 도구가 되어야 내담자를 있는 그대로 만날 수 있게 되기 때문이었다.

끊임없이 내가 되는 것…… 진정한 내가 되는 것 그걸 계속 돌아봐요. 과연 내가 온전한가? 정말 빈 마음으로 내담자를 만날 수 있나? 얼마만큼 준비되었는가? 전문가로서 너무 매너리즘에 빠지는 게 아닌가? 같은 질문을 스스로에게 던지지요. 내담자를 만난 순간만큼은 진정한 자기 자신으로 돌아갈 수 있어야 그 사람이 정말 '진정한 자기'가 될 수 있도록 도와줄 수 있을 것 같아요. 내담자가 자기 자신이 될 수 있도록 하려면 상담자 자신이 상담의 도구가 되고 거울이 되어야 하는데, 그런 도구를 만든다는 것은 평생 과정인 것 같아요. 그래서 항상 초심으로 돌아가요. 하다 보면 내가 봐도 잘난 척하고

> 교만해지고…… 그래서 추스르고 또 초심으로 돌아가곤 하지요. 내담자와 만남 속에서 진정성 있게 공감하고 나누기 위해서 정말 초심으로 돌아가 스스로에게 끊임없는 질문을 하는 거죠. (이봄)

2. 부드러운 힘, 탄력성

좌절을 극복한 상담전문가들에게는 또 다른 개인적인 특성이 있었다. 그것은 바닥을 치는 좌절에도 불구하고 원상태를 회복하는 능력이자 적응기제인 회복탄력성(resilience)이었다. 이 회복탄력성은 상담전문가들로 하여금 적절하게 대처할 수 있는 힘을 부여해 주었다. 상담전문가들의 언어로는 '부드러운 힘' '끈질긴 힘' '약하지만 진정한 인내심' '유연성'과 같은 단어로 표현되었다. 이봄 님은 어려운 일을 만날 때마다 꺾이지 않고 부드럽게 작용하는 강한 힘을 스스로 느끼게 된다고 했다.

> 내가 어려운 일을 경험할 때마다 느끼는 건데 내가 참 강하다는 거죠. 그게 부드러운 힘 같아요. 딱딱하면 꺾이잖아요. 잘리기도 하고요. 그런데 끈질긴 힘은 섬세하고 또 정서적으로 부드러운 것 같아요. 여기에 유연성이 더 작용하는 것이 아닐까 싶어요. 약하면서 정말 인내심이 있고, 그게 유연성이라고 봐요. 유연한 힘이죠. (이봄)

심연 님은 좌절 상황에서도 사고나 관계 양식에 있어서 너무 경직되기보다 유연하게 받아들이면서 대처한다고 했다. 그것은 그의 언어로 표현하면 '긴장된 상태로 그냥 지나가 보는 유연성'이었다.

좌절을 주는 요인이 상황일 수도 있고 환경일 수도 있고 사람일 수도 있어요. 그런데 그런 좌절을 주는 사람에 대해서 이런 사람도 있고 저런 사람도 있다고 받아들일 수 있도록 대처하면서 극으로 가는 것을 피하게 해 주는 것은 유연성이죠. 설령 순간적으로는 감정에 따라서 부딪칠 수도 있다 해도, 한걸음 물러서면 그 사람의 성향이 그럴 수도 있다고 생각도 되고 또 그러면서 대처 방법도 찾게 되지요. 사건에 대해서도 마찬가지예요. 그런 사건이 나에게 절대 용납이 안 된다 이렇게 하지는 않는 것 같아요. 사고의 유연성, 관계적인 행동양식의 유연성 그리고 긴장을 가진 채로 조금 지나가 보는 유연성…… 저는 그런 유연성을 가진 것 같아요. (심연)

3. 인간의 한계를 인정하는 겸손한 신앙

신앙을 가진 상담전문가들은 어려울수록 자신의 인간으로서의 한계를 인정하며 신앙에 의지하는 태도를 보여 주었다. 이들은 어떤 좌절 상황에서도 하나님을 향한 무한한 신뢰와 주권에 대한 인정, 자신을 향한 하나님의 선하신 뜻과 섭리를 믿고 의지하는 믿음의 특성을 나타냈다. 기독교 신앙을 가지고 있는 상담전문가들은 어려움이 올 때 그 어려움에 대해 다각도로 해석하고 있었다. 윤결 님은 어려움에 대해 편협적으로 해석하는 것을 지양하는 편이라 했다.

어려움이 오면, 그 어려움을 하나님의 뜻으로 보기도 하고 교육으로 생각하기도 하고 훈련으로 생각해 보기도 하고 성화의 과정 등…… 여러 가지로 생각해 보죠. (윤결)

심연 님도 어려움이란 자연스럽게 일어나는 일일 수도 있고 아무 이유 없이 일어나는 일일 수도 있으며, 하나님이 주는 어려움일 수도 있기에 자의적인 해석을 지양할 필요가 있다고 했다. 결국 그는 어려움의 이유나 해석보다는 어려움 너머 존재하시는 하나님과의 관계와 믿음에 더 큰 의미를 두어야 함을 강조하고 있었다.

> 어려움에 대한 해석을 과연 우리가 할 수 있을까……. 나는 해석을 잘 안 하는 편이에요. 그 해석은 나의 주관적인 생각일 수 있기 때문이지요. 어려움이 왜 왔는지는 크게 생각을 안 해요. 해석은 너무 다양하잖아요? 나의 잘못 때문에 올 수도 있고, 억울한 것일 수도 있고, 하나님이 주는 어려움일 수도 있어요. 현대적으로 보면 이런 거 저런 거 없이 그냥 어려움이 있을 수도 있고……. 우리는 어떻게 보면 이유 없는 고난보다는 이유를 붙인 고난을 훨씬 참기 쉽기 때문에 자기 필요한 것들에 대해 자의적인 해석들을 많이 하지요. 그러나 분명하게 이해할 수 있는 것은 세상의 과정 속에서 고난은 자연스럽게 일어날 수 있는 문제들이라는 거예요. 모든 것이 하나님의 섭리라는 큰 틀은 맞지만, 인간의 행동 하나 하나에 대해 징벌하시는 하나님이라고 보지는 않아요. 그러니 어려움이 올 때 해석하는 자체가 중요한 게 아니라 어려움 너머에 존재하시는 하나님에 대한 신뢰가 중요할 것 같아요. 근본적으로는 하나님의 자녀가 되는 게 중요한 거고, 합력해서 선을 이루시는 하나님에 대한 믿음이 가장 중요한 거죠. (심연)

강숲 님은 어려움을 '하나님이 일부러 우리의 성장을 위해 주시는 것'이라는 일반적인 생각을 하기 쉽지만, 그보다는 '인간이 연약하다 보니 자연스럽게 일어나는 인간사'로 이해하려고 한다고 했다.

하나님이 우리를 성장시키려고 적극적으로 고난을 주시는 것 같지는 않아요. 어려움은 사람 살다 보면 보통 일어나는 세상 일이에요. 사람이 만들어 낼 수도 있고 실수도 하니까요. 아니면 사람 자체라는 게 원래 약하니까요. 어려운 일이 있고 어떤 일을 하다 보면 좌절이 있는 게 하나님 일이건 하나님 일이 아니건 간에 있기 마련인 것 같아요. 하나님이 어려움을 일부러 던져 주시거나 '너를 위해서 만들었다'라고 생각되지는 않아요. 그것은 세상의 현상이라고 보는 거죠. 역경 자체를 하나님이 왜 주셨을까 이런 생각은 덜 하는 것 같아요. (강숲)

하빛 님도 인간의 위기나 어려움은 신앙의 유무에 상관없이 일어나는 것이므로, 인과응보적으로 받는 벌이라는 생각은 하진 않는다고 했다. 그러면서도 하나님은 언제나 좋은 것만 주시는 분은 아니므로, 필요에 따라 고난이나 좌절도 주신다고 보고 있었다.

믿는 사람이나 믿지 않는 사람이나 위기라는 건 당하는 것이라고 보게 되죠. 그러나 내가 실수하고 잘못해서 위기를 자초하는 경우도 있고, 어떤 경우에는 내 의지와 상관없이 일어나는 경우도 있어요. 이 세상이 완벽하지 않다 보니까 우리가 다 면죄부를 받은 것도 아니죠. 어려움이 올 때 그것이 죄를 범했기 때문에 인과응보적으로 벌을 받고 그러는 것은 아니라고 봐요. 물론 빛이 있으면 어둠이 있고, 기쁜 일이 있으면 슬픈 일이 일어나게 되어 있는 것처럼, 하나님이 필요하시면 때로는 고난도 주시지요. 하나님은 좋은 것만 주시는 분이 아니니까요. 그래서 저는 안 좋은 것은 다 우연히 일어난 거라고 보지 않아요. 하나님이 주시고 싶으면 화도 주시고 필요하다 싶으면 때로 좌절감도 주신다고 보는 거죠. (하빛)

기독교 신앙을 가진 상담전문가들의 공통된 신앙의 특징은 어려움이 왜 생겼는지에 대한 이유를 찾거나 의미를 붙이려 하기보다 어려움 속에서도 하나님과의 관계성을 유지하고 발전시켜 나아가는 것이 더 중요하다고 믿는 것이었다. 이들은 어려움이 닥칠 때 궁극적으로는 하나님의 절대적인 주권으로 인해 하나님 뜻이 이루어진다고 보는 입장이었다. 신앙을 가진 상담전문가들은 어려움으로 인해 인간적인 걱정과 염려 등 부정적인 정서를 일시적으로 경험하기도 하지만, 인간 세상사에 전적으로 개입하시고 섭리하시는 하나님의 주권을 믿는 믿음에는 흔들림이 없었다. 심연 님은 자신의 삶의 과정이 하나님의 의도에 의해 이끌어진다는 것을 확신하면서 하나님의 절대 주권을 인정하고 있었다.

> 하나님을 우리의 시점에 맞추면 이해 안 되는 부분이 너무 많지요. 그러나 하나님은 세상사에 따라 달라지는 하나님은 아니잖아요. 그 부분에 대해서는 인간의 영역 밖이죠. 내가 이해할 수 있는 것은 영역 밖이죠. 오직 하나님 뜻만 이루어지니까요. 나는 하나님의 절대적인 주권, 그게 더 크다고 봐요. 우리가 열심히 기도하고 그래서라기보다도 사실은 하나님의 의도에 의해서 이끌어지는 거지요. 내 삶도 보면 그래요. 내가 막 뭘 해서가 아니라 자연스럽게 이루어지는 과정이라고 봐요. 그러나 하나님의 의도적이고 단편적인 목적도 아니라고 봐요. 그냥 내가 의도하는 것들을 추진해 나아가면, 그런 과정에서 하나님이 개입하셔서 하나님이 틀 것은 틀고 막을 것 막으시는 거겠죠. 이게 하나님의 절대 주권의 과정이기도 해요. (심연)

이와 같은 하나님의 절대적 주권에 대한 믿음 이면에는 자신의 인간으로서의 한계성을 깊이 인식하는 면이 들어 있었다. 이는 하나님과 인간이라는 존재가 그 차원이 완전히 다르다는 인식을 전제로 하는 것이었다. 강숲 님은 인간의 뜻대로 안 될 때는 비록 속상하기도 하지만, 하나님 앞에 선 인간으로서는 그 하나님 주권 앞에서 아무것도 말할 수 없는 한계를 지닌 존재임을 실감하고 있었다.

하나님이 우리한테 굉장히 큰 관심을 가지고 있지만, 하나님이 '아니'라고 하면 아니겠지요. 어떻게 해요? 하나님이 100%, 120% 주권을 가지고 있다고 해도 한마디 할 수가 없는 것 같은 거예요. 그렇다고 해서 속이 안 상한 건 아니에요. 그래도 열심히 살았는데 왜 이렇게 어려움을 주실까…… 하는 것에 대해 속상하지 않다는 뜻이 아니고, 생각을 자꾸 하다 보면 결론이 '그런데 네가 한 게 결국엔 뭔데?'로 나더라는 거지요. (강숲)

그래서 하빛 님은 어려운 일을 만날 때 걱정이나 염려는 되지만 그 과정 그대로를 따라가 본다고 했다. 하나님의 큰 틀에서 볼 때는 인간이 아무리 노력을 해도 결국엔 한계가 있으므로, 전체적으로 하나님이 이끌어 가심을 믿고 그때그때 따라간다는 것이었다.

내가 어떻게 해결해 간다고 보기보다는 하나님이 난국이면 난국, 어려운 환경을 이끌어 주신다고 봐요. 난 그냥 경험하는 거지요. 물론 일이 어떻게 될까 염려나 걱정은 하죠. 그러나 다른 한편으로는 어떤 길로 인도하시든지 하나님이 이끌어 가심을 믿는 거예요. 결국 큰 틀에서 보면 내가 아무리 버둥거려도 결국 한계가 있는 거죠. 어떻게 보면 무책임한 말이기도 한 것 같은데…… 하나님이 전체적인 구도 속에 있다고 보고, 내가 그 안에서 그때그때 최선을 다하지는 못하더라도 그 경험들을 해 나아가다 보면 어떤 때는 예기치 않게 길이 열리기도 하는 거죠. (하빛)

이 책의 상담전문가 7인은 상담자로서의 마주하게 되는 어려움으로 인해 좌절하곤 했지만, 그럴 때마다 이들은 자기성찰력을 발휘하여 좌절 상황 속의 자신을 돌아보았다. 그리고 그 좌절에 꺾여 부러지는 경직이 아니라, 부드럽게 휘었다가 일어나는 유연한 탄력성으로 좌절을 극복하고 있었다. 무엇보다 신앙을 가진 기독교 상담자들은 하나님에 대한 깊은 신앙으로 어려움 속에 깃든 하나님의 뜻을 구하고 기다리며 하나님과의 관계를 지속하는 노력을 하고 있었다. 이러한 개인적 특성들은 어려움에 대한 적절한 대처를 찾아 좌절을 극복하도록 촉진하는 요인이 되었다고 할 수 있다.

제11장

좌절 극복이 주는 선물

예전에는 상담을 이상적으로 봤다면 이제는 그렇지 않아요.
있어만 주어도 도움이 된다…….
이런 식으로 굉장히 실제적이고 구체적으로 변했거든요.
내담자에게 있어서도 내담자가 조금만 달라져도
이건 크게 달라진 거다…… 그런 눈이 생겼어요.

-윤결-

새로운 시간이여, 어서 오세요
누군가에게 줄 선물을
정성껏 포장해서 리본을 달 때처럼
즐거운 마음으로 나는 그대를 기다립니다

누군가에게 한 송이 꽃을 건네줄 때처럼
환히 열려진 설레임으로 그대를 맞이합니다

그대가 연주하는 플룻 곡을 들으며
항상 새롭게 태어나는 이 기쁨
나는 행복이라 부릅니다.

-이해인의 「고운 새는 어디에 숨었을까」 중-

좌절을 극복한 결과, 이 책의 상담전문가 7인은 많은 것이 변화하고 성장하면서 상담자의 전문적 발달을 이루었다. 이들은 인간에 대한 관점, 세상에 대한 관점과 태도의 변화를 가장 먼저 경험하였다. 그동안 경험했던 자신과 타인에 대한 관점과 해석의 틀이 확장되었고, 인간의 다양성과 다양한 가치를 받아들일 수 있는 수용의 마음이 넓어지게 되었다. 이전에는 자기중심적이고 경직된 이해였다면, 보다 넓고 깊은 견지에서 인간과 세상을 조망하고 수용하는 능력을 갖게 된 것이다.

이러한 인간 이해의 변화와 수용적 마음의 확장은 상담에 대한 관점과 접근에도 변화를 가져왔다. 좌절을 극복한 상담전문가들은 상담 관계에 있어서 내담자에 대해 보다 깊은 존중과 신뢰의 마음으로 믿고 기다려 주는 태도를 갖게 되었으며, 내담자를 내면 깊이 공감하는 능력이 증진되었다. 또한 미래의 좌절 상황에 대한 대처의 지혜와 유연성도 얻게 되었고, 더 나은 상담자 발달을 향한 전문적 개별화의 노력을 지속하게 되었다. 이제 이러한 놀라운 좌절 극복의 변화들을 하나씩 살펴보자.

1. 자기에 대한 이해 확장과 한계의 수용

상담전문가 7인은 좌절을 극복하면서 무엇보다도 자기 자신에 대한 이해가 증가되는 것을 경험하였다. 이는 자신이 바라보던 자기로부터 벗어나 타인에 의해 비추어진 객관적인 나에 대한 조망과 인식이 확장되는 경험이었다. 주관적 자기인식과 객관적 자기인식의 통합이 일어났다고도 볼 수 있을 것이다. 성품 님은 이러한 자기 자신에 대한 이해와 관점의 변화가 매우 강하게 일어났다고 했다.

그게 집단상담을 하고 난 다음에 깨달은 거죠. 이전에는 내가 '천하에 재수 없는 놈'이라는 생각을 했고, '나하고 알면 손해가 난다'라고 생각을 했고, 하나님하고도 맞짱 뜨자고 술 먹고 그랬거든요. 그러다가 모든 경험이란 게 사실은 지금의 나를 만들기 위한 하나의 과정이라고 하는 생각을 하게 되었어요. 그러고 난 다음부터 나에 대한 인식이 조금 달라졌죠. (성품)

반면, 하빛 님은 좌절 극복을 통해 자신의 내면이 깊어지는 것을 느끼면서도 오히려 더 알 수 없는 자신을 만나게 된 것 같다고도 하였다. 어쩌면 이는 깊은 내면에서 점점 성장해 가는 낯선 자신을 만나는 어색함이자 반가움이었을 것이다.

나 자신이 성장했겠죠. 분명히 30대, 40대 오면서 내 삶을 돌아보게 되고 그런 경험들이 내면적으로 깊어지게 되는 것을 느껴요. 그런데 나이 들면서 갈수록 내가 날 잘 모르는 것 같기도 해요. 전에는 좀 아는 것 같았는데 갈수록 아는 게 별로 없는 거 같기도 하고 그러네요. (하빛)

상담전문가 7인은 자신에 대한 이해가 증가할수록 자신의 본질을 알게 되면서 어쩔 수 없는 인간의 한계를 수용하기에 이르렀다. 심연 님도 좌절 극복을 통해 자기 자신을 '한계를 가진 한 인간'임을 인정하게 되는 진정성을 갖게 되었다고 한다.

굉장히 솔직해지는 것을 느껴요. 나 스스로가 어떤 나의 한계도 인정하

고…… 내가 나를 어떤 한 사람으로 만나게 되는 것 같아요. 이전보다 훨씬 더 나를 좀 인정하게 되었어요. (심연)

소향 님도 좌절 상황에서 자신의 문제를 발견할 수 있었기에, 이후로는 인간의 문제를 바라보는 눈이 달라졌다고 했다. 내담자의 문제가 자신의 문제일 수도 있고 인간의 실존적 문제일 수도 있다는 것을 알게 되었기 때문이다.

그렇게 좌절되고 그랬을 때 느낀 것은 내 개인적인 문제도 그렇고 상담 장면에서 내담자들의 문제를 볼 때도 그랬고, 사실 사람 사는 것이 다 그렇게 크고 작은 정도의 차이일 뿐, 모두 비슷한 과정들로 간다는 것이었어요. 내담자 문제가 결국 내 문제일 수 있고요. (소향)

강숲 님 역시 좌절 극복을 통해 자신에 대한 보다 명확한 이해가 생겼고, 있는 그대로의 자신을 수용하려는 마음자세를 갖게 되었다고 했다.

내가 이상한 사람이어도 '그냥 가지고 살아야지' 이런 거에 대한 수용이 되었다고나 할까. '그냥 가지고 살지'라는 뜻은 내가 이런 성격을 가지고 있어서, 이게 직장 가지는 데 문제가 되고 상담하는 데 문제가 되면 '그 직장을 안 가지고 말지' 하는 생각이 생겼다는 것이지요. 그 직장은 나한테 안 맞는 직장인 거예요. 나의 성격을 가지고 살았을 때 그게 정말 심각한 문제라고 해도 내가 날 바꿀 능력도 없고, 또 그러고 싶지도 않고…… 어쩔 수 없다. ……그렇게 생각된 거죠. 그런데 지나고 보니 나의 성격이 크게 문제가 되지 않더라는 거예요. 당시에는 큰 문제가 아닌 것을 내가 문제라고 생각했을 수

> 도 있고요. 그리고 내가 가진 성격이 이렇다 하는 게 분명해지는 경우에는 그게 상담 장면에서 드러나지 않게 조절이 되었던 것 같아요. 내가 나를 분명히 알면 '이것 때문에 내가 방해를 받지 말아야겠구나' 하고 조절을 하게 되는 거죠. (강숲)

상담전문가들은 자기이해가 확장되고 자신의 한계를 수용하게 될 때 더욱 분명한 자기정체감을 확인하게 되었다. 심연 님은 이전에 의미를 두었던 삶에 대한 사고의 전환으로 새로운 정체감을 확립하게 되었다고 한다.

> 이제는 '한 심령이라도…… 한 사람이라도…….' 그게 받아들여지는 거예요. 젊었을 때는 내가 많은 사람을 내 영향력 아래 두어야 한다고 생각했어요. 어떻게 보면 대교회 목회를 해야 되고 큰 이름을 떨쳐야 하고…… 그런 거죠. 그런데 점점 가면서 '한 사람에게라도 좀 의미 있는 삶이었으면 좋겠다'는 생각을 갖게 되고, '사람을 키우는 쪽으로 삶을 전환하면 더 재미있겠다. 의미 있겠다' 하는 사고의 전환이 일어나게 된 거죠. 그게 결국은 내 삶이 정말 풍요롭게 되는 것임을 알게 되었어요. (심연)

하빛 님도 좌절 극복 과정을 통해 상담하는 것보다 상담자를 교육하는 쪽이 자신에게 더 잘 맞는 것 같다는 것을 알게 되었다고 한다. 이론적이고 철학적인 자신의 강점이 상담자 교육에 있어서 더욱 전문성을 발휘할 수 있을 것이라는 생각을 하게 되었기 때문이다.

> 앞으로도 상담자 교육과 슈퍼비전 쪽으로 갈 거 같아요. 해 보니까 상담자보다는 역시 슈퍼바이저 쪽이 나한테 맞는 옷인 것 같아요. 상담은 나보다 잘

할 수 있는 사람이 많은데 슈퍼비전은 그래도 내가 프로세스를 겪었고, 이론적이고 철학적인 부분이라든지 내가 자신감을 갖고 이야기할 수 있다는 것, 다른 사람이 경험해 보지 못한 것이 있다는 것, 그것은 특권이겠죠. 나에게 있어서는 슈퍼비전이 소위 전문성이라고 하는 부분을 더 잘 드러내서 할 수 있는 것 같아요. (하빛)

2. 인간의 다양성 이해와 타인 존중 및 신뢰의 마음 증가

상담전문가들은 좌절 극복의 결과, 자신에 대한 이해가 확장되었을 뿐 아니라 타인을 바라보는 시각의 변화도 경험하였다. 이들은 좌절 극복을 통하여 자신과 타인이 다르다는 철저한 인식을 갖게 되었고, 타인도 자신만큼 소중한 존재임을 깊이 깨닫게 되었다. 또한 자신의 관점으로 보는 타인이 아닌, 있는 그대로의 타인을 인정하고 수용하는 사람들이 되었다. 심연 님은 좌절 극복을 통해 인간의 다양성에 대한 이해가 넓고 깊어졌음을 다음과 같이 고백했다.

다양성을 인정하는 폭은 많이 풍요로워졌다. ……이렇게 생각이 들어요. 사람을 이해하는 폭이 넓어진 것 같아요. 어떤 신앙적인 규범의 잣대로 딱 재거나 머리로만 하는 것이 아니라, 그냥 그 사람이 자연스럽게 와닿는 거죠. 상대를 있는 그대로 받아들일 수 있게 된 것 같아요. 그렇다고 해서 상대에게 몰입되어 동조하거나 그러지는 않으면서도 사람을 보는 넓은 스펙트럼이 형성된 것 같아요. (심연)

하빛 님도 역시 좌절 극복의 결과, 내담자라는 한 사람을 이해하는 깊이가 깊어졌다고 했다. 이는 타인에 대해 이성적으로 이해하는 것이 아니라 고통을 지닌 한 존재로, 있는 그대로 받아들이는 전인적인 수용이 확장되었음을 의미했다.

> 인간으로서의 이해가 깊어진 거겠죠. 내담자로서 삶의 어려움과 고통을 갖고 오니까 내담자를 있는 그대로 이해하려고 해요. (하빛)

좌절을 극복한 상담전문가들은 인간에 대한 이해가 깊어질수록 인간에 대한 존중과 신뢰의 마음 역시 깊어지는 것을 경험하게 되었다. 성품 님은 어떠한 모습을 가진 인간이라도 존귀하게 보려고 애를 쓴다고 했다.

> '인간은 하늘의 정기를 모은 존재다'라고 바라보는 게 제 생각이에요. 그 어떤 사람이라도 존귀하게 보려고 애를 쓰는 것. 그게 제가 하는 상담의 기본이죠. '사람은 곧 하늘이다' 제가 인간을 바라보는 눈은 '한(韓)사상'의 관점이에요. 그것은 '내 앞에서 아무리 죄가 많다고 울부짖는 내담자라도 이 우주의 귀한 별 같은 존엄한 존재다'라고 하는 것이죠. (성품)

이봄 님 역시 좌절 극복을 통해 인간 자체에 대한 깊은 신뢰와 존중의 시각을 갖게 되었다고 했다. 그는 내담자란 인간 내면에 무한한 가능성을 지닌 존재라는 것을 알게 되었으며, 상담자는 그의 가진 힘을 꺼내어 주는 존재일 뿐이라고 하였다.

> 사람들은 스스로 해결할 수 있는 힘이 있고 대단한 존재라는 것, 또 모든 사람은 변화하고 싶어 하고, 변화할 수 있고, 정말 깊은 곳에는 잘하고 싶다는

> 마음이 있다는 것, 그걸 알게 되었어요. 정말 시각이 바뀌었죠. 내가 힘이 있어서 도와주는 게 아니고 정말 한 사람 한 사람이 가지고 있는 그 힘을 발휘할 수 있도록 도와주는 것이지요. 정말 부처님을 만난 마음으로 신뢰하고 존중할 수 있다면 해결 안 될 게 뭐가 있겠어요? 그럴 때 마음이 경건해지잖아요. 사람이 대아적인 존재이고, 큰 틀에서 보면 시시한 존재가 아니라 무한한 가능성을 가진 존재라는 믿음, 실존적인 신앙이라고 할까? 그게 내 안에 있는 신앙이라고 할 수 있지요. (이봄)

이 책의 상담전문가 7인은 좌절 극복 경험을 통해 자신과 타인을 포함한 인간의 복잡하고도 미묘한 내적 세계에 대한 이해가 심화되고 있었다. 또한 그들은 상담 실제에 있어서도 이전과는 달리 변화된 시각으로 대상을 있는 그대로 바라보며 수용하는 마음으로 임하고 있었다.

3. 상담에 대한 현실적 기대와 과도한 책임으로부터의 자유

좌절 극복을 통해 일어난 자신과 타인에 대한 인간 이해의 관점의 변화는 상담에 대한 관점과 태도의 변화를 수반하는 것이었다. 상담전문가 7인은 이러한 상담에 대한 기본적 생각이 바뀜에 따라 상담 실제에서도 자유로워지는 것을 경험하였다. 상담 실제에서 가장 달라진 점은 상담과 내담자에 대한 기대를 현실적으로 내려놓고 마음이 편안해졌다는 것이다. 이들은 과도한 역할 책임감으로부터 벗어나 보다 유연하게 상담을 진행하게 되었고, 내담자를 신뢰하고 존중

하면서 기다려 주는 여유를 갖게 되었다.

이는 상담전문가 7인이 좌절을 통해 자신의 한계를 알고 수용하게 된 만큼 상담이라는 영역의 한계 그리고 내담자라는 한 사람의 한계 역시 인식하고 존중하게 되었다는 의미였다. 이들은 인간이 그렇게 쉽게 변화될 수 없는 존재임을 깨닫게 되면서 이전에 과도하게 기대했던 것들을 내려놓고 내담자의 현실로부터 출발하면서 아주 작은 부분의 변화에도 만족하게 되었다. 심연 님은 상담을 더 이상 신비스럽거나 해결해 주는 관점으로 보지 않게 되면서, 내담자를 치료한다기보다 지지하고 재구성하는 상담을 진행하게 되었다고 한다.

상담이라는 것을 너무 큰 어떤 신비스러운 경험으로 안 보기로 한 거죠. 상담은 내담자를 분석해서 그 사람을 바꾸는 것이 아니라, 나라는 상담자와의 새로운 경험을 통해서 내담자가 자기를 보는 시각이나 삶을 보는 시각이 바뀌는 것이라고 생각하니까요. 내담자 문제를 막 파고 들어가려고 하기보다는 '당신이 좀 더 편하게 살려고 하는 그것이 뭐냐'라고 하는 쪽에 더 초점을 맞추는 것 같아요. 그래서 과거보다는 훨씬 더 현실을 더 강조하게 되고, 미래를 강조하게 되지요. 내담자의 큰 것을 막 바꾸려 하기보다는 현실에서 작은 어려움들을 많이 밝혀내려고 하는 것 같아요. ……(중략)…… 난 상담을 치료(healing)의 관점으로 보지 않아요. 크게 지지(sustaining)의 관점으로 봐요. 그래서 재구성(reframing)해 주는 쪽을 제가 많이 강조하죠. 많은 사람이 치료의 관점에서 어떻게 해 주기를 바라고 오죠. 그러나 상담자가 얼마나 인간의 상처를 되돌리고 아물게 하고 할 수 있을지. ……정말 부분적이라고 생각해요. 그런데 그렇게 치료하려고 한다면 상담자는 무력감을 많이 느낄 수 있지요. 그러나 내가 해 줄 수 있는 게 이 사람이 아픔을 안고 살아갈 수 있는 힘을 제공해 줄 수 있는 거라고 생각한다면 상담이 좀 더 편해지는 것 같아요. 사실 어떤 작은 변화가 큰 변화를 유도하듯이 그렇게 되는 거니까요. 그렇게 생각하게 되니까 이제는 오히려 상담이 조금 더 인간적이 되고 편해졌지요. (심연)

윤결 님 역시 상담을 이상적으로 보던 시각으로부터 보다 현실적인 시각을 갖게 되었다고 했다. 이제는 내담자가 조금만 변화되어도 그건 크게 달라진 것이라는 인식을 갖게 되었기에 이전보다 상담이 쉬워진 것 같다고 했다. 그는 뭔가를 해 주려고 하는 것보다 함께 있어도 도움이 된다는 것을 알았기에, 내담자 호소문제에 초점을 맞추어 상담자가 할 수 있는 한계만큼만 상담하려 한다고 하였다.

예전에는 상담을 이상적으로 봤다면 이제는 그렇지 않아요. 있어만 주어도 도움이 된다……. 이런 식으로 굉장히 실제적이고 구체적으로 변했거든요. 내담자에 대한 생각도 '조금만 달라져도 이건 크게 달라진 거다' 하는 눈이 생겼어요. 그것이 내담자들로 하여금 굉장한 격려가 되고 지지가 되고, 내 입장에서도 상담을 쉽게 할 수 있는 것 같아요. 안 그러면 굉장히 어려워져요. 그래서 저는 내담자의 호소문제를 중요하게 보죠. 호소문제 중에서 우리가 할 수 있는 것, 할 수 없는 것들이 존재하는데, 상담자들이 왕왕 우리가 못하는 것들을 너무 많이 도와주고 있다……. 그래서 상담의 효과가 없다고 느끼고 있는 것 같아요. (윤결)

하빛 님도 상담이 상담자의 의도와는 다르게 항상 성공적이지 않을 수 있기에, 상담 효과가 없다고 좌절하거나 자신을 비난하지 않는다고 했다. 그는 항상 성과를 내야 한다는 마음의 부담에서 벗어나 그저 결과를 겸손하게 받아들인다고 했다.

상담자로서 너무 소명감이 크거나 너무 결정적이면 어떤 의미에서는 좌절하기가 쉬울 수 있다……. 상담이 효과가 안 나타나고 좌절하는 케이스도 있는데, 스스로를 너무 올리거나 깎아내리지 말고 어떤 내담자에게는 성공적이지 못할 수도 있다는 것을 겸손하게 받아들이는 거죠. 내가 최근에 상담한 케이스에서는 이미 첫 회기에서 '다음에 안 올 거 같다'는 생각이 들더라고요. 내 스스로 생각해도 '오늘 참 내가 버벅거린다' '아~ 내가 다루기 힘든 내담자가 있구나'라는 생각이 들었으니까요. 아마도 내 안에 이슈가 있었겠죠. 그래서 그날 상담하고 나서 개인적으로 기분이 약간 다운이 되더라고요. 아~ 조금은 좌절을 다시 맛보면서도 '그렇다고 나를 깎아내리지 않는다. 그럴 수도 있다. 상담이라고 하는 게 의도와는 다르게 항상 성공적이지 않을 수 있다'는 것을 스스로에게 이야기하는 거죠. 상담 과정에서도 의도와는 달리 결과가 좋지 않을 수 있다는 생각을 해요. 좋아하는 성경구절 말씀 중에 바울이 고린도 교회를 향해 '나는 씨를 뿌렸고, 아볼로는 물을 주었을 때 하나님이 자라게 하셨다'는 말이 있어요. 그렇게 생각하면 '나의 대에 열매를 거둬야 한다. 내가 상담하면서 이 사람 변화가 일어나야 한다'는 부담에서 벗어날 수가 있죠. (하빛)

이와 같이 상담전문가 7인은 상담과 내담자에 대한 현실적 기대를 갖게 됨으로써 상담자로서의 과도한 열정과 책임감에서도 벗어날 수 있게 되었다. 초보 상담자 시기에 상담자 역할로 인해 무력감을 느끼며 좌절을 느끼던 이들은 이제 상담자 역할의 자유로움을 경험할 수 있게 된 것이다. 이러한 변화에 대해 심연 님은 역할에 몰입되어 열정과 기술을 구사하기보다는 오히려 내담자와 연결해 가려는 노력을 하게 되었다는 말로 표현했다.

내가 뭘 좀 이 사람한테 해 주어야 한다는 과도한 책임감…… 이런 건 누구나 다 발달 과정에서 겪는 것 같아요. 열정을 내고 상담 기술로 상담하고, 그러다가 생각한 대로 안 되면 낙심되기도 하고 그러죠. 그런데 이제는 내가 전문가로서 내담자를 자꾸만 케어한다고 하기보다 조금은 더 여유 있게 내담자를 만나게 되는 것 같아요. 결국 상담은 우리가 함께 해 나아가는 작업들이라고 생각을 해요. 그러니까 내 위에 전문성이 있는 게 아니라 내 안에 전문성을 요소로 집어넣어서 그 사람과 연결해 나아가려고 하는 거지요. (심연)

성품 님도 이와 유사하게 말했다. 이전에는 자신이 상담자로서 뭔가 해결해 주려고 했다면, 이제는 내담자가 자신의 문제를 스스로 바라보고 인식할 때까지 기다려 주면 되기에 상담에 그리 큰 어려움을 느끼지 못한다는 것이다. 상담자의 몫과 내담자의 몫을 확실히 구분하게 되었기에 나올 수 있는 여유를 갖게 되었다는 것이었다.

상담의 어떤 상황에서도 '내가 어렵다'라고 생각할 일이 아니라는 거죠. 그건 내담자 본인이 인식을 해야 하는 거고, 내담자가 어려움에 대해 어떻게 인식하느냐를 바라보면서 필요하면 기다려 주고, 필요하면 지지해 주고, 그게 내가 할 일이라고 생각하는 거죠. 처음에는 내가 먼저 풀어 주려고 생각했기 때문에 어려웠던 적도 있었는데 지금은 내가 풀어 주려고 생각을 안 하니까 그렇게 어렵다고 생각되는 것은 없는 것 같아요. (성품)

강숲 님도 상담에 대한 근본적인 이해를 다르게 하기 시작했다고 한다. 누군가를 '돕는다'는 것은 목적이 아니라 진정 자신을 즐거워한 자연스러운 결과로 생각하게 되었다는 것이다. 그도 처음에는 내담자를 도와주려고 했지만 이제는 남을 도와준다는 생각은 잘 하려고 하지 않는다고 했다. 그보다는 오히려 자신이 일하는 즐거움을 통해 타인에게 도움이 된다면 그것으로 고맙다는 생각을 갖는다고 했다.

> 음…… 실제로 보이는 행동은 별로 다른 거 같지는 않은데요. 서비스의 마음은 좀 달라진 것 같아요. 그때는 진짜 도와줘야 되겠다고 생각했고요. 지금은 도와준다는 생각은 잘 안 하려고 애를 써요. '이게 내 일로 재미있으면 좋겠다' 이런 생각을 거의 대부분 하고요. '나의 이런 즐거움을 통해서 다른 사람들이 도움을 받는다고 하니 고맙네' 이렇게 바뀌는 것 같아요. 그래서 제가 다른 사람을 위해서 뭘 한다는 생각을 가능하면 안 하려고 해요. 별로 도움이 안 되는 것 같아요. (강숲)

4. 내담자에 대한 태도 변화와 진정성 있는 개입

상담전문가들은 좌절 극복을 통해 내담자와 이전보다 더 깊고 진솔한 관계를 형성하게 되었고, 내담자 심정에 더 깊이 공감하는 태도를 갖게 되었다. 이들은 여러 가지 고통을 가지고 오는 내담자들을 단지 문제를 가진 사람으로만 대하지 않게 되었으며 한 인간으로 인정하며 수용하려 했다. 이렇게 내담자를 있는 그대로의 한 인간으로 바라보는 태도란 내담자에 대해 덜 판단적인 시각을 갖는다는 의미이다.

심연 님은 이전에 가지고 있던 '자신은 건강한 사람이며 내담자는 바뀌어야만 하는 존재'라고 인식하던 고정 틀에서 벗어나 내담자를 있는 그대로 인정하고 존중하는 자세를 갖게 되었다고 말했다.

예를 들면, '내가 몇 개의 이론이나 심리검사 가지고 그 사람을 파악하려는 것은 지나친 오만이다' 이런 생각이나 느낌이 들었어요. 그렇다고 해서 내가 전혀 판단하지 않거나 평가하지 않는 것은 아니지만, 전문적으로 내가 건강한 틀을 가지고 들어가니까 그동안 실수를 많이 했다는 생각이 들어요. 나중에 지나고 보니 오히려 그 사람한테 아픔을 준 거였다는 생각도 들고요. 그때는 마치 나는 굉장히 건강한 모습의 기준이 되는 거 같고 저 사람은 바뀌어야만 하는 것 같은 생각을 했었죠. 그래서 어떻게 보면 결국 그의 삶을 부정하거나 무시하는 게 되어 버린 거죠. 그로 인해 내담자에게 미안하고 그랬어요. 그래서 '그 사람이 가지고 있는 틀을 존중하자' '당신이 갖고 있었던 틀과 당신이 살아온 삶의 방식을 존중해 주겠다'고 생각하는 거죠. 왜냐하면 그게 결국은 지금의 그 사람을 만들어 놓은 것이고 견디게 한 거니까요. 이제는 그 사람의 삶을 그냥 이해하고 인정하려고 노력하고, 그 사람 나름대로의 장점을 찾아보려고 하지요. 이게 나한테는 굉장히 중요한 부분이었어요. 그렇게 생각하게 된 계기가 여러 번 있었지요. (심연)

성품 님도 내담자를 그럴 수밖에 없는 한계를 지닌 한 자연스러운 인간으로 인정하는 마음을 갖게 되었다고 했다. '그러기에 내담자이지'라는 생각으로 내담자를 바라보면 내담자가 달라 보인다고 했다.

우리 집사람이 저한테 상담전문가 수련을 많이 받았어요. 그런데 어느 날 아내가 상담을 하다가 내담자가 정말 이해가 안 되어서 '어떻게 그런 사람이 있을 수 있냐'고 저한테 막 열이 나서 얘기를 했나 봐요. 저는 잘 모르겠는데 제가 옆에서 빙긋이 웃으면서 듣고 있었다고 해요. 내가 아무 말 없으니까 아내가 저한테 '뭐 하냐'고 물어봤대요. 그런데 제가 "그러기에 내담자이지. 그러니까 지금 상담자가 필요해서 자기를 찾아왔잖아요." 그렇게 얘기를 했대

> 요. (웃음) 그래서 그 이후로 아내는 '아 그러기에 내담자이지' 하고 바라본다고 해요. 그렇게 바라보는 순간부터 그가 편안해 보이고 달라 보이더라는 거죠. (성품)

있는 그대로 내담자를 바라본다는 것은 내담자를 진단하지 않는 것을 의미하기도 한다. 강숲 님은 '내담자는 진단하기보다 이해하면 되는 것'이라는 신념 어린 말을 해 주었다. 내담자만의 독특성을 인정해 주면 된다는 것이었다.

> 나에 대해 다른 사람이 선입견을 갖는 것을 싫어하는 것 같아요. 그래서 내담자를 진단하는 것을 싫어해요. 이해하면 되지……. 내담자의 색깔을 선명하게 드러나게 해 주면 되는 것이죠. (강숲)

이렇게 상담전문가 7인의 상담과 내담자에 대한 근본적인 태도의 변화는 내담자 스스로 자신의 길을 찾아 갈 수 있도록 옆에서 지켜보고 지지해 주고 기다려 주는 신뢰의 마음으로 이어졌다. 소향 님은 자신이 상담받았던 경험을 통해 변화를 위해서는 어느 정도 시간이 필요하다는 것을 깨달았기에, 상담 중 내담자를 많이 기다려 주게 된다고 했다. 설령 상담자로서 원하는 상담 성과가 나오지 않을 경우일지라도 이젠 좌절하지 않게 된 것 같다고 했다.

> 내가 좀 나 자신한테도 막 몰아붙이지 않잖아요. 내가 상담하는 중에도 내담자를 몰아붙이지는 않는 것 같아요. 너무 많이 기다려 줬나 이런 생각도 한편으로는 들기도 하는데…… 그런데 어느 정도 시간이 가야 자기 속에서부터 뭔가 힘을 얻고, 그렇게 가야 자기 스스로 간다는 것을 내 경험을 통해서

알았거든요. 그러기에 내담자를 기다려 주는 게 그렇게 틀리지 않다는 생각도 들어요. '내담자가 아직 준비가 안 됐다' 또 때로는 '준비가 안 된 내담자를 내가 억지로 무리하게 끌고 갈 수 있는 것도 아니니까 때를 기다리자' '올거다' '내가 다 해 줄 수 있는 부분은 아니다' 이렇게 생각하곤 하지요. 그래서 내가 원하는 그런 효과가 나지 않을 때도 크게 좌절은 않게 된 것 같아요. 이전과 달리 내담자한테 내가 주도적으로 하는 것은 안 해요. 많이 기다려주지요. (소향)

내담자를 많이 기다려 줄 수 있다는 것은 상담자와 내담자 간에 상호 신뢰가 바탕이 되어야 할 것이다. 이봄 님은 상담자의 몫과 내담자의 몫을 구분하면서 내담자가 자기 몫을 스스로 감당할 수 있도록 옆에서 도울 수 있게 되었다고 했다.

내담자에 대한 신뢰는 상담자 자기 자신에 대한 신뢰로 연결되겠죠. 기본적인 신뢰가 확인되면 작업은 내담자 스스로 해 나아가는 것이겠지요. 그 사람 몫에 대해서는 그 사람 몫으로 돌려주고, 끊임없이 지지하고 격려하면서 지켜보는 것…… 스스로 일어나서 걸을 수 있도록 도와주는 것이라고 할까요? 본인이 스스로 해결의 키를 갖도록 도와주려고 하지요. (이봄)

상담전문가들은 좌절 극복의 결과, 내담자가 자기의 길을 스스로 찾아갈 수 있도록 함께하고 기다려 줄 수 있게 되었다. 상담자로서의 마음이 여유롭게 변화했다는 의미일 것이다. 성품 님도 처음에 '잘하고 싶었던 마음'이 이제는 '편하게 하고 싶은 마음'으로 변했다고 한다. 내담자가 갈 곳을 갈 수 있도록 상담자는 셀파 역할을 할 뿐이라는 것을 깨달았기 때문이었다.

> 처음에 상담을 시작할 때는 정말로 잘하고 싶다는 게 있었던 것 같아요. 지금은 그냥 나 편한 대로 하고 싶은 거 같아요. 항상 생각하는 게 '어차피 에베레스트를 올라가는 것은 그 사람이고 나는 셀파고…… 그 사람을 쳐다보고 그 사람의 보조를 맞춰 주고 그 사람이 제 길을 찾아가도록 돕는 것…….
> 나는 내비게이션의 역할이다'라고 생각하는 거지요. (성품)

상담전문가들은 좌절 극복 경험 이후, 이전에 어려움을 겪었던 역전이에서 자유로워졌고, 내담자가 보이는 저항에 대해서도 해석이 달라졌다. 이봄 님은 저항을 곧 '상담자에 대한 거부'라고 해석했던 것을 오히려 저항 이면에 담긴 '간절히 변화하고 싶은 사인'이라는 역설적 의미를 깨닫게 되었다. 이러한 깨달음은 내담자를 보다 여유 있게 대할 수 있는 자신감과 믿음을 심어 주었다고 했다.

> 지금도 상담하다 보면 자기와의 싸움을 하게 되죠. 내가 충분히 비워지지 않았을 때 전이, 역전이 감정으로 나타나는 것들……. 이제는 그것들을 나의 감정인지 상대의 감정인지 바라보고 지켜볼 수 있을 정도로는 된 것 같아요. 저항도 어느 정도 자유로워진 것 같아요. 내담자의 저항은 '절실하게 변화하고 싶다는 간절한 사인이다. 거부가 아니다. 얼마 안 남았구나' 하는 것으로 받아들이게 되었어요. 어느 정도의 자신감이 생긴 것이겠지요. 그럴 때는 조급해하거나 불안해하는 것이 아니고, 상담자가 끊임없이 내담자에게 신뢰를 보내면서 그 고비를 자연스럽게 넘어갈 수 있도록 든든하게 버텨 주고 기다려 주는 것이 필요한 것 같아요. 시간을 필요로 하더라고요. (이봄)

좌절로 인해 자신의 내면 깊이의 절망과 고통에 이르렀다가 헤어나온 경험이 있는 상담전문가들은 피상적인 공감에 머무르기를 거

부하였다. 단순한 공감의 기술을 사용하는 것에서 벗어나 진심 어린 마음의 접촉을 시도하게 된 것이라고 할 수 있다. 이봄 님은 내담자의 심층적인 마음에 대한 이해와 공감을 하는 진정성을 보이고자 노력하고 있었다.

> 겉으로 드러나는 증상이나 행동 이면에 그 사람의 숨은 뜻이나 심정 의도까지도 헤아려 줄 때, 그 사람이 가지고 있는 내면의 가능성이 발휘가 되기 시작하고 살아나기 시작하지요. 사실에 대한 공감이 아니라 심정에 대한 깊이 있는 공감을 하려고 해요. (이봄)

윤결 님도 내담자의 깊은 내면에 존재하는 소망과 두려움, 욕구와 의도 등을 헤아리기 위해 여러 번 질문도 하고 정확한 이해를 통한 진정한 공감을 하려고 애쓴다고 했다.

> 나의 개인적 특징은 난 이해될 때까지 물어봐요. 내 안에는 탐구정신이 많이 있어요. 내가 상담을 그렇게 하는 것 같아요. 내가 내담자를 맡으면 어떤 사람일까부터 시작해서 알아보는 거예요. 그래서 계속 이해를 해요……. 이해를 하면 공감하는 것도 쉬워지지요. 처음부터 공감을 안 해요. 이해가 되면 공감을 해요. 그때 공감하면 눈물 쏟아지죠. (윤결)

하빛 님은 이전에는 자기중심적이고 기술적인 공감을 했다면, 나이가 들수록 보다 한 인간으로 이해하고 공감하려고 한다고 했다. 직면을 할 때도 보다 부드럽게 있는 그대로 내담자를 비추어 주려는 노력을 한다고 했다.

다른 사람들의 마음을 좀 더 공감하는 게 변화된 부분인 것 같아요. 전에는 자기중심적인 게 있었다면 지금은 조금씩 껍질이 벗겨져 가는 과정이 아닐까 생각해요. 공감을 할 때도 나이 30대에 내담자를 이해하고 공감하는 건 지금과 다를 거예요. 그때는 굉장히 제한적이고 기술적인 의미에서 공감을 했겠지만, 좀 더 그 사람을 인간으로 이해하고 공감하는 건 어려웠겠죠. 알게 모르게 내담자들에게 상처를 줬을 수도 있고요. 직면을 할 때도 전에는 그 사람이 받아 낼 수 있는 양 이상을 직면하기도 했지만 지금은 예전보다는 가능하면 부드럽게 하려고 노력하고 또 덜 하려고 해요. 가능하면 그 사람이 받아 낼 수 있는 만큼 하려고 하지요. (하빛)

강숲 님은 공감을 하면서도 현실적으로 내담자를 있는 그대로 보여 주는 직면 역시 놓치지 않고 더 나은 개입을 위해 지속적으로 노력하고 있다고 했다.

○○○ 선생님이 저더러 공감을 잘한대요. 그래서 '그런가?' 하고 생각하고 있고요. 나쁜 말은 아니니까 일단 '감사합니다' 하고, '기왕 그런 얘기 들은 거 더 개발해야지' 하고 있어요. 그리고 공감을 하지만 상당히 현실적인 부분에 대해서 눈을 떼지 않게 하는…… 그게 직면이라면 직면인데 그것도 놓치지 않고 있다고 생각하고 있어요. (강숲)

5. 전문가로서의 자신감과 만족감의 증가

좌절을 극복한 상담전문가들은 자신의 존재 가치를 확인하면서 상담자로서의 보람이나 기쁨, 뿌듯함, 자신감, 만족감, 행복감을 경험하고 있었다. 상담전문가들이 좌절 극복의 결과로 가장 많이 이야기하는 것은 자신감이 생겨난 것이었다. 이봄 님도 좌절을 극복하는 과정에서 자신만의 자원을 확인하게 되었고, 이로 인해 심리적 에너지를 얻게 되었다고 말한다.

> 어려움을 극복하게 되면서 심리적 힘이 생기고, 내가 가지고 있던 자원이나 그런 것들을 스스로 확인하게 되고, 자신감도 생기게 되었지요. (이봄)

좌절 극복은 상담전문가들에게 새로운 정체감을 부여해 주기도 했다. 이들은 좌절 극복을 통해 자신만의 독특한 전문성을 획득하게 되면서 새로운 자신에 대한 발견과 함께 자신감이 생겨나고 있었다. 강숲 님은 장기간 집단상담을 하면서 어려움도 있었지만 그 어려움을 극복하고 생겨난 전문적인 자신감에 대해 이야기해 주었다.

> 집단상담할 기회가 생겨서 장기간 해 보게 되었는데, 그러다 보니 점차 내 마음속에 일종의 자신감 비슷한 게 생기는 거예요. 그러면서 나름대로 스타일도 조금씩 생기는 것 같고요. 아~ 스타일은 자기가 만들어 가는 거지, 결국엔 따라가는 거는 아닌가 보다 하는 것도 생기는 것 같고……. ……(중략)…… 남들이 평가를 어떻게 할지 모르겠지만 제가 하는 일에 대해서 스스로 이만큼 하면 일단은 됐고, 앞으로 20년 동안 더 개발하면 좋겠다. 좀 더 열심히 하면 좀 더 나아지면 좋긴 하겠는데 하는 생각을 하고 있어요. (강숲)

또한 좌절 극복한 상담전문가들은 자신감만큼이나 상담자로서의 행복감을 이야기하고 있었다. 윤결 님은 상담이론에 대한 경험적 이해를 통해 상담 실제가 쉬워지고 행복감을 느끼게 되었다고 했다.

내가 행복하게 살고 싶은데 각 이론을 나한테 적용해 보는 거예요. 나한테 적용해 보니까 내 안에 너무나 이론이 분명해져 버린 거예요. 그래서 쉬워요. 이론 설명하기도 쉽고 상담 실제를 하기도 쉽고……. 그러니까 일하는 데는 행복해졌어요. (윤결)

좌절을 극복한 상담전문가들의 행복감은 만족감이기도 했다. 하빛 님은 내담자로부터 긍정적인 평가나 피드백을 받을 때, 자신이 어떤 사람인가에 대한 확인과 함께 만족감이 더욱 상승하였다고 했다.

내담자들이 왔을 때, 오기까지는 그렇지 않았을 텐데……. 상담 장면에서 내가 편하게 해 주나 봐요. 편하게 해 주고 또 '상담이 효과적이 되려면 상담자를 좋아하게 만들어라' 이런 말을 하기도 하는데, 내담자들이 비교적 상담에 오는 시간을 좋아하는 것 같아요. 일단 오면 좋아하는 거예요. 내가 겉으로 보는 이미지하고 다르게 뭔가 편하대요. 막 밀어붙이기보다는 부드럽고……. 그런 것들이 저의 장점이 아닐까 생각이 들어요. (하빛)

소향 님도 내담자에게 듣는 따뜻한 피드백으로 인해 기쁨과 만족감이 생겨나고 있었다.

사람들은 나를 보면서 '강하고 엄격하게 보인다' 이런 피드백을 하기도 하는데, 더 많은 사람에게 '따뜻하게 보인다' 하는 피드백을 듣거든요. 좀 따뜻한 것 같아요. (웃음) (소향)

이봄 님은 자신이 전문가적 매력이 있는 상담전문가로 발달해 온 것에 대해 매우 뿌듯함과 보람을 느끼고 있었다.

긍정성, 긍정의 힘의 선택, 어떤 어려움도 희망으로 표현할 수 있는 능력, 패러다임의 전환이라고 할까요? 이런 나를 보고 내담자들이 전문가적인 매력이 있다고 하지요. 물론 내가 상담을 즐긴다는 면도 있어요. 인간적인 편안함과 따뜻함이 함께 있어야 되니까요. 상담자 모델을 보면서 '나도 가능하다'라고 생각해요. 예전에는 그런 걸 교만하게 생각했지만 이제는 '그걸 알아보고 받아들이는 것도 그 사람의 힘이다'라고 생각하죠. 상담하는 게 힘들지 않냐고 하는데 굉장히 보람되죠. 상담하면 그 안의 상담 관계에서 진정한 내가 될 수 있어요. 단기상담에 능하고, 단기상담이면서 깊이 있게 들어가는 것도 하고요. (이봄)

6. 좌절 극복에 대한 통찰과 대처 지혜 획득

좌절을 극복한 상담전문가 7인은 좌절에 대한 새롭고 깊은 의미를 깨닫게 되었다. 상담전문가들에게 있어서 좌절이란 단순히 고통에 그치는 것이 아니라, 소향 님의 말처럼 '좌절은 성장의 기회이고, 좌절의 깊이만큼 마음의 폭과 깊이가 확장되는 것'이었다.

좌절을 극복하면 좌절의 깊이만큼 발달이 크지 않을까……. 고통을 모르는 사람이 어떻게 기쁨을 이야기할 수 있을까……. 좌절을 모르는 사람이 어떻게 희망을 이야기할 수 있을까……. 나와 다른 사람의 고통과 절망을 이해할 수 있어야 상생의 지혜를 얻을 수 있는 것 같아요. 그래서 위기는 참 필요하겠다 하는 생각도 들고요. 절망하는 것, 이런 게 없으면 어떻게 상담자가 절망하는 내담자를 도와줄 수 있을 것인가……. 그런 고통의 경험은 잘만 극복하면 중요한 경험이 되겠다는 생각도 들지요. 아마 더 깊어지고 넓어질 수

> 있지 않을까요. (소향)

이봄 님 역시 좌절과 고통은 축복이라고 하면서 좌절의 긍정적 의미를 되새기고 있었다.

> 좌절 극복은 축복이죠. 한 마디로…… 고통은 축복이죠. 모든 고통은 지나가게 되어 있다……. 고통은 그 사람이 해결할 수 있는 만큼만 주어진다. 고민한다고 해결할 문제가 없다……. 그렇게 생각해요. (이봄)

상담전문가들은 좌절 극복을 통해 좌절에 대한 새로운 통찰과 의미를 얻고 있었다. 이들은 좌절 극복을 통해 이들은 자신을 비우고 보다 넓고 깊은 자연의 순리나 신의 섭리로 채워 가게 되는 것을 경험하였다. 성품 님에게 있어서 좌절 극복은 자연의 순리처럼 자연스럽게 깨달아 가는 과정이었다.

> 좌절 극복은 '자연스러움을 깨닫기'의 과정이라고 여겨져요. 자연스러운 거라고 하면 물이 위에서 아래로 흐르잖아요. 자식이 부모를 지나치게 걱정하는 건 자연스럽지 않지요. 그런데 부모가 자식을 지나치게 걱정하는 건 자연스럽죠. ……(중략)…… 저는 그게 자연스러움이라고 생각하거든요. 그런 것들을 조금 조금씩 깨달아 가는 과정이죠. 나에게는 '좌절 극복을 통해 자연스러움이라고 하는 것을 깨닫는다' 하는 게 제일 중요했던 것 같아요. (성품)

특히 기독교 신앙을 가진 상담전문가들은 좌절 극복 경험을 이야기할 때 무엇보다도 하나님이라는 존재를 빼놓을 수 없었다. 이들은 한결같이 '좌절 극복이란 하나님의 은혜이며, 믿음의 과정이었다'라고 고백하고 있다. 심연 님은 좌절 극복이란 신앙적으로는 '하나님의 은혜'이며, 심리적으로는 '마음의 폭이 넓어지고 수용력이 생겨나는 과정'이었다고 해석했다.

> 좌절 극복의 경험, 한 마디로 하면 '하나님의 은혜'지요. 사람 만나고 때를 따라 돕는 은혜가 있는 거니까요. 심리적으로 보면 조금 넓은 마음이 되는 것이라고 생각이 돼요. 수용적인 마음……. 그건 마음의 집착을 버리고 내려놓는 것이지요. 삶의 극단적인 좌절 상황에서는 그게 가능할까 싶지만, 작은 좌절 상황이나 과정에서는 될 수 있을 것 같고 또 중요한 것 같아요. 폭이 넓어지는 것, 삶에 대한 수용, 기독교인에 있어서는 좌절에 대한 재해석 그런 게 좌절 극복인 것 같아요. (심연)

하빛 님에게도 좌절 극복의 과정은 하나님이 순간순간 역사하시는 것을 경험하는 은혜의 시간이었다. 그는 상담자의 길을 시작하게 된 것부터 모든 지나온 과정이 전부 하나님이 하신 것이라 고백하였다.

> 하나님의 은혜죠. 하나님의 은혜라고 하는 것은 상담자 시작부터 있었어요. 내가 고민해서 시작한 것도 아니고 어떻게 해서 들어서게 됐고, 지나온 과정을 돌아봐도 결국은 그때그때 하나님이 길을 여셨던 것 같아요. 닫혔던 문도 열리고, 기적적인 경험을 중간 중간 했으니까요. 살아온 자체가 그래요. 신학대학원 들어가기 전에 물에 빠진 적이 있는데 그때부터 덤으로 사는 인생이지요. 내 어떤 실력이나 부모님의 기도나 여러 가지 주변의 부분들이 물론 있겠지만, '하나님이 하셨다'고밖에 설명을 못해요. (하빛)

윤결 님에게는 좌절 극복의 경험이 믿음을 키워 가는 과정이었다.

> 믿음이지요……. 결국은 믿음을 키워 가는 과정이겠죠. 기독교인의 믿음이 키워지면 질수록 좌절이 적어지거든요……. 생물학적인 것은 어떻게 못하는 거고, 믿음이 생기면 좌절이나 위기가 줄어드는 거죠. (윤결)

또한 강숲 님에게 좌절 극복은 던짐의 과정이었다. 그에게 있어 던짐이란 것은 하나님의 뜻이 있기에 완전히 박살나지 않을 것을 믿는 믿음이었다.

> 좌절 극복 과정은 한마디로 '던짐'이라고 할 수 있어요. 신앙적으로 말하면, '던짐을 받아 줌'이고요. 던져도 완전히 깨어지지 않을 것을 믿는다고 하는 거죠. 박살나지 않을 것을 믿는 것……. 하나님의 뜻이 있으니까요. (강숲)

상담전문가들은 이와 같이 좌절 극복을 통해 좌절의 새로운 의미를 깨달았을 뿐 아니라, 앞으로 일어날 수도 있는 좌절 상황에 대처하는 지혜와 유연성을 획득하게 되었다. 이것은 단순히 사고로 생성된 개념적이고 추상적인 지식이라기보다 실제 경험을 통해 몸으로 습득된 경험적 지식이었다. 이봄 님은 좌절 극복 경험을 통해 자신과 타인의 몫을 구분하는 지혜가 생겨나면서 자신에 대한 믿음도 더해진 것 같다고 했다.

> 어떤 일을 할 때 내가 할 수 있는 부분과 없는 부분을 가려서 하는 게 중요한 것 같아요. 어떤 일에 부딪쳐도 좀 덜 깨지게 좀 더 힘을 얻어서 작업할 필요도 있고요. 너무 오랜 시간 필요로 하지 않는 것이나 직접 해결해야 할 것은 그 자리에서 해결하기도 해야 하지요. 그것이 나의 생각에서 나오는 것일까, 몸에서 느껴지는 걸까……. 고민하면서 점점 더 그것을 구분하는 힘과 용기

가 자라는 것 같아요. 그러면서 나 자신에 대한 믿음도 점점 생겨요. 내가 진실된 목소리를 내야 한다는 직관은 점점 발달해 가는 것 같아요. 나이 들고 경력이 늘어날수록 이러한 경험과 지혜를 통해 뭎을 구분하는 능력이나 직관력이 생겨요. 좌절 극복이 이러한 능력의 발달에 영향을 미치겠죠. (이봄)

더 나아가 좌절을 극복한 상담전문가들은 자신의 좌절 극복 경험을 후학들이나 내담자들에게 전달하면서 활용하기도 하였다. 강숲 님은 학생들에게 자신의 좌절 대처방식을 가르치기도 하고, 좌절 경험담을 학생들의 자신감을 북돋는 교육 자료로 활용하기도 했다.

일단 학생들 가르칠 때 제 식으로 자꾸 가르치고요. 제가 그런 경험을 안 했으면 다른 식으로 가르칠 수도 있을 텐테……. 아무래도 제가 좌절을 극복한 방식으로 가르치지 않겠어요? 지금도 학생들이 만약에 "선생님, 상담이 어려운데 어떻게 해요?" 그러면 "그거 원래 그러는 거야. 당연히 견뎌야지." 이 말밖에 할 말이 없어요. "어떻게 하면 잘해요?" 하면 "던져라. 스스로……." ……(중략)…… 그리고 학생들한테 가끔 이런 것을 오픈하면 학생들이 위로를 받더라고요. "선생님도 그런 적이 있어요?" 하면 "당연하지." 그렇게 사용할 때도 있고요. (강숲)

하빛 님도 자신의 좌절 극복 경험을 후배들에 대한 조언의 자료로 삼거나 고통에 처한 내담자에게 좌절을 피하지 않고 견딜 수 있도록 돕는 상담 자료로 사용한다고 했다.

쉽게 가려고 하거나 피해가려고 할 때 좀 더 어렵겠지만 그걸 견디고 가면 그건 '기독교인으로서도 분명 의미가 있다'고 말하죠. 남들이 쉽게 가려는 길은

'가지 말라'고 내가 말해요. 남들이 안 가는 길……. 어떻게 보면 거기가 더 성취감이 있을 수 있다고 말하죠. (하빛)

7. 전문적 개별화 노력과 비전 추구

상담전문가들에게 있어서 전문적 개별화를 향한 지속적인 노력은 상담자 발달 후기에서 나타나는 자연스러운 현상이다. 이 책의 좌절을 극복한 대부분의 상담전문가는 상담 후기의 전문가들로서 지속적인 개별화 노력이 발달적 특징으로 나타나고 있었다. 상담자 발달 과정에서 좌절을 극복해 온 이들은 그동안 축적된 이론적 지식과 자신의 경험을 바탕으로 자신만의 상담 스타일이나 접근방식을 개발하고자 하였다. 또한 대부분의 상담전문가가 통합이라는 주제를 가지고 이론과 이론의 통합, 이론과 실제의 통합, 이론과 삶의 통합 노력에 힘을 기울이고 있었다. 이들은 현재에 머무르지 않고 각자의 비전이나 미래 삶에 대한 기대와 소망으로 더 나은 전문성 향상을 추구하는 특징을 나타내고 있었다.

1) 자신만의 상담 스타일, 상담 모형 개발 노력

상담전문가 7인은 자신만의 독특한 상담 스타일과 상담 모형을 개발하려고 애쓰고 있는 모습을 보여 주었다. 이들의 전문적 개별화 노력은 상담전문가들의 최종적 발달 과제인 듯했다. 무엇보다도 외국에서 들여온 상담 이론을 한국화하려는 노력이 돋보였다. 성품 님은 한국형 상담을 추구하고 있었으며 한국인의 특성에 맞는 상담 모형 개발에 노력을 기울이고 있다고 했다.

> 사실 처음 상담을 배우는 과정부터 저는 한국인의 뿌리의식이라든지 한국인의 독특성 같은 것들을 공부했거든요. 그래서 상담 이론의 한국화 이런 것에 관심이 많고 이런 것들의 이론적 체계를 만드는 중이에요. 이제 어느 정도는 모형이 갖추어지고 있어요. (성품)

이봄 님도 자신만의 상담 모형을 개발하려고 노력하고 있으며, 한국 문화와 정서에 맞는 상담을 추구하고 있었다.

> 결국 삶의 모든 경험은 중요하고, 이러한 삶의 경험들은 현재의 나다운 상담 모형을 개발하고 접근하는 데 도움이 되었다고 생각해요. 다양한 접근을 시도하고 노력하는 부분들이 자기다운 모형을 창조하는 데 도움이 되었을 거라고 생각하는 거죠. 올해 외국 학회에 참가하면서 보니까 상담의 국제화와 토착화가 세계적인 추세더라고요. 우리 문화와 정서에 맞는 한국형 상담을 추구하는 게 중요하다고 봐요. (이봄)

심연 님도 한국 문화에 적합한 상담 모형과 기독교 상담을 통합한 모형을 개발하려는 소망으로 고민하고 있다고 했다.

> 내가 늘 생각하는 게 정말 심도 있게 한국 문화에 적합한 상담 모형을 만들어 가는 것이에요. 더 나아가서는 일반상담만큼이나, 아니 훨씬 더 임상적 효과를 발휘할 수 있는 그런 성경에 근거한 기독교 상담 모형을 만들어 보면 좋겠다는 생각이 들어요. 기독교는 사람들에게 심리적으로 영향을 줄 수 있는 강력한 힘을 가지고 있거든요. '한국적인 것과 기독교 문화적 특성을 가지고

있는 상담을 좀 만들면 좋겠다' 하는 생각을 하고 있어요. (심연)

강숲 님은 이미 인간이해를 위한 자신만의 작은 모형을 구축하고 있었으며, 내담자 이해의 기초로 삼고 있었다. 그는 이 상담 모형을 지속적으로 발전시켜 나아가는 과정 속에서 행복감을 느낀다고 했다.

사람을 볼 때 저는 잠정적으로 가지고 있는 모형으로 본다는 것. 내담자를 볼 때 자주 그렇게 보려고 한다는 것. 지난 주에는 융까지 붙어서 '융이 이렇게 연결되는구나' 하면서 혼자서 스스로 행복했다는 것. 지금 다행스럽게 생각하는 것은 '어느 한 이론을 딱 가져오지 않고 한쪽에 매이지 않게 되어서 다행이다' 하는 거죠. 통합은 아니지만 지식대로 이해하는 조그만 모형이 생겼다는 것, 누가 물어도 대답을 할 수 있을 것 같아요. (강숲)

2) 통합의 노력

상담전문가들에게 통합이라는 주제는 매우 중요하고 관심과 노력을 보이는 것이었다. 상담전문가들은 서로 다른 이론적 접근들의 통합, 이론과 실제의 통합, 이론과 삶을 통합하려는 노력들을 하고 있었다. 심연 님은 한 개인에게 영향을 주는 인지적 · 정서적 틀과 관계적이고 맥락적인 부분들을 통합하여 내담자를 보려는 노력을 한다고 했다.

전반적으로 그 사람이 살아온 문화적인 세팅, 조금 더 좁혀서 가족의 세팅, 그 사람에게 영향을 주었던 인지적 · 정서적인 틀을 보게 되고, 이런 측면에서 심리내적인 부분, 관계적이고 체계적인 부분, 맥락적인 부분을 접목하려는 노

력을 하고 있어요. 그런 의미에서 전 통합적인 접근들을 많이 써요. (심연)

윤결 님 역시 오랜 임상경험을 통해 세 영역의 상담을 통합적 관점으로 보고 사람을 이해하려는 노력을 하고 있다고 했다.

통합은 내 삶을 끌고 오는 큰 주제예요. 상담을 지금까지 해 오면서 보니까 개인상담, 가족상담, 기독교 상담이 서로 맞아 들어갔어요. 이제 인간을 이해하는 데 보다 큰 그림이 그려져요. (윤결)

한편, 강숲 님은 상담 실제와 과학 간의 균형이 중요하다고 했다. 상담 실제를 개인적 경험에만 의존하는 것이 아니라 이론적 근거에 의해 점검해 보는 전문적 태도를 강조하였다.

저한테는 실무와 과학 간의 균형이라는 것이 굉장히 중요해요. 실무를 할 때 자신이 하고 있는 일을 증거에 기반하고 있는지 점검하지 않고 개인적인 경험에 의한 판단에 너무 의존하는 것은 불편해요. 내담자에 대해 상담자가 한마디 하거나 피드백하거나 직면을 하잖아요. 그것에 대해서 내가 잘 하고 있는지, 괜찮은 것인지를 점검하지 않으면 내가 너무 확신을 가질 것 같아서 싫은 거예요. 과학이라는 것은 자료가 있어야 되거든요. 그것이 맞나 안 맞나 하는 것을 검증하는 파수꾼의 역할을 해야 되잖아요. 그 기능을 무시하면, 이야기하는 순간 그 사람은 무당이 될 가능성이 커요. 무당이나 점쟁이가 저희와 다른 것은 저희는 항상 자료를 가지고 있다는 것, 자료를 가지고 항상 검증을 해 보는 겸손한 태도를 가져야 된다는 것이죠. 무당은 그럴 필요가 없어요. 우리는 소위 전문가(professional)로서 인정을 받을 수밖에 없는 부분이기 때문에, 스스로 검증하는 체제, 그것을 개인적으로 항상 해야 하고, 우리

> 집단 안에서는 윤리라고 하는 것이나 또는 상담자의 기본 전문가의 태도라고 하는 것에 대해 검증하는 태도를 강조해야 우리 산업이 유지가 돼요. 그런데 너무 예술(art)이라고 하는 부분이 강조가 되는 순간, 곧 위험해져요. 다른 사람들이 우리를 폄하하기가 너무 쉬워져요. (강숲)

기독교 신앙을 가진 상담전문가들은 '신앙적 지식과 삶의 일치'가 중요한 통합의 주제였다. 하빛 님은 상담이 기독교 지식과 기독교인으로서의 삶의 통합을 이루게 하는 유용한 도구가 될 수 있음을 강조하였다. 그는 이러한 신앙적 지식과 신앙적인 삶의 통합을 위해서는 우선 상담자부터 진정한 상담을 받아 보는 경험이 필요하다고 했다. 상담을 통한 인격의 변화가 있을 때, 이로써 진정 말씀대로 살아내는 힘을 갖게 된다는 것이었다.

> 내 삶에 완전한 통합이 어려울 거고……. 어떤 점에서는 그게 삶이고……. 어떻게 하면 좀 더 지식과 삶을 일치시킬 수 있을까 할 때, 물론 영적인 지식과 신학적인 지식도 중요하지만 이게 제대로 뿌리 내리려면 '사람의 마음이 바뀌어야 된다' 하는 거죠. 개인상담이 되었든 어떤 형태가 되었든 상담적인 치료경험을 하고, 어떤 좋은 대상을 경험하든지 해야 좀 더 건강한 인격이 될 수 있고, 자기가 배우고 들어온 말씀대로 살아낼 수 있는 힘이 생긴다고 생각해요. 그런 힘이 없으니까 자꾸 말씀을 듣고 알긴 하는데, 들을수록 점점 기독교적인 지식과 삶과의 괴리감이 커지는 거지요. (하빛)

3) 비전과 소망 추구

좌절을 극복한 상담전문가들은 상담자로서의 미래에 대한 비전

을 품고 성장을 향한 소망으로 끊임없는 노력을 하고 있었다. 심연 님은 미래에는 뜻있는 사람들끼리 모여 오직 상담과 연구에만 몰입하면서 의미 있는 일을 하고 싶은 소망이 있다고 했다.

> 저 같은 경우는 지금은 교직에 있고 가르치는 것도 재미있지만, 이제 좀 더 나이가 들면 임상을 하면서 사람을 길러내는 일을 좀 하고 싶어요. 뭐라 그럴까……. 로저스가 매번 모임을 갖고, 아들러가 또 자기네들끼리 모임을 가지고 그렇게 했듯이, 정말 어떤 임상적으로 검증되는 상담의 흐름이라고나 할까……. 우리 상황에 맞게 연구하고 임상적으로 검증하고, 또 그걸로 한국사회에 기여하고 싶은 거죠. 그래서 someday…… 언젠가…… 그런 생각을 해 봐요. 조금 더 아이들이 크고 경제적인 게 안정되면 조금 더 인생을 멋있고 가치 있게 살지 않을까. 그런 쪽에 내 시간을 조금 더 사용하면서 의미 있게 몰입할 수 있지 않을까 생각해요. 막 잡다한 일은 커트해 가면서 조금 더 단순하게 하고 좀 더 몰입하고, 뜻있는 사람끼리 모여서 그런 작업들을 좀 더 해낼 수 있었으면 하는 거죠. (심연)

성품 님도 상담타워에 대한 비전을 품고 있다고 했다. 어떤 심리적 문제를 가진 사람들이라도 와서 치유받고 해결될 수 있는 그런 공간에 대한 소망이었다. 또한 산업교육을 위한 프로그램을 개발하는 비전을 성취하려는 노력도 하고 있다고 했다.

> 나름대로 비전이라고 하나? 비전…… 상담타워를 하나 만들려는 생각인데……. 예를 들면, 그 타워 안에는 개인상담실 40개에서 80개, 그 안에는 각종 몇 개의 강의실, 집단실, 숙소 이런 것까지 집어넣으려고 해요. 하여튼 대한민국의 그 어떤 문제를 가진 사람도 그 건물에 오면 해결될 수 있는 공간

> 을 생각하는 거지요. 정신분석하시는 분부터 시작을 해서 현실요법, 모든 접근법을 망라한 최고의 꾼들을 모시고 싶어요. 또 내년에는 지금껏 같이 뜻을 키워서 만든 강사진들과 산업교육 쪽으로 나가 보려고 교육과정을 개발하고 있죠. 또 다른 산업시장을 개척하려고 하니까 바쁘죠. (성품)

결론적으로 보면, 이 책의 상담전문가 7인은 좌절 극복 경험을 통해 인지적 · 정서적 · 관계적 영역에서 통합적인 질적 변화와 발달을 경험하고 있었다. 이것은 이전과는 다른 새로운 자기로의 변형과 확장이었다. 이들은 인간에 대한 이해와 수용이 확장되면서 겸손함이 증가되었고, 이와는 모순적인 것처럼 보이지만 전문적 자신감도 동시에 증가되었다. 이들은 인간에 대해 보는 눈이 비교적 정확하고 깊어지면서, 인간적으로는 자신의 한계를 수용하는 성숙된 인격으로 발달하였고, 전문적으로는 이론적 지식과 기술의 향상이 통합적으로 이루어졌다. 이들은 아마도 오랫동안 고민했던 의미 있고 가치 있는 존재로서의 행복감과 만족감을 좌절 극복의 결과로 누릴 수 있었다고 할 수 있을 것이다.

제3부

한국 상담전문가 7인의 좌절 극복 유형과 단계

제12장

상담자의 좌절 극복 유형

"상담의 경우, 이건 내가 분명히 소명도 있고 확신도 있기 때문에
앞으로 죽을 때까지 할 것 같아요. 또 나 스스로도
후회함이 없고 즐겁고 그런 거고…… 상담 자체에 대해서는 어떤 회의나
그런 건 별로 겪어 본 적은 없고, 공부하면서도 그랬어요.
길이 안 열려서 좌절이 되었던 적은 있었지만,
상담 자체에 대해서는 '이건 내 길이 아니다'라고 생각해 본 적이 없어요."

-하빛-

삶은 하나의 기회이며
아름다움이고
놀이이다.

-엘리자베스 퀴블러 로스의 『인생 수업』 중-

이 책의 상담전문가 7인은 좌절 상황에서 그 좌절을 일으키는 어려움을 피하고 싶지만, 그럼에도 불구하고 회피하거나 포기하지 않고 애써 대면하려는 특징을 보였다. 그러나 그 좌절의 어려움을 마주하려는 태도는 개인 간에 차이가 있었으며, 세 가지 유형으로 구분할 수 있었다. 첫 번째 유형은 좌절의 어려움이 올 때 그 어려움을 수용하려 하려는 유형이고, 두 번째는 좌절의 어려움에 도전하려는 유형이었으며, 세 번째는 어려움에 의미를 부여하려는 유형이었다.

1. 수용형

수용형은 좌절의 어려움을 마주할 때 그 어려움을 받아들이려는 태도를 보이는 유형이다. 이들에게 있어 어려움을 수용한다는 것은 자신의 좌절 상황을 초래하는 어려움을 있는 그대로 현실로 인정하는 자세를 의미한다. 이는 어려움을 완전히 이해하고 받아들였다기보다 현재 마음의 불편한 정서를 조절하기 위한 하나의 방법으로 어려움을 일시적으로 수용하려는 태도를 보이는 것이다. 그렇다고 그 문제를 그냥 받아들이고 아무것도 하지 않거나 포기한다는 의미는 아니며, 단지 어떤 대처를 취하기 전 자신의 심리적 평형을 잡기 위한 조치를 취하는 것이라 볼 수 있다.

이와 같은 유형을 보이는 상담전문가는 윤결 님이었다. 윤결 님은 좌절의 어려움이 올 때 그 어려움이 힘든 것은 사실이지만, 어려움이 통제 가능한 것인지 통제 불가능한 것인지에 상관없이 일단 자신에게 일어난 사실로 인정한다고 하였다. 그러고 나서 그 어려움이 일어난 원인과 자신이 어떻게 대처해야 하는지에 대한 깊은 성찰의 과정을 거친다고 하였다. 그는 불편한 감정을 감소시키고 마음을 편안하게 하는 방식에 대해 여러 가지 전략을 생각하는 인지적이고 성찰적인 특성을 나타내고 있었다.

> 어려움이 오면 저는 일단 수용하는 편이에요. 통제 가능한 것이든 불가능한 것이든 일단은 수용합니다. 그러고 나서 도전할 것인지 수용할 만한 것인지 결정하죠. 어떤 경우에는 포기하고 떠나야 하는 경우도 있어요. 내 마음이 편하려면 어떻게 해야 할까 하면서 나를 분석하는 거죠. 어려움의 실체가 무엇일까, 어려움이 나에게 왜 왔을까 이런 것들을 분석하면서 나를 돌아보는 거죠. (윤결)

하빛 님은 좌절 상황에서 그 어려움을 수용한다기보다 어려움과 함께하는 모습을 보이고 있었다. 어려움에 완전히 빠져들거나 피하려는 태도를 보이지 않고 어려움을 받아들인다는 의미에서 수용형으로 보았다. 그는 일단 어려움이 오면 어려움을 받아들이고 그 자체를 경험하면서 주로 신앙 안에서 문제가 해결되기를 기다리는 자세를 취하고 있었다.

> 어려움이 오면 주로 혼자서 어려움 속에 빠져 있다가 나오죠. 조언은 구하기도 하지만 혼자서 주로 해결하는 편이에요. 그렇다고 고민도 많이 안 해요. 시간이 되면 확 나오는 것도 아니고요. 내 성격 자체가 심각하게 고민하는 성격도 아니고 주도면밀한 사람도 아니고, MBTI로 보면 P요소가 상당히 강한 사람이기 때문에 상황 속에서 이렇게 대처하고 받아들이고 경험하고 그러는 편이죠. 내가 어떻게 해결해 간다고 보기보다는 하나님이 난국이면 난국, 어

려운 환경을 이끌어 주신다고 봐요. 물론 일이 어떻게 될까 하는 염려나 걱정은 하죠. (하빛)

수용적이라는 말은 어떤 부정적 사건이나 상황일지라도 그 경험을 회피하거나 없애려 하기보다 그 경험의 순간에 머물러 접촉하려는 태도를 의미할 수 있다. 이는 어떤 경험이든지 방어적 자세로 임하기보다 열린 마음으로 허용하는 자세를 보이는 것이다. 어려움을 있는 그대로 기꺼이 받아들이려는 수용적 태도는 아마도 '모든 경험은 있을 법한 것이며, 모든 경험은 나의 삶의 한 부분일 수도 있다'는 생각에서 나온다고 할 수 있다. 마치 파도라는 것은 왔다가 사라져 가는 자연스러운 것이며 바닷가의 삶의 일부분임을 받아들이며 바위가 굳게 서 있는 것처럼 말이다.

2. 도전형

'도전'의 사전적 의미는 '정면으로 맞서 싸움을 건다'는 뜻이다. 좌절 상황에서 그 어려움에 압도당하지 않고 정면으로 대면하는 자세를 취하는 것이 도전한다는 표현이 될 것이다. 도전형의 상담전문가들은 어려움이란 피할 것이 아니라 적극적으로 참여해야 할 상황인 것으로 인식하는 특징이 가장 크게 나타난다. 이들은 어려움으로 인해 자신을 좌절시키거나 좌절 상황에 스스로를 오래도록 머무르게 하는 것을 허용하기보다 오히려 어려움을 헤쳐 나아감으로써 극복하려는 의지를 보이는 편이다. 어쩌면 어려움 자체에 대한 도전이라기보다는 자신에 대한 도전이라는 말이 더 적절해 보이기까지 한다.

도전적 태도는 어려움이 닥쳤을 때 어려움의 정도와 극복의 가능성 등을 신중히 고려하면서 어려움에 관여하여 자신을 직면시키려 하고, 오히려 자신이 주도적으로 어려움을 압도하고자 하는 특성을 보인다.

강숲 님은 도전형의 특징을 보였다. 그는 '어려움은 피하거나 포기할 일이 아니라 견디어 내야 되는 것'이라는 기본적인 인식을 가지고 있었다. 비록 겁이 나더라도 필요하다고 판단되는 것에 대해서는 과감히 자신을 어려움에 직면시키고 참여시키려는 용기를 보이고 있었다. 이를 강숲 님의 말로 표현해 본다면 자신을 '던지는 것'이었다. 물론 사전 계획이나 목표 없이 무모하게 자신을 어려움에 던지는 것을 의미하는 것은 아니며, 필요에 의해 어려움의 수준과 자신의 능력 간의 조화 지점을 찾고 능동적이고 자발적인 문제해결 방식을 취하고자 하는 노력과 의지를 보이는 것이다.

> 내가 상담에 실패하거나 내가 능력이 없다고 느껴질 때는 이거는 견뎌야 되고 고민해야 되는 거지, 상담을 그만둘 일은 아니다……. 이런 식으로 생각을 했어요. 필요하다 싶으면 자꾸 던져요. 그런 부분이 저를 지탱했어요. 제가 겁이 굉장히 많거든요. 그런데 필요하다 싶은 거는 나를 많이 던져요. 심하게 던져요. ……(중략)…… 저는 의도적으로 저를 바꿀 의향이 없어요. 저를 소위 어려운 상황에 던져 버려서 깎이어지면서 달라지는 거는 수용할 수는 있어도 나 스스로 나를 준비해서 바꾸기는 어려워요. 그래서 고생이 많아요. (웃음) 그래서 제가 저를 던지는 거예요. (강숲)

이런 도전적 태도는 '상황에 대해 심사숙고하는 경향성'과 '타인의 인정보다 자신이 스스로 만족하기 위해 자신에 대한 높은 기대를

걸고 스스로를 실험해 보는 정신'으로 일어난다. 따라서 이 유형의 도전은 겁은 나지만 겁에 압도당하지 않기에 무모하지 않은 도전이 된다.

좌절을 일으키는 어려움에 도전적인 태도를 보이는 상담전문가들은 스트레스에 강력한 내구성을 가진 강인(hardness)한 사람들의 특성을 나타낸다. 스트레스에 강력한 내구성을 가진 강인한 사람들은 역경에 관여하고 도전하며 통제하는 특성을 보인다고 한다. 이들은 자신과 자신이 하는 일에 대해 중요성과 가치를 믿고 현재의 어려움에 자신을 적극 몰입시키고 참여시키는 관여의 자세를 보이며, 어려움을 부담스럽게만 생각하는 것이 아니라 발전의 기회를 제공해 주는 정상적인 생활의 일부로 지각하면서 새로운 경험과 변화를 두려워하지 않는 도전 자세를 나타낸다는 것이다. 또한 역경에 처했을 때 무력감보다는 자신의 자원을 동원해 사건을 통제할 수 있는 것처럼 느끼고 행동하려는 강한 통제 경향을 보인다(오세진 외, 2008; 이민규, 2007).

한편, 어떤 특정 경험을 통해 어려움에 대처하는 유형이 도전형으로 바뀔 수도 있다. 이봄 님은 매우 큰 어려움을 계기로 이전의 방어적이고 회피적인 태도에서 적극적이고 도전적인 태도로 변화되었다고 말하였다. 좌절 상황에서 그는 자신을 신뢰하는 마음과 어려움에 적극 관여하려는 마음이 내면에서부터 올라오는 것을 발견하게 되면서 도전적 태도를 갖게 되었다고 한다. 특히 생존에 관련된 어려움일 경우에는 더욱 자신을 좌절에 빠지도록 내버려두지 않게 된다고 하였다.

원래는 자기를 보호하려고 많이 방어하고 피하는 편이었죠. 누가 해결해 주

> 기를 바라고……. 그런데 요즘에 와서는 도전을 많이 하지요. 자신감이지요. 많이 바뀌었어요. 어떤 결과가 오더라도 '내가 담담하게 받을 수 있겠다'라는 판단이 서면 조금의 시간이 필요하더라도 일단은 피하지 않고 부딪쳐서 해결하려고 하죠. 생존 게임이고 부딪쳐야 할 파워게임이면 더욱이요. 내가 가진 심리적인 힘에 대한 신뢰가 있는 거죠. 나를 그렇게 힘들게 막 좌절에 빠지도록 내버려두지 않아요. 내가 소중하니까 내가 귀한 사람이니까요. 한 대 맞은 것 같아서 그냥 헤매다가 '아 이건 인생의 작은 건데 그게 전부라고 생각하고 주저앉아 있구나'라는 생각을 하는 순간에 전체가 보이게 되지요. (이봄)

이봄 님은 또한 어려움의 종류나 어려움의 심각도에 따라서도 그 어려움을 대하는 심리적 태도가 유연하게 바뀔 수도 있음을 말해 주었다.

> 케이스 바이 케이스일 것 같아요. 어떤 때는 오기가 발동되기도 하고 반격하려고 하고 방어하려고 하고……. 처음부터 막 직면하려고 하기보다는 자기를 보호하려고 하고, 어떤 상황에서는 뛰어들기도 하거니와 어떤 상황에서는 주춤하기도 하고요. 시간이 갈수록 직접 해결을 많이 하지요. 요즘에 와서는 더욱 그래요. (이봄)

3. 의미부여형

의미부여형의 상담전문가들은 어려움이 자신에게 주는 의미를 찾고 성찰하는 데 초점을 맞추는 유형이다. 이러한 의미부여 태도는 좌절 상황에서도 어려움이 주는 긍정성을 찾고 재해석하려는 특징을 강하게 나타내며, 좌절을 견디어 낸 후의 성장을 소망한다. 좌절 상황 속에서도 긍정적인 결과를 소망한다는 것은 인간 고통의 역설이기도 하지만, 그만큼 어려움을 한 발치 떨어져서 바라보는 여유를 잃지 않으려는 태도이기도 하다.

어려움 속에 담긴 의미를 찾는 상담전문가들의 공통점은 자기성찰의 시간을 통해 어려움이 일어난 원인과 어려움의 의미 등을 추론하고 분석하는 노력을 기울이는 것이었다. 이들은 이러한 과정을 자기 혼자서 해 나아가기도 했고, 필요에 따라 신뢰 가는 타인의 조언을 구하기도 하면서 종합적으로 자신의 대처전략을 강구하기도 했다.

의미부여의 태도를 보이는 상담전문가들은 대체로 상황 적응에 있어서 유연성을 보이는 편이었고, 지나치게 경쟁적이지 않으며, 여유로운 성향을 나타내고 있었다. 이들은 조용하게 어려움을 받아들이고 조용하게 어려움을 안고 가지만 결코 어려움에 물러서지 않으려는 강한 내적 의지를 보여 주고 있었다.

심연 님의 경우, 어려움이 오면 불편하고 겁부터 나지만 어려움에 대한 성찰을 통해 어려움이 오게 된 이유나 어려움에 당면한 자기를 돌아보면서 적절한 대처방략을 찾는다고 했다.

> 그 어려움에 대해서 생각해 보고 성찰해 보고, 그다음에 방도를 찾아서 조언 구할 것 있으면 구하고, 왜 이런 일이 왔을까, 어디서부터 문제가 생겼는지 주로 생각하고 기도하죠. 내가 실수한 부분이 무엇이고 저쪽에서 무엇을 했고 등 주로 생각을 먼저 해요. 일단 혼자서 생각하고 이후에 조언을 구하는 편이지요. (심연)

성품 님도 어떤 어려움에 빠지면 그 어려운 상황에서 자신을 돌아보고 문제를 탐색해 가면서 의미를 찾아 간다고 말했다.

> 어떤 문제가 생기면 그 의미를 찾는 편이지요. 예를 들어, 내 안에 다른 사람들과 나누기를 좋아하는 면이 있는데, 그럼에도 어떤 사람과는 전혀 나누지를 않는 거예요. 그렇게 나누지 않는 이유가 뭘까 생각해 보았어요. 예전에는 몰랐는데 어떤 사람에게는 거부감, 불편감이 있던 거예요. 주로 문제를 탐색하고 그 의미를 찾아 가려고 하지요. (성품)

소향 님 역시 좌절 상황에서는 어려움으로 인한 부정적 감정에 머무르면서, 좌절에 빠진 자신을 돌아보고 어려움이 주는 의미를 성찰해 본다고 했다. 그러고 나서 좌절에 대처할 구체적인 방법을 찾고 시행하게 된다고 했다. 그러나 때로는 의미를 찾는 일보다 대처를 먼저 취하는 경우도 있다고 했다. 즉, 의미를 먼저 찾는 경우는 관계에서의 좌절을 겪을 때이며, 경제적인 위급상황이나 외적인 조건들로 인한 위급상황일 경우에는 선 대처, 후 의미탐색의 순서를 갖게 된다고 하였다.

> 어려움이 오면 그 감정에 한동안 그냥 들어가게 돼요. 그러다가 어느 순간 딱 일어나서 요가를 가듯이……. 어려움이 오면 정말 슬프거나 때로는 우울하거나 절망스럽기도 한데, 그러다 조금 시간이 지나면 '이런 상황이 나한테 왜 왔을까? 나는 이 경험을 통해서 난 무엇을 얻어야 되는 걸까?' 그렇게 생각하는 것 같아요. 이 상황이 이 시점에서 나한테 부딪혔다는 것은 뭔가 의미가 있을 거고, 난 이걸 통해서 뭔가를 또 배워야 되는 게 있지 않을까. 조금 더 한 단계 앞으로 나가야 되는 그게 뭔가 있을 거다. 그런 생각을 하면서 의미

> 를 찾죠. ……(중략)…… 저는 주로 관계 상황에서 좌절을 겪을 때는 의미를 많이 찾는 것 같아요. 그런데 위기상황이라든가 요즘 우리나라 상황처럼 경제적인 여건으로 발생하는 일에 대해서는 의미를 찾기보다는 대처를 먼저 하는 편이에요. 급한데 의미를 생각할 시간이 어디 있어요? 대처하고 나서 그다음에 의미를 찾을 수는 있지만요. (소향)

이와 같이 좌절의 어려움에 대해 반응하는 상담전문가들의 심리적 태도는 개인에 따라 어느 정도 패턴화되어 나타나고 있었다. 비록 유형의 차이는 있지만, 이러한 상담전문가들의 좌절 극복 태도는 '역경에도 불구하고 그 역경을 자기성장의 기회로 역전시키는 회복탄력성(resilience)이 발현되는 과정'이었다고 할 수 있다. 회복탄력성은 '다시 돌아오는 경향' '회복력' '탄성'의 의미를 가지고 있다. 이것은 역경과 같은 위기상황에서도 긍정적인 결과를 성취하는 개인의 능력이자(Rutter, 1999), 누구에게나 활성화가 가능한 적응기제를 말한다(유성경, 2007). 이러한 회복탄력성 발현과정에는 수용과 관여(engagement), 의미부여(meaning making)라는 매개변인이 작용된다고 보고 있다(Folkman & Moskowitz, 2000; Tugade & Fredrickson, 2004). 즉, 자신의 문제를 수용하고, 직면하고 관여하며, 그 사건의 의미를 재구성함으로써 문제로 인한 부정적 정서의 영향력을 상쇄시키고 심리적인 탄력성을 발휘하게 된다는 것이다.

이 책의 상담전문가들도 어려움에 대해서 수용, 도전, 의미부여의 태도를 가짐으로써 어려움으로 인한 좌절의 충격을 흡수하고, 이를 다룰 만한 어려움으로 만들어 내고 있었다. 이들은 좌절의 어려움에도 불구하고 각자에 맞는 적절한 극복 유형으로 그 어려움에 대면하려는 의지를 발휘하고 있었던 것이다. 이러한 의지가 이들에게 돋보이는 것은 단지 외부에서 주어지는 좌절의 어려움과의 대면이라기보다는 자기 내면 깊이에 있는 '좌절된 자기'와 대면의지가 활성화되었기 때문일 것이다. 어쩌면 이러한 의지는 자신에게 다가오는 절망을 부여잡고 자기 자신으로 존재하려는 Tillich(1952)의 '존재에의 용기'라 할 수 있을 것이다. '자기긍정과 대립되는 실존적 좌절'에도 불구하고, 자신의 본질, 생명력을 긍정하는 '자기긍정으로서의 용기' 말이다.

제13장
상담자의 좌절 극복 4단계

> 가다 보면 언젠가는…… 그다음엔 비어 있지……
> 가다 보면 언젠가는 좋은 남편이 되어 있을 거다.
> 가다 보면 언젠가는 좋은 아빠가 되어 있을 거다.
> 가다 보면 언젠가는 좋은 상담자가 되어 있을 거다.
> 쉽게 말하면 산엘 꼭 올라가야겠다 하고 생각을 하고 올라가면
> 힘들고 부담도 되고 그러잖아요. 그냥 가다 보면 올라가는 거 있죠.
> 어…… 꽃도 예쁘네…… 나무도 있고…… 그렇게 가다 보면
> 어느새 올라가 있는 것. 그렇게 살고 싶은 거죠.

–성품–

네가 자꾸 쓰러지는 것은
네가 꼭 이룰 것이 있기 때문이야

네가 지금 길은 잃어버린 것은
네가 가야만 할 길이 있기 때문이야

네가 다시 울며 가는 것은
네가 꽃 피워 낼 것이 있기 때문이야

힘들고 앞이 안 보일 때는
너의 하늘을 보아

-박노해의 「너의 하늘을 보아」 중-

상담전문가 7인은 상담자의 길을 선택하여 상담자의 길을 걷는 과정에서 다양한 좌절의 고통을 경험하였다. 그러나 '그럼에도 불구하고'의 의지를 발휘하여 다각도의 대처를 통해 극복에 이르고 있었다. 그리고 이러한 좌절 극복 과정은 결국 상담자로서의 인간적 자질과 전문적 자질을 향상시키면서 상담자 발달의 결과를 가져왔다. 이러한 좌절 극복의 과정은 일직선으로 진행되는 것이 아니라 상담자 발달 과정에서 반복되는 순환적인 것이었다. 초보 상담자로서의 좌절은 전문가가 될수록 사라지지만, 전문가로서 새롭게 맞게 되는 좌절 경험은 또 다른 대처와 극복의 과정을 순환하면서 반복하고 있었던 것이다.

이와 같이 상담전문가들이 경험한 좌절 극복의 과정은 총 4단계로 구분할 수 있다. 첫 번째 단계는 상담전문가들은 좌절 상황을 맞이할 때 기존의 자기와 좌절된 자기 간에 갈등하는 단계이다. 두 번째 단계는 좌절을 일으키는 어려움에 맞서 대면하려는 의지를 발휘하는 단계이다. 세 번째 단계는 대처 자원을 활용하여 좌절의 어려움을 해결해 가는 단계이다. 마지막 네 번째 단계는 결국 좌절을 극복하여 근본적으로 자기의 질적 변화를 경험하는 단계이다.

1. 1단계: 자기갈등

1단계는 상담자로서의 좌절을 일으킬 만한 어려움을 만날 때, 그 어려움으로 인해 놀라기도 하고 당황하기도 하면서 어떻게 해결해야 할지 모르는 다소 멍한 상태를 경험하기도 한다. 기존에 자신이 알던 자기의 모습과는 전혀 다른 자신의 모습을 마주하게 되면서 생소하기도 하고 의아하기도 하면서 자신에 대한 회의, 무력감, 두려움, 우울 등을 경험하는 단계이다.

상담전문가들은 상담 공부를 시작하면서 학습의 어려움을 경험하거나 초보 상담자 시기의 수행불안이나 자신의 능력에 대한 회의를 느낄 때 자주 자신과의 갈등을 경험하곤 하였다. 이들은 이전에 성취적이었던 자신의 모습과 낯선 어려움의 환경 속에 놓인 자신 사이에서 흔들리고 위축되고 불안해하기도 하였다. '내가 이 길을 계속 가야 하는 건지, 상담자의 길 자체를 포기해야 하는 것은 아닌지'에 대한 두려움을 갖기도 하면서 혼란과 갈등을 경험하였다. 초보 상담자에서 벗어나 전문가로서의 일정 자격을 취득한 후에도 상담전문가들의 좌절은 지속되고 있었다. 이 시기는 초보 상담자의 좌절과는 다소 다른 성격으로서, 이미 시작한 상담자의 길에서 보다 나은 상담자가 되려는 욕구로 인해 경험하는 견딜 만한 좌절, 아니 견딜 수밖에 없는 좌절이었다고 할 수 있다. 이러한 좌절 속에서 상담전문가들은 지속적인 전문성 향상을 원하지만 어렵거나 부진함을 느낄 때 깊이 고민에 빠지기도 하였다. 특히 진로 갈등은 상담자 발달 전 단계에서 이루어졌는데, 자기가치와 주변의 가치가 대립될 때 더욱 심각한 갈등을 경험하고 있었다. 이와 같은 자기갈등 단계는 상담자 발달 과정에서 경험하게 되는 여러 가지 상담자로서의 어려움으로 인해 크고 작은 좌절을 겪으면서 자신에 대해 복합적이고 부정적인 정서를 경험하게 되는 단계라 할 수 있다.

2. 2단계: 대면의지

2단계는 좌절로 인해 부정적 정서에 휩싸이면서도 그 좌절을 가져오는 어려움을 피하지 않고 애써 마주하려는 의지를 발휘하는 단계이다. 상담전문가들에게는 어려움을 피하고 싶은 마음이 자연스러운 것이었지만, 그럼에도 불구하고 이들에게는 어려움을 피하지 않고 대면해야만 하는 절박하고 불가피한 이유들이 존재했다. 이들은 분명한 목표의식이 있었기에, 좌절에도 불구하고 다시 일어서서 그 목표를 도달하려는 내적 의지를 발휘할 수밖에 없었다. 또한 개인의 '자존심'과 '오기' 같은 이유도 있었기에 상담전문가 자신의 내적인 목표와 기대치에 부합하려는 의지를 다지곤 하였다. 이들의 책임감과 확고한 정체감이나 소명감은 '이 길만이 나의 길'이라는 확고한 신념으로 좌절에도 불구하고 흔들림 없이 자신의 길을 걷게 했다. 또한 상담전문가들이 상담자 초기에 경험한 좌절 극복의 재미는 또 다른 좌절이 올 때 그 좌절 상황에 자신을 오히려 적극적으로 참여시키는 이유가 되기도 하였다. 이 대면의지의 단계는 상담전문가들이 좌절의 고통을 피하고 싶지만 그럼에도 불구하고 피해서 해결될 것이 아니라는 것을 알기에 애써 그 고통과 마주하려는 의지를 발휘하는 단계라 할 수 있다.

3. 3단계: 대처행동

3단계는 상담전문가들이 좌절의 고통에 피하지 않고 대면하려는 의지로 인해 여러 가지 대처전략을 행동으로 표출하는 단계이다. 상담전문가들은 각자의 성격특성이나 좌절을 일으키는 어려움의 종류 혹은 심각도에 따라 다양한 대처방식들을 복합적으로 사용하고 있었다. 자신이나 환경을 변화시키고 조절함으로써 문제 자체를 해결하려는 대처방식을 사용하기도 하였고, 좌절 상황에서 불편해진 자신의 정서 상태를 조절하는 대처방식을 사용하기도 하였다. 신앙을 가진 상담전문가들은 초월적인 신의 존재를 의지하면서 어려움을 헤쳐 나가는 종교적 대처를 사용하는 모습을 보였다.

이 단계에서 상담전문가들이 좌절의 어려움에도 불구하고 의지를 발휘하여 대처행동을 할 수 있도록 힘을 북돋아 주는 것은 의미 있는 지지 자원이었다. 좌절에 빠진 상담전문가들에게 신뢰가 가는 그 누군가의 결정적인 한 마디 말이나 비언어적인 지지는 이들이 가는 삶의 방향을 급선회하여 좌절이 희망으로, 포기가 의지로 바뀌는 계기를 만들어 냈다. 무엇보다 중요한 것은 좌절 극복을 위한 대처행동을 표출함에 있어서 외적인 지지 자원만큼이나 상담전문가들의 개인내적 특성도 촉진 요인이 되었다는 것이다. 이들의 끊임없는 자기성찰적 태도와 강한 회복탄력성 그리고 신 앞에 겸손하게 의지하는 신앙은 좌절 속에서도 다시 일어나게 만드는 힘으로 작용하고 있었다. 이와 같이 대처행동 단계는 상담전문가들이 좌절 상황에서 외적 지지 자원과 내적 개인 특성이 통합적으로 작용하여 좌절 극복을 위한 적절하고 효과적인 대처행동을 표출할 수 있게 되는 단계이다.

4. 4단계: 질적 변화

4단계는 좌절 극복의 마지막 단계로서 상담전문가들이 전문가로서 질적인 변화와 성장이 일어나는 단계이다. 이들은 여러 가지 전략으로 좌절 상황에 다각도로 대처한 결과, 좌절 극복과 함께 이전과는 한층 다른 수준의 인간적 성장과 전문적 변화를 이루게 되었다. 가장 큰 변화는 인간에 대한 관점과 시각의 변화였고 상담에 대한 비현실적인 기대를 내려놓는 것이었다. 이들은 좌절 극복의 결과, 인간의 다양성과 차이에 대한 보다 깊고 넓은 이해가 생성되었고, 상담에 대해서도 과도한 책임감이나 역할에 대해 자유로움을 갖게 되었다. 따라서 이들은 상담 실제에 있어서 내담자를 변화시키려 하기보다는 그 사람의 힘을 믿어 주고 존중하면서 스스로 변화되기를 옆에서 기다려 주는 여유 있는 방식을 갖게 되었다. 무엇보다도 상담자 자신에 대한 한계를 인정하는 자기 수용이 이루어지면서 자기 신뢰와 새로운 정체감을 확립하게 되었다. 좌절에 대해서도 새로운 통찰과 의미를 얻게 되었고, 좌절 극복의 지혜가 생겨나기도 하였다. 결국 이러한 좌절 극복의 경험은 상담전문가들이 인격적인 성숙과 전문가로서의 자신감 그리고 만족감과 행복감을 선물로 받는 고귀한 경험이 되었다. 마지막 질적 변화의 단계는 자신과 타인, 상담에 대해서 이전과는 다른 크기와 색깔의 눈과 마음을 갖게 되면서 총체적인 변화, 질적 성장이 이루어지는 시기라고 요약할 수 있다. 이러한 좌절 극복의 4단계를 가시화한다면 [그림 1]과 같이 나타낼 수 있다.

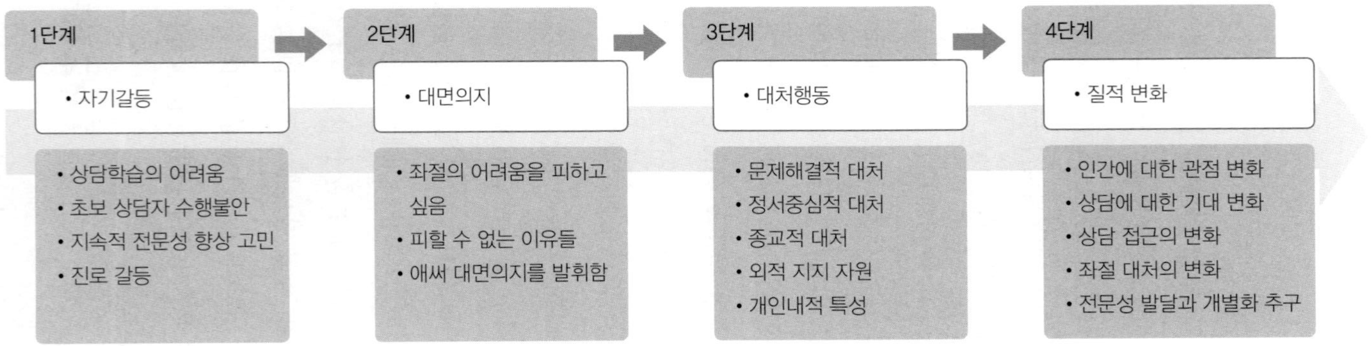

1단계
- 자기갈등

- 상담학습의 어려움
- 초보 상담자 수행불안
- 지속적 전문성 향상 고민
- 진로 갈등

2단계
- 대면의지

- 좌절의 어려움을 피하고 싶음
- 피할 수 없는 이유들
- 애써 대면의지를 발휘함

3단계
- 대처행동

- 문제해결적 대처
- 정서중심적 대처
- 종교적 대처
- 외적 지지 자원
- 개인내적 특성

4단계
- 질적 변화

- 인간에 대한 관점 변화
- 상담에 대한 기대 변화
- 상담 접근의 변화
- 좌절 대처의 변화
- 전문성 발달과 개별화 추구

[그림 1] 상담전문가의 좌절 극복 4단계

5. 상담자의 좌절 극복 과정: '변증법적 자기확장'

상담전문가들의 좌절 극복 과정은 일직선으로 진행되는 것은 아니며, 좌절과 극복을 반복하며 발달해 나아가는 모습을 보인다. 상담자 발달 단계마다 새롭게 만나게 되는 어려움들로 인해 1단계로부터 4단계의 좌절 극복 단계를 반복 순환하게 되는 것이다. 이와 같이 상담전문가들이 각 발달 단계마다 좌절과 극복을 반복하면서 전문성 발달이 촉진되어 가는 과정을 이 책에서는 '변증법적 자기확장'의 과정이라는 개념으로 명명하였다([그림 2] 참조).

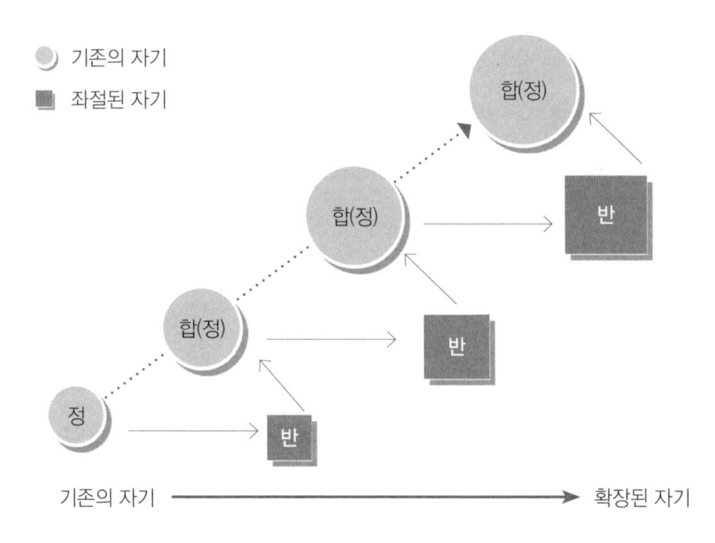

[그림 2] 상담자의 좌절 극복 과정: '변증법적 자기확장'

변증법적이라는 의미는 어원적으로는 대화에서 유래하며, 문답에 의해 진리를 탐구하고 발견하는 정(正, These), 반(反, Antithese), 합(合, Synthese)의 공식을 가지고 있다. 즉, A(정립)는 그 한계에 의해 B(반정립)가 필연적으로 나오게 되고 이 둘은 대립하지만 이 대립은 A와 B에 서로 매개하면서 A와 B가 모두 포함되어 있는 C(생성)로 화해한다는 것이다(이삭 편집부, 1985).

이 책의 상담전문가들은 발달 과정에서 겪은 좌절 극복 경험을 통해 새로운 자기(self)로의 질적인 변화가 일어나고 있었다. 이는 그동안 지속해서 정적인 방향으로 발달하려는 기존의 자기(正)와 상담자로서의 도전적 어려움으로 인해 부적 방향으로 좌절된 자기(反)가 맞닥뜨림으로써 갈등과 화해를 거쳐 이전과는 질적으로 전혀 다른 새로운 자기로의 확장(合)이 발달 과정 전반에 걸쳐 변증법적으로 일어나고 있었다는 의미이다.

자기(self)는 인생 전체를 통해서 성장하는 총체적인 인격을 말하며, 초기에는 원시적이고 조직되어 있지 않은 상태이지만, 점차적으로 대상들과의 초기 경험에 의해서 풍부해지고 조직화된다(Scharff & Scharff, 1995). 이러한 자기는 '나'라는 사람과 관련된 의식적이고 무의식적인 내적인 이미지를 말하는 것으로서, 사적인 경험 속에서 만들어진다(Hamilton, 1999). 대상관계이론에 의하면, 개인의 정체성을 만들어 내는 고유한 심리적 구조인 자기는 실제 대상과의 관계를 통해 하위구조인 내적 대상들의 통합 및 독특한 내적 대상의 역동적 관계가 일어남으로써 성숙해지고 발달해 가는 것으로 본다(Scharff & Scharff, 1995).

이 책의 상담전문가들은 발달 과정에서 맞게 되는 어려움들로 인해 좌절하면서 그동안 형성되어 있던 '기존의 자기'에 대한 불안과 위협을 느끼게 되는 것으로 나타났다. 각 발달 단계에서 맞게 되는 다양한 상담자로서의 어려움은 지속적인 발달을 방해하고 저지시키는 좌절 요인으로 작용함으로써, 근본적인 자기 회의나 무력감, 상담자로서의 부적합감, 상담자를 포기하고 싶은 마음 등을 유발하면서 상담전문가들의 전문적 삶을 위협하는 하나의 도전거리로 다가왔다. 이러한 여러 가지 어려움은 상담전문가들이 이전에는 전혀 경험해 보지 못했던 혹은 경험했었으나 한 수준 강도가 더 높게 경험되는 새로운 도전적 성격의 어려움들이었다. 이 어려움들은 가치 있는 존재가 되고자 혹은 의미 있는 삶을 살고자 삶의 도구로서 상담을 선택한 상담전문가들에게 자신의 미래 삶에 대한 회의와 불안을 던져 주었고, 기존에 인식하고 있던 자기 이미지에 대한 의문과 불확실함을 더해 주었다.

그러나 이러한 상담전문가들의 발달 과정에서 발생하는 어려움들은 결국 기존에 형성되어 있던 '자기의 변화'를 생성하였다. 즉, 좌절 상황에서 상담전문가들은 '기존의 자기'와 새로 인식된 '좌절된 자기'와의 갈등을 지속하면서, 그 고통의 시간들을 통해 두 모순된 자기 간의 화해와 통합을 모색하는 노력을 하게 되었다는 것이다. 상담전문가들은 '기존의 자기'를 유지하고자 하였지만, 새로운 도전적 어려움들은 기존 자기의 변경을 요구하기도 하였고, 때로는 도전적 어려움을 자기에 맞게 변경하여 받아들임으로써 '기존의 자기'를 변화시켜야만 했다. 상담자로서의 발달을 계속하려는 상담전문가들에게는 도전적인 어려움 자체는 발달을 방해하는 좌절 요인으로 작용하여 일시적인 발달 침체를 이루게 하는 듯이 보이기도 했다.

그러나 상담전문가들은 외적인 좌절 요인으로 인해 상담자 발달 욕구와 동기를 쉽게 포기하지 않는다는 특징을 보이고 있었다. 이들은 자기를 압도하고 불편하게 하는 어려움들을 애써 피하지 않고 어려움을 수용하려 하거나 어려움에 도전하고 혹은 어려움에 의미를 부여함으로써 당면한 어려움에 알맞은 대처방식을 취하여 극복에 이르고 있었다. 상담전문가들이 가지고 있었던 분명한 목표의식이나 자존심이나 오기, 책임감 그리고 정체감과 소명감, 좌절 극복의 재미 등은 좌절의 어려움을 피할 수 없는 절박하고도 불가피한 이유로 작용하여 결과적으로 좌절을 극복하는 데 이르게 하였다.

좌절 극복의 결과는 이전과는 매우 차원이 다른 자기로의 변형을 가져왔다. 상담전문가들은 좌절 극복을 통해 인간과 세상에 대한 관점과 가치의 변화를 경험한 것이다. 우선 '나란 어떤 사람인가?'에 대한 자기이해와 수용의 폭과 깊이가 확장되었고, 자기이해와 수용의 확장은 상담자의 삶에 적용되어 내담자를 있는 그대로 이해하고 수용하게 됨으로써 상담자로서의 전문성 향상이 크게 이루어지고 있었다. 이들은 내담자를 자신과 같은 한계를 지닌 한 인간으로 바라보면서 그들에 대한 깊은 신뢰와 존중을 보여 주고 있었다. 자신이 경험한 자기발달의 과정을 내담자도 스스로 이룰 수 있도록 함께해 주고 기다려 주고 버티어 주면서, 기법에서 자유롭되 깊은 공감으로서 그들의 삶을 깊이 이해하려는 노력을 아끼지 않고 있었다. 좌절을 극복한 전문 상담자들은 보다 성숙한 인격과 향상된 전문성을 가진 한 인간으로서의 상담자, 즉 인간에 대한 깊은 인간애와 진정성을 지닌 치료적 도구로서의 존재가 되어 가고 있었다.

Kohut(1971)은 자기의 발달이 '최적의 좌절'을 통한 '변형적 내면화'로 이루어진다고 말했다. 즉, 양육자와 같이 자기의 부분으로 경험되는 자기대상(self object)에 대한 이상화가 '최적의 좌절'을 통해 점진적인 실망으로 철회되면서 그동안 자기대상이 해 오던 것을 스스로 담당하며 자기 스스로 달랠 수 있는 기능을 가진 새로운 심리구조가 창조된다는 것이다. 그는 이러한 자기발달의 과정을 '변형적 내면화'라 하였다.

이와 같이 최적의 좌절을 통해 변형적 내면화가 일어난 개인의 가장 두드러진 변화는 대상을 사랑하는 능력이 증가하고 확장되는 것이다. 즉, 자기가치 체계가 더욱 안전하게 내재화되고, 거절이나 굴욕의 경험 없이 보다 큰 확신을 가지고 자신의 사랑을 효과적으로 제공할 수 있게 된다. 자기와 타인에 대한 공감력의 증가와 창조성의 활성화, 자유스러운 즐거움의 표현인 유머의 출현도 일어나게 되며, 지식으로부터 지혜라는 새로운 질적 요소의 탄생이 이루어지게 되는 것이다(Kohut, 1971). 이 책의 상담전문가들도 좌절 극복을 통해 자신을 있는 그대로 받아들이는 수용력이 생겼으며, 이러한 수용력은 내담자를 있는 그대로 품고 기다려 주는 사랑과 공감의 능력으로 활용되었다.

이로써 이 책의 상담전문가들이 경험한 좌절은 각 상담전문가의 자기발달을 돕기 위한 '최적의 좌절'일 수 있다고 여겨진다. 갑작스럽게 엄청난 좌절을 느끼는 상황에서의 좌절은 최적의 좌절이 아니며, 변형적 내면화가 일어날 수 없기 때문이다(Siegel, 2002: 116). 상담전문가들은 좌절 상황에서 기존의 자기에 대립되는 부정으로서의 좌절된 자기의 생성과 또한 이 좌절된 자기에 대한 부정이 다시 제3의 새로운 자기로 화해되고 통합되는 것을 경험했다. 이는 이전과는 전혀 다른 새로운 자기로의 질적인 변형을 이루는 것이었다. 따라서 이들이 경험한 좌절은 '기존의 자기'에 대한 의문과 회의 그리고 갈등과 화해를 거쳐 새롭게 확장된 자기의 출현을 돕는 최적의 좌절이었다고 할 수 있다. 결국 이 책의 상담전문가들이 경험한 좌절 극복의 과정은 최적의 좌절을 통해 상담자 발달 과정 전반에 걸쳐서 변증법적으로 일어나는 자기확장의 과정이라고 개념화할 수 있다.

제14장

좌절 극복에 담긴 의미들

“좌절만큼 극복하면 그 깊이만큼 발달이 크지 않을까……
고통을 모르는 사람이 어떻게 기쁨을 이야기할 수 있을까……
좌절을 모르는 사람이 어떻게 희망을 이야기할 수 있을까……
나와 다른 사람의 고통과 절망을 이해할 수 있어야
상생의 지혜를 얻을 수 있는데…….”

-소향-

내 앞에 길은 없다.
내 뒤에 길은 생겨난다.

-다카무라 고타로 『도정』 중-

이 책에서는 발달 후기 수준에 이른 상담전문가 7인을 대상으로 그들이 발달 과정에서 겪은 좌절과 극복 경험을 인터뷰를 통해 들어 보고, 그 의미를 새롭게 조명해 보고자 했다. 이들이 상담자가 되는 과정부터 상담 실제에 이르기까지 경험한 좌절 극복 이야기를 들으면서 한편으로는 공감하기도 하고, 다른 한편으로는 새로운 깨달음을 얻기도 했을 것이다. 그러면 이제 이들의 이야기가 지속적 발달 과정에 있는 우리 상담자들에게 던져 주는 몇 가지 생각해 볼 거리를 살펴보도록 하자.

첫째, 상담자에게 있어서 '좌절'은 한 인간으로서 그리고 한 명의 상담전문가로서 성장과 발달의 촉진제가 될 수 있음을 알려 준다. 비록 모든 상담전문가가 같은 시간에 같은 순서와 같은 의미로 같은 사건을 경험하는 것은 아니지만, 좌절을 극복하는 경험 자체는 상담자 발달을 촉진하는 '결정적 사건'이 될 수 있다는 것이다. 이러한 결정적 사건은 자신을 되돌아보게 하고 인간과 세상에 대한 눈을 다르게 해 주며, 내담자와 세상을 담을 수 있는 마음을 확장시킴으로써 발달의 주요한 전환점이 될 수 있음을 알려 준다.

둘째, 상담자의 좌절은 인간의 바닥까지 내려가게 하는 겸손과 자신의 끝이 어딘지 한계를 알게 해 주는 인생의 중요한 경험이 될 수 있다는 것이다. 좌절은 정말 피하고 싶은 고통이지만, 좌절을 경험한다면 자신의 심리적 한계를 깨닫고 그로 인해 자기 경계를 앎으로써 정체성 또한 분명해질 수 있다. 신기한 것은 이 책의 상담전문가들이 발달 단계에 따라 경험하는 '한계'에 담긴 의미였다. '상담자 초기에 경험하는 초보 상담자로서의 자기 능력의 한계'는 불완전한 인간으로서의 자기 존재를 맞닥뜨리는 두려움일 수 있었다. 그러나

'좌절을 극복한 후에 느끼는 자신의 한계'는 자신과 타인을 포함하여 인간은 불완전할 수밖에 없는 존재임을 인정하고 수용하는 인간에 대한 애틋한 수용과 겸허함이었다. 따라서 좌절 극복을 통한 '한계'의 인정은 상담자를 얼마나 아름답게 하는지 알 수 있었다.

셋째, 좌절을 극복한 상담전문가들의 이야기는 우리가 좌절 극복을 통해 상담자라는 치료 도구로 만들어져 갈 수 있음을 알게 해 주었다. 그것은 좌절을 경험하고 있는 그 누군가를 품어 줄 수 있는 진정한 '안아 주는 환경(holding environment)'(Winnicott, 1984)이 되어 간다는 것이다. 내담자에게 완벽한 치료자가 되려 하기보다 이만하면 괜찮은 치료자(good-enough therapists)가 되는 것, 내담자가 자신의 고통과 어려움을 내어 놓을 때 그 고통의 무게를 짐작하면서 내담자 자체를 있는 그대로 안고 담을 수 있다는 것을 의미한다. 좌절 극복의 경험은 고통스럽게 앉아 있는 한 인간으로서의 내담자를 기법으로 변화시키려 하기보다 내담자와 함께하는 경험을 할 수 있게 한다. 좌절을 극복한 상담전문가들은 진정성 있는 공감과 직면을 통해 내담자로 하여금 스스로 진정한 자신이 될 수 있도록 부드럽지만 강한 힘을 발휘하고 있었다.

넷째, 상담자의 좌절이란 상담자의 인격이나 전문성과는 상관없이 어느 발달 단계에서나 일어나는 인간의 피할 수 없는 실존적 문제임을 알려 주었다. 선행 연구들은 주로 초보 상담자들이 높은 수행불안으로 인해 상담 장면에서의 어려움을 초래하는 것으로 많이 보고하고 있다. 그러나 이 책의 상담전문가들은 상담자의 발달 후기에 이르러서도 상담자 초기의 좌절과는 다른 또 다른 차원의 전문가로서의 새롭고 독특한 어려움으로 인해 좌절하는 모습을 보여 주었다. 특히 진로 관련한 좌절은 상담자의 각 발달 단계에서 일시적으로 나타나는 좌절들과는 달리 상담자의 전 발달 단계에서 나타나고 있었다. 따라서 좌절이란 상담자라면 피할 수 없는 경험이기에, 이 책을 통해 상담전문가들이 활용했던 좌절의 대처방식과 마음가짐들을 새겨 보고 필요할 때 적용해 본다면, 그것은 극복의 지혜가 될 수 있을 것이라 생각된다.

다섯째, 이 책의 상담전문가들은 좌절의 심각도가 개인에 따라서 다르게 인지될 수 있음을 알려 주었다. 같은 상황에서 같은 사건을 좌절로 느끼는 정도와 표현 방식은 상담전문가들마다 다르게 나타났다. 어떤 상담전문가는 상담자 발달 후기에 이른 현재까지도 '좌절스러울 때가 있다'고 말하기도 했고, 또 다른 상담전문가는 '전혀 어려움이 없었던 것은 아니지만 거의 없었다'고 회고하기도 했다. 어떤 상담전문가는 어려움을 하나의 지나가야 할 과정으로 인식하고 문제가 해결되기를 기다리는 여유 있는 태도를 보이면서 좌절을 그다지 심각하지 않게 여기기도 했지만, 또 다른 상담전문가는 당면한 좌절에 대해 상당히 진지한 태도로 심각하게 받아들이기도 했다. 따라서 이 책의 상담전문가의 좌절 극복 이야기는 상담자 발달 과정에서 일어나는 좌절 자체보다는 그 좌절을 어떻게 해석하고 반응하고 대처할 것인지 마음의 자세가 더 중요하다는 것을 일깨워 주고 있다.

여섯째, 이 책의 상담전문가들의 좌절 극복 이야기는 학계나 학회 차원에서 상담자들의 좌절 극복을 위한 대처 프로그램이나 교육을 제공할 필요가 있음을 시사해 준다. 상담전공생들이 늘어나고 있는 현 시점에서, 각자도생으로 학업과 수련을 받고 있는 전공생들이나 초보 상담자들이 상담 현장에서 좌절을 경험할 때, 학교나 학회 차원의 지지 체계가 마련되어 있다면 더욱 효과적이겠다는 생각을 하게 된다. 상담자 발달 시기에 따른 좌절에 대해 서로 나눌 수 있는 지지그룹을 운영하거나, 상담자의 삶과 좌절을 주제로 한 집단상담이나 집단교육, 좌절 대처를 위한 유튜브 영상 제작 등은 상담자들의 좌절 극복에 도움이 될 수 있을 것이라 여겨진다. 상담자가 되려는 사람들을 위한 진로설명회 등에서 좌절의 주제도 다루는 것도 예비상담자를 위한 좌절 예방 교육으로서 큰 도움이 될 수 있을 것이라 생각된다.

이제 한국의 상담전문가 7인의 좌절 극복 이야기를 마치려 한다. 이분들의 이야기 속에 담긴 상담 후배들을 향한 깊은 애정을 얼마나 나의 '글'이라는 도구를 통해 전달할 수 있었는지, 그리고 이를 독자들이 얼마나 전달받을 수 있었는지 궁금하고 걱정되기도 한다. 그럼에도 불구하고 안심할 수 있는 것은 나의 글솜씨나 '글'이라는 형식이 주는 한계를 뚫고 넘어서는 한국 상담전문가 7인의 진정성이 독자들의 마음에 한 가지 생각이나 느낌으로 정착하여 싹을 틔워 낼 것이라는 믿음 때문이다. 그 가운데에서 두 마음의 연결 통로가 될 수 있었음에 감사할 뿐이다.

에필로그

상담자의 길을 선택하는 순간, 상담자로서의 어려움과 좌절은 마치 초대된 만찬처럼 우리 앞에 놓여 있다. 그 좌절의 자리에서의 고통은 피하고 싶을 정도로 뜨겁지만, 우리가 상담을 사랑하는 한 피할 수 없다. 내가 선택한 상담자라는 위치는 나의 삶의 가치이며, 의미이며, 방향성이기 때문이다.

우리는 그렇게 그렇게 걸어 걸어 이 자리까지 왔다. 좌절의 순간은 나를 돌아보는 순간이었으며, 아프지만 있는 그대로 상처 난 나를 바라보면서 성장할 수 있는 기회가 되었다. 세상에 직선적으로 발달하는 것은 없다고 우리 상담자들의 전문성 발달도 그렇게 나선형으로 굴곡지게 점진적으로 지속된다. 어느 순간에는 다시 그 자리에 돌아와 있는 것 같지만 되돌아보면 이전과는 조금 다른 질적 차원의 좌절 경험임을 발견하면서 안심하게 된다.

돌아보면, 나에게 상담자 초기의 상담 실제에 대한 불안은 당연한 것이었지만, 상담자 중기로 넘어가면서 이상한 고민과 갈등이 생겼던 기억이 난다. 그렇게도 열정적으로 임하던 상담 자체에 대한 회의가 생겨났던 것이다. 상담을 좀 더 잘해 보고 싶어서 상담자로서

1년 반 정도 상담받는 경험을 하면서부터인 것 같다. 물론 많은 기쁨과 감사를 맛보고 행복감에 젖기도 했지만, 그날은 이상하게도 마음 한편에 의문과 회의가 안개처럼 피어올랐다. 평소와는 달리 공감을 잘해 주시던 상담자 선생님이 나의 엄청난 이야기에 공감보다는 놀람과 침묵을 표하신 것이었다. 비록 상담자 선생님의 마지막 진정성 있는 말에 실망한 마음이 풀리긴 했지만 상담을 마치고 내려가는 전철 안에서는 계속 의문이 들었다. 평소의 '아 너무 좋다. 너무 많은 것을 깨달았다' 하는 느낌과는 달리 오늘은 '상담이 과연 어느 정도까지 도움이 되는 것일까……. 상담에도 한계가 있는 것 같다. 상담자가 최선을 다한다고는 하지만 공감에도 수용에도 한계가 있는 것 같다. 이렇게 한계를 가진 인간이라는 존재에게 어느 정도로 진정한 위로와 지지를 받을 수 있는 것일까?' 하는 생각에 사로잡힌 것이다. 이런 생각에까지 이르자 그만 인간에 대한 회의와 실망에 허탈해지고 말았다.

그러나 곧 '어쩌면 이 모든 게 불가능하기에 우리는 변함없고 다함없는 신을 찾게 되는 것일까?' 하는 생각으로 마음이 안정되는 것 같았다. 그런 안정감도 잠시, '아! 그럼에도 우리는 왜 인간에게 상담을 받고 상담을 하는 것일까?'라는 생각으로 다시 의문에 빠지고 말았다. 잠시 후 떠오른 생각…… '아하! 상담을 안 하는 것보다는 하는 게 더 나으니까…….' 단순한 결론에 이르면서 마음이 조금 더 편해지고 얼굴에는 엷은 미소가 번졌던 기억이 난다. 그러면서도 고민이 완전히 사라진 것은 아니었다. '그렇다면 상담을 안 하는 것보다 하는 게 낫다는 건 무엇일까? 무엇이 더 낫다는 것일까?' …… 조금 더 깊은 생각을 하자니 마음이 다시 어려워졌다. '정말 왜 우리는 완전한 신에게 기도하는 데 그치지 않고 상담을 받는 것일까?' …… 잠시 생각에 머무르다 라이트가 번쩍이듯 새로운 생각이 떠올랐다. '아하, 신은 완전함에도 육체를 갖지 않았기에 인간에게 직접 사랑을 전달하지 못하는 한계가 있고, 인간은 비록 불완전하지만 신이 줄 수 없는 함께하는 경험과 친밀함을 몸의 감각으로 전해 줄 수 있기 때문이구나' …… 엄청난 진리를 깨달은 듯 마음에서는 평화와 기쁨이 올라왔다. '그렇구나! 상담자란 비록 한계를 지닌 인간이지만, 한 인간으로서 눈빛과 미소와 끄덕임과 말로서 위로와 사랑을 전달해 주는 위대한 사명을 가진 자들이구나' 하는 깨달음이었다. 바로 상담자라는 존재를 한계를 지닌 한 인간으로서 용납하는 순간이었다.

이제는 이 책의 상담전문가들과 비슷한 나이와 경력을 가진 상담자가 되었다. 그럼에도 자신에 대한 깊은 좌절을 하기도 했다. 초보상담자 시기의 정직한 교과서적 상담을 하던 나와는 달리 마음대로 상담하는 자신을 발견하면서 생긴 실망 같은 것이었다. 그 예전 상담 이론과 원칙 같은 것은 다 어디로 가고 나는 왜 이렇게 내가 하고 싶은 대로 상담하고 있는 것일까. 왜 나는 내가 아는 만큼, 내가 경험한 만큼만 하고 있는 것일까. 이제 상담에 대한 배움은 멈춘 것일까. 이래도 내담자들은 도움을 받는다고 감사 인사를 하지만, 과연 나는 상담자로서 최선을 다하고 있는 것일까. 내담자를 진정 공감하고 있기나 하는 것일까? 이렇게 상담에 집중하는 시간보다 다른 일에 할애하는 시간이 많아져도 상담자로서 녹이 슬지는 않는 것일까. 이젠 어느 정도 인간에 대한 이해가 유형화되어 더 이상 고민 없이 모든 내담자를 나의 틀에 이리저리 집어넣어 쉽게 이해하려고 하는 것은 아닌가. 상담자의 정체성과 자부심은 아직 건재한 것일까. 나는 왜 이젠 슈퍼비전을 안 받고 슈퍼비전만 하고 있는가? 슈퍼비전하는 것이 슈퍼비전 받는 효과도 함께 가져오는 것일까? …… 그렇게 수많은 생각이 마음속에 스치고 지나갔다.

그러나 지금은 그런 나 자신에 대한 실망을 해결한 흔적도 없이 그저 마음이 편안해진 것을 발견한다. 지나가는 고민과 좌절이었을까? 익숙함과 편안함을 좋아하는 인간의 특성으로 인해 그러려니 하고 그냥 흘려보낸 것일까. 아니면 이미 좌절을 극복해 본 경험 때문에 좌절 아닌 좌절로 경험되었던 것일까? 어쨌든 지금 분명한 것은 나는 여전히 상담자의 길을 걷고 있고 상담자로서의 정체감은 변함없으며 사명감과 만족감도 여전하다는 사실에 만족하고 있다는 것이다. 오히려 상담의 지평을 넓혀서 공감을 넘어선 긍휼의 마음으로 진정 남을 돕는다는 것이 무엇일까로 나의 고민이 옮겨져 가고 있다. 나를 사랑하는 만큼 내담자가 자신을 사랑할 수 있도록 돕고 싶고, 내가 남을 이해하고 품을 수 있는 만큼 내담자도 남을 이해하고 품을 수 있는 마음을 갖도록 돕고 싶다는 것, 그리고 자신의 색깔을 가지고 상담하면서 이 상담을 즐거워하고 흡족해한다는 사실이 나의 현실임에 감사할 뿐이다. 앞으로의 상담자 길에도 감사로 가득하길 바라며, 이 책을 읽는 독자분들도 고민과 좌절을 넘어서 상담자인 것이 감사한 삶으로 물들여질 수 있기를 소망한다.

마지막으로 이 책을 읽는 모든 상담자에게 바란다. 상담전문가 7인의 좌절 극복 이야기가 인터뷰하던 나에게 가슴 벅찬 감동이 되었듯, 이 책을 읽는 여러분에게도 예기치 못한 기쁨의 선물이 될 수 있기를…….

참고문헌

강민지(2012). 근거이론에 의한 아동상담자의 전문성 발달 연구. 숙명여자 대학교 대학원 박사학위논문.

권경인(2007). 한국 집단상담 대가의 발달과정 분석. 서울대학교 대학원 박사학위논문.

김길문(2003). 초보 상담자가 상담 회기 내에 경험하는 어려움과 대처과정: 질적 분석. 가톨릭대학교 대학원 석사학위논문.

김미경(2008). 기독상담자 전문발달과정에 대한 질적 분석. **신학논단, 54,** 11-56.

김혜미, 오인수(2016). 숙련상담자의 좌절경험 및 극복과정의 구조 분석. **상담학연구,** 17(5), 159-180.

박성호(2001). 상담의 직무환경에서의 위험요소와 사회적 지지가 상담자의 심리적 소진에 미치는 영향. 이화여자대학교 대학원 석사학위논문.

손은정(2001). 상담자 발달수준에 따른 사례개념화의 차이분석. 이화여자 대학교 대학원 박사학위논문.

손은정, 유성경, 심혜원(2003). 상담자의 자기 성찰(reflection)과 전문성 발달. **상담학연구,** 4(3), 367-380.

송재영, 이윤주(2014). 초심상담자와 경력상담자의 공감유형의 차이 분석. **상담학연구,** 15(1), 125-144.

심혜원(2005). 상담자 발달수준 및 불안수준에 따른 자기대화내용 차이분석. 이화여자대학교 대학원 박사학위논문.

심홍섭(1998). 상담자 발달수준 평가에 관한 연구. 숙명여자대학교 대학원 박사학위논문.

안은주(2015). 성폭력상담소 활동가의 좌절과 대처 과정에 관한 연구. 아시아여성연구, 54(1), 37-71.

양경연(2005). 상담자 발달수준과 분화수준 및 역전이 행동관계. 가톨릭대학교 대학원 석사학위논문.

엽지연(2006). 한국어 학습자의 좌절감요인 분석에 관한 연구. 연세대학교 대학원 석사학위논문.

오세진 외(2008). 인간행동과 심리학. 학지사.

오현수(2008). 상담전문가 발달과정에서의 좌절극복경험 분석. 백석대학교 대학원 박사학위논문.

유성경(2007). 행복의 재발견: 역경 속에서 피어나는 행복의 꽃. 한국상담심리치료학회 춘계학술대회 자료집, 51-58.

이미정, 박승민(2015). 상담수련과정에서 상담자의 자기 발달 경험에 대한 현상학적 연구. 상담학연구, 16(1), 1-29.

이민규(2007). 현대생활의 적응과 정신건강. 교육과학사.

이삭 편집부(1985). 변증법 입문. 이삭.

이윤주, 김계현(2002). 상담자의 사례개념화 수행능력과 상담경력간의 관계. 한국심리학회지 상담 및 심리치료, 14(2), 257-272.

임유선(2011). 초보미술치료사가 임상에서 겪는 좌절경험에 관한 현상학적 연구. 영남대학교 대학원 석사학위논문.

최한나(2005). 상담자 발달 연구의 동향과 과제. 상담학연구, 6(3), 1598-2068.

최혜윤(2002). 상담자의 완벽주의 성향, 사회적 지지와 심리적 소진. 가톨릭대학교 대학원 석사학위논문.

최혜윤(2015). 대학상담센터 상담자의 심리적 소진(burnout)과 회복 경험에 대한 질적 연구. 건국대학교 대학원 박사학위논문.

한정아, 선우현(2019). 아동상담자의 좌절경험 성찰에 대한 자문화기술지.

인문사회 21, 10(3), 967-982.

Briggs, D. B. (2005). *Therapist stress career sustaining behavior, coping and the working alliance*. Ph. D. diss. Western Michigan University.

Britt, D. E. (1997). *Psychotherapist self care*. Ph. D. diss. The Pennsylvania State University.

Cormier, L. S. (1988). Critical incidents in counselor development: Themes and patterns. *Journal of Counseling & Development, 67*, 131-132.

Deutsch, C. J. (1984). Self-reported sources of stress among psychotherapists. *Professional Psychology: Research and Practice, 15*(6), 833-845.

Edelwich, A., & Brodsky, D. (1980). *Burnout: Stage of disillusionment in the helping profession*. Pergamon Press.

Elam, G. A. (2001). *Becoming a counselor: A study of changes in masters students' self-perceptions during the semester of learning basic counseling skills*. Ph. D. diss., Idaho state University.

Erikson, E. H. (1963). *Childhood & society*. W. W. Norton.

Fleming, J. (1953). The role of supervision in psychiatric traing. *Bulletin of the Menninger Clinic, 17*, 157-159.

Folkman, S., & Lazarus, R. S. (1987). Transactional theory and research on emotions and coping. *European Journal of Personality, 1*, 141-169.

Folkman, S., & Moskowitz., J. T. (2000). Stress, positive emotion, and coping. *Current Directions in Psychological Science, 9*, 115-118.

Folkman, S., & Moskowitz., J. T. (2004). Coping: pitfalls and promise. *Annual Review Psychology, 55*, 745-774.

Freudenberger, H. J. (1974). Staff burn-out. *Journal of Social Issues, 30*(1), 159-165.

Hamilton, N. G. (1999). *Self and others: object relations theory in practice.* 김진숙, 김창대, 이지연 공역(2007). 대상관계 이론과 실제: 자기와 타자. 학지사.

Hill, C. E., Nutt-Williams, E., Heaton, K. J., Thompson, B, J., & Rhdes, R. E. (1996). Therapist retrospective recall of impasses in long-term psychotherapy: A qualitative analysis. *Journal of Counseling Psychology, 43*(2), 207-217.

Hogan, R. A. (1964). Issues and approaches in supervision. *psychotherapy: Theory, Research and Practice, 1*, 139-141.

Jennings, L., & Skovholt, T. M. (1999). The cognitive, emotional, and relational characteristics of the master therapist. *Journal of Counseling Psychology, 46*(1), 3-11.

Kohut, H. (1971). *Analysis of the self.* 이재훈 역(2005). 자기의 분석. 한국심리치료연구소.

Langman, M. C. (2000). *The process of becoming a counselor or psychotherapist and the effects that personality has on this process: A qualitative study.* Ph. Diss., Lehigh University.

Lazarus, R. S., & Folkman, S. (1984). *Stress appraisal and coping.* 김정희 역(2001). 스트레스와 평가 그리고 대처. 대광문화사.

Loganbill, C., Hardy, E., & Delworth, U. (1982). Supervision: A conceptual model. *The Counseling Psychologist, 10*(1), 3-42.

Maslach, C. (1982). *Burnout-the cost of caring*. Prentice-Hall.

Mullenbach, M. (2000). *Master therapist: A study of professional resiliency and emotional wellness*. Ph. D. diss., University of Minnesota.

Rosenzweig, S. (1938). A general outline of frustration. *Character and Personality, 7*(2), 151-160.

Rutter, M. (1999). Resilience concepts and findings: Implication for family therapy. *Journal of Family Therapy, 21*(2), 119-144.

Scharff, J. S., & Scharff, D. E. (1995). *Primer of object relations*. 오규훈, 이재훈 공역(2008). 초보자를 위한 대상관계 심리치료: 초보자를 위한 입문서. 한국심리치료연구소.

Scott, A. E. (2004). *Counselor development through critical incidents: A qualitative study of intern experiences during the predoctoral internship*. Ph. D. diss., University of Minnesota.

Shorkey, C. T., & Crocker, S. B. (1981). Frustration theory: A source of unifying concepts for generalist practice. *National Association of Social Workers*, September, 374-379.

Siegel, A. M. (1996). *Heinz Kohut and the psychology of the self*. 권명수 역(2002). 하인즈 코헛과 자기 심리학: 온전한 치유에의 길. 한국심리치료연구소.

Skovholt, T. M. (2001). *Resilient practitioner: Burnout prevention and self-care strategies for counselors, therapists, teachers, and health professionals*. 유성경 외 공역(2005). 건강한 상담자만이 남을 도울 수 있다. 학지사.

Skovholt T. M., & Jennings. L. (2004). *Master therapists: Exploring expertise in therapy and counseling*. 유정이, 유성경, 이문희, 박정민 공역(2008). 심리치료의 거장. 학지사.

Skovholt, T. M., & McCarthy, T. R. (1988). Critical incidents: Cataysts for counselor development. *Journal of Counseling and Development, 67*, 69-72.

Skovholt, T. M., & Rønnestad, M. H. (1992). Themes in therapist and counselor development. *Journal of Counseling & Development, 70*, 505-515.

Skovholt, T. M., & Rønnestad, M. H. (1995). *The evolving professional self: Stages and theme in therapist and counselor development*. John Wiley & Sons.

Skovholt, T. M., & Rønnestad, M. H. (2003). Struggles of the Novice

Counselor and Therapist. *Journal of Career Development, 30*(1), 45-58.

Stoltenberg, C. (1981). Approaching supervision from a developmental perspective: The counselor complexity model. *Journal of Counseling Psychology, 28,* 59-65.

Stoltenberg, C., & Delworth, U. (1987). *Supervising counselors the therapists: A developmental apporach.* Jossey-Bass.

Strauss, A., & Corbin, J. (1990). *Basics of qualitative research: Grounded theory procedures and techniques*. Sage publication.

Tillich, P. J. (1952). *The Courage to be.* 차성구 역(2006). 존재의 용기. 예영커뮤니케이션.

Tugade, M. W., & Fredrickson, B. L. (2004). Resilient indivisuals use positive emotions to bounce back from negative emotional experiences. *Journal of Personality and Social Psychology, 86,* 320-330.

Williams, E. N., Judge, A. B., Hill, C. E., & Mary, A. (1997). Experience of norvice therapists in prepracticum: Trainees, client's, and supervisor's perceptions of therapist's personal reactions and management strategies. *Journal of Counseling Psychology, 44*(4), 390-399.

Winnicott, D. W. (1984). *Object relations in psychoanalytic theories.* 이재훈 역(2000). 성숙과정과 촉진적 환경: 정서발달 이론에 대한 연구. 한국심리치료연구소.

저자 소개

오현수(Oh, Hyunsoo)

숙명여자대학교 교육학과 학사

경북대학교 대학원 교육학과 교육심리 및 상담심리 전공 석사

백석대학교 상담대학원 가정사역 전공 석사

백석대학교 전문대학원 기독교상담 전공 박사

한국상담심리학회 상담심리사 1급

한국상담학회 1급 전문상담사

현 고려대학교 세종캠퍼스 문화창의학부 부교수

한재희(Han, Jae Hee)

미국 Baylor 대학교 대학원 상담심리학 전공 박사

한국상담심리학회 상담심리사 1급(주슈퍼바이저)

한국상담학회 1급 전문영역수련감독상담사(심리치료, 집단상담, 부부가족상담)

한국가족문화상담협회, 한국기독교상담심리학회, 한국목회상담협회 슈퍼바이저

전 한국상담학회 심리치료상담학회 회장

전국대학교학생상담센터 협의회 회장

한국가족문화상담협회 회장

한국다문화상담학회 회장

현 백석대학교 상담대학원 원장

한국실존주의상담학회 회장

한국상담학회 이사

〈주요 저 · 역서〉

실존통합심리상담: 과정과 기법(학지사, 2019)

의미치료(공저, 학지사, 2020)

실존주의 슈퍼비전(공역, 학지사, 2023) 외 다수

한국 상담전문가 7인의 좌절 극복 이야기

Stories of Seven Korean Professional Counselors on Overcoming Frustration

2024년 5월 10일 1판 1쇄 인쇄
2024년 5월 20일 1판 1쇄 발행

지은이 • 오현수 · 한재희

펴낸이 • 김진환
펴낸곳 • (주)학지사
04031 서울특별시 마포구 양화로 15길 20 마인드월드빌딩
대표전화 • 02-330-5114 팩스 • 02-324-2345
등록번호 • 제313-2006-000265호

홈페이지 • http://www.hakjisa.co.kr
인스타그램 • https://www.instagram.com/hakjisabook

ISBN 978-89-997-3112-9 03180

정가 18,000원

저자와의 협약으로 인지는 생략합니다.
파본은 구입처에서 교환해 드립니다.

이 책을 무단으로 전재하거나 복제할 경우 저작권법에 따라 처벌을 받게 됩니다.

출판미디어기업 **학지사**

간호보건의학출판 **학지사메디컬** www.hakjisamd.co.kr
심리검사연구소 **인싸이트** www.inpsyt.co.kr
학술논문서비스 **뉴논문** www.newnonmun.com
교육연수원 **카운피아** www.counpia.com
대학교재전자책플랫폼 **캠퍼스북** www.campusbook.co.kr